C·H·Beck
PAPERBACK

Dieser komprimierte Band bietet einen prägnanten Überblick über die hierzulande noch wenig bekannte Geschichte Koreas von den Anfängen der Besiedlung der Halbinsel bis zur gegenwärtigen Situation des geteilten Landes. Neben der politischen Geschichte legt die Einführung großes Gewicht auf die kulturelle Entwicklung des Landes (Religion, Philosophie, Literatur und Kunst) sowie die Einbettung der koreanischen Geschichte in den ostasiatischen Kontext.

Marion Eggert ist Professorin für Koreanistik an der Ruhr-Universität Bochum.

Jörg Plassen lehrt als Professor für Religionen Ostasiens an der Ruhr-Universität Bochum.

Marion Eggert
Jörg Plassen

Kleine Geschichte Koreas

C.H.Beck

1. Auflage in der Beck'schen Reihe 2005
2. Auflage in C.H.Beck Paperback 2018

Mit 5 Karten

Die Kapitel 1 sowie 7 bis 13 wurden von Marion Eggert verfasst,
die Kapitel 2 bis 6 von Jörg Plassen.

3., aktualisierte Auflage in C.H.Beck Paperback 2023

www.chbeck.de
Umschlaggestaltung: Konstanze Berner
Umschlagabbildung: Der Kyôngbuk-Palast in Seoul
© Seiman Choi photography/Getty Images
Satz: C.H.Beck.Media.Solutions, Nördlingen
Druck und Bindung: Druckerei C.H.Beck, Nördlingen
Printed in Germany
ISBN 978 3 406 80908 8

myclimate

klimaneutral produziert
www.chbeck.de/klimaneutral

Inhalt

Anhang

1.
Einführung

Korea – höchst unterschiedliche Assoziationen verknüpfen sich mit diesem Land: auf der einen Seite die pulsierende Moderne Südkoreas als Wirtschaftsmacht mit international erfolgreichen Konzernen wie Samsung, als Herkunftsort einer ebenfalls global konsumierten Populärkultur, die weltweit große Aufmerksamkeit und ebensolche Sympathien für das Land hervorgebracht hat, und als lebendige Demokratie, die in Krisenzeiten von Millionen kerzenhaltender Demonstranten verteidigt wird. Auf der anderen Seite und in scharfem Kontrast dazu die Erbdiktatur in Nordkorea, die das Land in wiederkehrende Hungersnöte getrieben, zugleich aber zur Atommacht hochgerüstet hat und mit martialischen Drohgebärden ihre Existenz zu sichern sucht. Was ist der gemeinsame Hintergrund dieser Phänomene, und was war dies für ein Land, bevor es in den Strudel der globalen Ereignisse des 20. Jahrhunderts gerissen wurde, der es geteilt zurückließ?

Korea hat seine Nationenwerdung vor mehr als tausend Jahren abgeschlossen; seine Ursprünge reichen mindestens ein weiteres Jahrtausend in die Vergangenheit zurück. Phasen des Glanzes und großer kultureller Blüte, die in die Nachbarländer ausstrahlten, wechselten mit solchen des Niedergangs, ja der Unterjochung. Dabei kam es auch immer wieder zu tiefgreifenden Umbrüchen. Als vor hundertfünfzig Jahren der westliche Imperialismus die anderen ostasiatischen Länder öffnete und Handelsbeziehungen mit Korea verlangte, hatte das Land bereits lange historische Erfahrung mit der Anpassung an eine neue Weltordnung und gute Gründe, sich zu verweigern. In der Folge entwickelte sich das Image der «Einsiedler-Nation», dessen Nachwirkungen – gestützt durch die gezielt intransparente Politik Nordkoreas – bis heute spürbar sind und einer angemessenen Wahrnehmung der reichen kulturellen Traditionen Koreas im Wege stehen. Dieses Buch will einen kleinen Beitrag zu einer zeitgemäßen Kenntnisnahme des heute so bedeutsamen Landes leisten.

Die Halbinsel, auf der sich diese Kultur allmählich entfaltete, erstreckt sich mit einer mittleren Breite von ungefähr 300 Kilometer über ca. 1000 Kilometer in nordsüdlicher Richtung; einschließlich der südlich vorgelagerten Insel Chejudo reicht Korea etwa vom 43. bis zum 33. Breitengrad und damit von der gemäßigten bis in die subtropische Zone. Aufgrund des im Wesentlichen bergigen Charakters bezeichneten die Koreaner ihr Land unter anderem als «Grüne Hügel». Die höchste Erhebung, der nicht mehr aktive Vulkan Paektu an der Grenze zum heutigen China, misst 2744 Meter ü. M., doch südlich des 40. Breitengrades findet sich kein Berg mehr über 2000 Meter. Das raue Gebirgsland des Nordens wurde erst nach und nach in die koreanische Kulturzone eingegliedert. Jenseits der heutigen Grenzflüsse Yalu und Tumen geht es über in die Berge, Sümpfe und Steppen der Mandschurei, deren meist halbnomadische Bewohner sich in wechselnden Formationen zusammenschlossen, die oft ihre südlichen Nachbarn bedrängten, aber kein dauerhaftes Staatswesen mit kontinuierlicher historischer Identität hervorbrachten. Von den Vorfahren der heutigen Koreaner wurden sie daher meist als Barbaren angesehen. Ganz anders China, das der Staatenbildung auf der Halbinsel entscheidende Impulse gab, und Japan, das diese Impulse wiederum von Korea empfangen haben dürfte. Der Seeweg zu beiden Ländern hin misst an der jeweils engsten Stelle nicht mehr als 200 Kilometer (in prähistorischer Zeit war Korea mit Japan gar durch eine Landbrücke verbunden). Die geographische Lage zwischen diesen großen Nachbarn brachte oft Bedrohungen, und dass es den wiederholten Angriffen und Vereinnahmungsversuchen von West und Ost standhalten und seine eigene kulturelle Identität bewahren konnte, ist eine der zu würdigenden Leistungen dieses Volkes; zugleich erwies sich die Lage aber in Phasen der Offenheit und des gegenseitigen Austausches auch immer wieder als Faktor kultureller Bereicherung und wirtschaftlicher Blüte. Die Geschichte Koreas ist somit zum einen ein wichtiger Teil der Geschichte Ostasiens, die nur in der Wechselwirkung der Ereignisse in den jeweiligen Ländern ganz verstanden werden kann. Sie fasziniert zum anderen aber gerade durch ihre Eigenheit und die ganz anderen Entwicklungswege, die beispielsweise aus China importierte politische oder soziale Institutionen nahmen. Diese Mischung aus Interdependenz und Eigenständigkeit der ostasiatischen Nationen lässt sich bereits an den Sprachen ablesen. Das Koreanische ist eine agglutinierende Sprache, die ihre polysyllabischen Wörter nicht beugt, sondern durch Suffixe spezifiziert und deshalb definitiv aus einer anderen Sprachfamilie als das isolierende Chinesisch stammt. Dennoch sind heute, nach zwei Jahrtausenden enger Kulturkontakte, etwa 60 Prozent des koreanischen Wortschatzes vom Chinesischen abgeleitet. Diesen sinitischen Wortschatz teilt das Koreanische größtenteils mit dem Japanischen (wobei sinokoreanische Begriffe für moderne Objekte und Ideen, zum Beispiel Telefon, meist aus dem Sino-Japanischen stammen), mit dem es zusätzlich die grundlegenden grammatikalischen Charakteristika gemeinsam hat – allerdings sehr wenige Elemente des Grundvokabulars, so dass die Frage einer etwaigen Sprachverwandtschaft bis heute nicht befriedigend geklärt werden konnte. Am verbreitetsten ist die Annahme, das Koreanische und das Japanische seien jeweils eigene Zweige der altaischen Sprachfamilie, die auch das Türkische und Mongolische umfasst; sie müssten sich allerdings in prähistorischer Zeit abgetrennt haben, um den Mangel an verwandten Elementen plausibel zu machen. Bis zur Erfindung des koreanischen Alphabets (*han'gŭl*) im 15. Jahrhundert behalf man sich mit der chinesischen Schrift, deren Ideogramme jedoch für die Wiedergabe einer isolierenden Sprache weitaus geeigneter sind als für eine agglutinierende. Zwar kamen verschiedene Systeme einer phonetischen Verwendung chinesischer Zeichen in Gebrauch, mit deren Hilfe auch die koreanischen grammatischen Partikel wiedergegeben werden konnten, doch erwies sich das Schreiben in chinesischer Schriftsprache (d. h. nach den Regeln der chinesischen Grammatik) zumeist als die einfachere Lösung. Dazu kamen Prestige und Autorität der chinesischen Kultur. Daher entwickelte sich in Korea eine chinesischsprachige Schriftkultur, die auch nach Erfindung des *han'gŭl*-Alphabets zumindest in der Elitеschicht bis zum Ende des 19. Jahrhunderts weiterhin dominierte. Allerdings gab es Interferenzen mit oralen Volkstraditionen und einer sich allmählich ausbildenden koreanischsprachigen Schrifttradition, so dass die reiche schriftchinesische Literatur Koreas in einem fruchtbaren Spannungsverhältnis zwischen chinesischer «Universal»-Tradition und autochthonem Erbe heranreifen konnte. Diese reichhaltige Schriftkultur ermöglicht uns heute ein differenziertes Bild der koreanischen Geschichte. Auch wenn durch die zahlreichen Invasionen, die das Land erlitt, viel verlorenging, sorgte doch das Gewicht, das historischen Aufzeichnungen zugemessen wurde, für eine lückenlose historiographische Tradition seit dem 12. Jahrhundert, die den Zeitraum ab etwa dem 3. Jahrhundert n. Chr. abdeckt. Besonders aus der Chosŏn-Zeit (1392–1911) besitzen wir neben der offiziellen Geschichtsschreibung (den Regesten jedes Herrschers, die jeweils nach seinem Tod von einem Komitee kompiliert wurden) und einer Vielzahl weiterer Aufzeichnungen höfischer und privater Herkunft eine unüberschaubare Fülle verschiedenartigster Quellentexte in chinesischer und koreanischer Sprache. Auf diesem Quellenreichtum baut eine moderne koreanische Historiographie auf, die nach der Befreiung von der japanischen Kolonialherrschaft verständlicherweise zunächst darum bemüht war, das nationale Selbstbewusstsein wieder aufzurichten, inzwischen aber differenziert in alle Bereiche der Politik-, Sozial-, Wirtschafts- und Kulturgeschichte vorgedrungen ist. Die westliche Koreanistik hat vieles davon aufgearbeitet und bedeutende eigene Beiträge geleistet. Die einflussreichste Darstellung der (v. a. vormodernen) koreanischen Geschichte dürfte jedoch bis heute das auch in englischer Sprache verfügbare Werk von Kibaik Lee sein. Dies und andere Literatur, auf die sich diese Einführung stützt, sowie Anregungen zu weiterführender Lektüre finden sich im Anhang verzeichnet.

Die verwendeten Umschriften sind McCune-Reischauer für das

Koreanische, Wade-Giles für das Chinesische und Hepburn für das Japanische. Ausnahmen sind gebräuchliche Orts- und Personennamen (Seoul, Kim Dae-jung); die korrekte Transkription in McCune-Reischauer wird bei ihrem ersten Erscheinen in Klammern dahinter gegeben. Familienamen werden nach koreanischer Sitte den persönlichen Namen vorangestellt.

2.
Von den Anfängen bis zu den Han-Kommandanturen

Frühe archäologische Zeugnisse

Knochenfunde scheinen zu belegen, dass die koreanische Halbinsel bereits vor etwa 500 000 Jahren vom Homus erectus bewohnt war. Funde aus Sŏkchang-ni (wo zwei Schichten auf ca. 30 000 bzw. 20 000 v. Chr. datiert werden) und weiteren Orten legen nahe, dass die ersten Angehörigen der Spezies Homo sapiens vorwiegend an Flussläufen wohnten und sich vermutlich durch Fischfang und Jagd ernährten.

Wohl aus dem 6. Jahrtausend v. Chr. stammen kleinere Gefäße, die mehrheitlich nicht verziert waren und an den Küsten und an Flussläufen gefunden wurden. Erste Exemplare der sogenannten *Chulmun-* bzw. «Kamm»-Keramik sind für die Zeit um 5000 v. Chr. an der Westküste belegt. Diese verbreitete sich zur Mitte des 4. Jahrtausends v. Chr. auf der gesamten Halbinsel. Ihre Form weist deutliche Unterschiede zur chinesischen Töpferei dieser Epoche auf, lässt aber Bezüge zur frühen japanischen Jōmon-Keramik erkennen.

Ackerbau scheint auf der Halbinsel seit dem 3. Jahrtausend v. Chr. betrieben worden zu sein. Erste Hinweise auf den Anbau von Reis finden sich für das darauffolgende Jahrtausend im Südwesten der Halbinsel. Etwa gleichzeitig kam es offenbar auch auf anderen Gebieten zur Einführung einer Reihe von Kulturtechniken, die mit der Zuwanderung mehrerer Volksgruppen aus dem mandschurischen bzw. nordchinesischen Raum in Verbindung gebracht werden: Bis ca. 1000 v. Chr. verbreiteten sich verschiedene Formen von Dolmen- und Steinkistengräbern flächendeckend auf der Halbinsel.

Etwa zeitgleich taucht mit der zumeist unverzierten *Mumun-*

Keramik ein Töpfereistil auf, der ebenfalls um 1000 v. Chr. überall auf der Halbinsel zu finden ist. Dabei weist insbesondere die schwarze Variante auf Verbindungen zur Halbinsel von Liao-tung hin. Aus dieser Gegend wurde vermutlich im 1. Jahrtausend v. Chr. die Technik der Bronzeherstellung importiert. So zeigen Bronzedolche aus dem 7. Jahrhundert v. Chr. noch eine große Ähnlichkeit mit Funden aus Liao-tung. Entsprechendes dürfte wohl auch für die Einführung des Eisens gelten. Zwar ist dessen Gebrauch für 300 v. Chr. nachgewiesen, die Herstellung von Eisen dürfte jedoch erheblich später anzusiedeln sein.

Mythen um frühe Staatsgründungen

Obgleich die Errichtung von Dolmengräbern einen größeren Organisationsgrad wie auch eine Stratifikation der Gesellschaft erwarten lässt, ist damit dennoch kein hinreichender Hinweis auf den Entstehungszeitraum der ersten Staaten auf der koreanischen Halbinsel gegeben. So greifen Historiker für die Beantwortung dieser Frage vornehmlich auf die traditionelle koreanische Geschichtsschreibung zurück.

Häufig wird der Beginn der koreanischen Geschichte auf das Jahr 2333 v. Chr. datiert. Zu diesem Zeitpunkt soll der aus einer Verbindung des Himmelsgottes Hwanung und einer Bärin hervorgegangene Herrscher Tan'gun im Gebiet von P'yŏngyang den ersten koreanischen Staat gegründet haben. Während Elemente dieser erstmals im *Samguk yusa* («Überlieferte Geschehnisse aus den drei Reichen») des buddhistischen Mönches Iryŏn (1206–1289) hervortretenden Erzählung auf älteren «totemistischen» Vorstellungen zu basieren scheinen, deuten eine große Zahl ebenfalls enthaltener anachronistischer buddhistischer Elemente darauf hin, dass es sich bei der uns bekannten Fassung um eine – möglicherweise im Zusammenhang von Auseinandersetzungen über die Wahl der Hauptstadt, vielleicht aber auch erst vor dem Hintergrund der Mongoleneinfälle entstandene – geschichtliche Projektion der Koryŏ-Zeit handelt.

Nachdem der Tan'gun-Mythos bereits in Historiographien der

Chosŏn-Zeit dazu diente, die Ursprünge des koreanischen Volkes zu erklären, wurde er von Nationalisten des 20. Jahrhunderts wie Ch'oe Namsŏn (1890–1957) als Gegennarrativ zu japanischen Theorien aufgegriffen, die die Kolonialherrschaft über Korea rechtfertigen sollten. Während die Erzählung in gängigen südkoreanischen Geschichtsdarstellungen heutzutage nur noch unter Hinweis auf ihren mythischen Charakter Erwähnung findet, gilt Tan'gun der offiziellen nordkoreanischen Geschichtsschreibung als historische Person. So «entdeckten» nordkoreanische Archäologen nach einer entsprechenden Aufforderung durch Kim Il Sung (Kim Ilsŏng) im Jahre 1993 die heute in einem Mausoleum ausgestellten Gebeine von Tan'gun und dessen Ehefrau. Unter Kim Jong Il (Kim Chŏngil) wurde nach weiteren archäologischen «Funden» die Erzählung schließlich zur Lehre von der Taedong-Kultur ausgeweitet, der zufolge bereits vor 5000 Jahren und damit noch vor der chinesischen Shang-Dynastie am Taedong-Fluss eine frühe ostasiatische Hochkultur entstanden war.

Der Tan'gun-Mythos wird im *Samguk yusa* mit einer Legende verwoben, die in dem anderen bedeutenden Geschichtswerk der Koryŏ-Zeit, dem *Samguk sagi* («Geschichtliche Aufzeichnungen aus der Periode der drei Reiche») des Kim Pusik (1074–1151), besondere Betonung erfährt, letztlich jedoch den klassischen konfuzianischen Schriften entstammt. Der Legende des Kija (chin. Chi-tzu) zufolge weigerte sich dieser nach dem Untergang der Shang, unter der neuen Dynastie zu dienen, und wurde von dem König der Chou aus Respekt vor dieser ausgeprägten Loyalität mit dem Gebiet von Ch'ao-hsien bzw. Chosŏn belehnt.

In Historiographien der späteren Chosŏn-Zeit (1392–1910) mutierte Chi-tzu/Kija zu einem Koreaner und wurde unter dem Eindruck der mandschurischen Fremdherrschaft über China zur Gallionsfigur eines Selbstverständnisses von Chosŏn als eigentlichem Überlieferer der konfuzianischen Tradition.

Folgt man der traditionellen Geschichtsschreibung weiter, wurde der heutzutage als Ko Chosŏn («Alt Chosŏn») bezeichnete erste Staat zwischen 194 und 180 v. Chr. durch das Reich des

Wiman (chin. Wei-man) abgelöst. Nachdem dieser mit einem Gefolge von über 1000 Leuten aus dem von politischen Wirren ergriffenen Staat der Yen geflohen war, betraute ihn Chosŏns König Chun zunächst mit dem Schutz der westlichen Grenze des eigenen Staates. Wiman jedoch vertrieb seinen Lehnsherrn vom Thron und machte sich selbst zum Herrscher eines neuen Reiches, das freilich bald wiederum von China vernichtet werden sollte. Chun hingegen floh in das südliche Chin, dessen König er wurde.

Neben diesen Mythen bzw. Legenden finden sich insbesondere im *Samguk yusa* diverse weitere Gründungsmythen für die frühen koreanischen Staaten, zu deren wiederkehrenden Motiven die Geburt aus einem Ei gehört. Die taditionelle Datierung der Entstehung dieser Staatswesen auf die Zeit um Christi Geburt scheint jedoch eher fraglich, wie noch zu zeigen sein wird.

Die Han-Kolonien

Schon Wimans Eroberung von Ko Chosŏn ist nur zu verstehen im Zusammenhang der Wirkkräfte, die das 221 v. Chr. unter dem Kaiser der Ch'in (Ch'in Shih-huang-ti) geeinte chinesische Staatswesen auf die umliegenden Regionen ausübte. Die 202 v. Chr. begründete Han-Dynastie entwickelte bald eine erstaunliche wirtschaftliche Dynamik und in deren Gefolge ab der Mitte des 2. Jahrhunderts v. Chr. einen starken Expansionsdrang. Die kaiserlichen Truppen drangen in die Tropenregionen vor, nach Zentralasien und in die Mongolei und ließen auch den Nordosten nicht aus: Um das Jahr 108 v. Chr. gründete der Han-Kaiser Wu-ti (r. 140–87 v. Chr.) zur Sicherstellung der Handelswege eines sich von der Mandschurei bis zum nördlichen Teil der koreanischen Halbinsel erstreckenden Gebietes die vier Kommandanturen Hsüan-t'u (kor. Hyŏndo), Lo-lang (Nangnang), Lin-t'un (Imdun) und Chen-fan (Chinbŏn). Bereits im Jahre 82 v. Chr. jedoch wurden Lin-t'un und Chen-fan unter dem Druck militärischer Auseinandersetzungen aufgegeben, während Hsüan-t'u 75 v. Chr. auf die Halbinsel von Liao-tung zurückverlegt wurde. Die Kommandantur Lo-lang/Nangnang blieb indes bestehen und entwickelte sich zu einem kulturellen Zentrum, von dem aus die chinesische Kultur jahrhundertelang auf die Völkerschaften der Halbinsel ausstrahlen sollte.

Unter dem Interregnum von Wang Mang in China (8 v. Chr. – 25 n. Chr.) kam es um einen gewissen Wang T'iao zu einer Revolte der einflussreichen chinesischen Clans von Nangnang. Dieser Aufstand konnte erst 30 n. Chr. im Zuge der Ankunft eines neuen Gouverneurs niedergeschlagen werden und führte dazu, dass sieben östlich gelegene Präfekturen aufgelöst und deren Gebiete unter die Verwaltung lokaler Clan-Anführer gestellt wurden.

Der Zerfall der Han-Dynastie zweihundert Jahre später beeinträchtigte die Stabilität der politischen Verhältnisse, zunächst aber noch nicht die chinesische militärische Dominanz. Ende des 2. Jahrhunderts n. Chr. brachte der Vizekönig von Liao-tung, Kung-sun Tu (gest. 204), die Kolonie Nangnang unter seine Kontrolle, und sein Nachfolger Kung-sun Kang (gest. 236) gründete im Jahr 204 auf dem Territorium des ehemaligen Chinbŏn die neue Kolonie Tai-fang (Taebang). Im Jahre 236 fielen die Kolonien mitsamt der Halbinsel Liao-tung an die Wei-Dynastie, die den Han-Thron usurpiert hatte, aber nur den Norden Chinas beherrschte.

Ein zersplittertes China konnte freilich seine Vorposten auf der koreanischen Halbinsel nicht mehr aufrechterhalten. Im Zuge der innerchinesischen Auseinandersetzungen nahmen die Konflikte auf der Halbinsel an Intensität zu. Im Jahre 313 wurde die Kolonie Nangnang schließlich von den Armeen des erstarkten nordkoreanischen Reiches Koguryŏ erobert, und ein Jahr später erlag auch Tai-fang deren Übermacht.

3.
Staatenbildung und Einigungskriege

Die Herausbildung eigenständiger Staaten

Unter dem kulturellen Einfluss der Han-Kommandanturen entwickelten sich aus verschiedenen Stammesföderationen, als deren älteste wohl Chin im Süden der Halbinsel gelten darf, allmählich die in Anlehnung an die chinesische Historiographie als «Drei Reiche» bezeichneten Staaten Koguryŏ, Paekche und Silla.

Samguk sagi und *Samguk yusa* zufolge wurden die drei Reiche bereits um die Zeitenwende gegründet. Diese Datierungen lassen sich jedoch allenfalls durch die Extrapolation von Einträgen in chinesischen Geschichtswerken zu frühen kriegerischen Zusammenstößen mit den «Ostbarbaren» im Bereich der Han-Kommandanturen bzw. Gesandtschaften an den chinesischen Kaiserhof stützen. Abgesehen von einigen Fragmenten finden sich die frühesten ausführlicheren Darstellungen der politischen Verhältnisse der verschiedenen Völkerschaften auf dem Gebiet der Kommandanturen und in den daran angrenzenden Regionen erst in den «Aufzeichnungen über die Ostbarbaren» der chinesischen Geschichtswerke *San-kuo chih* (zweite Hälfte des 3. Jahrhunderts) und *Hou Han shu* (um 400). Ungeachtet einer stark vom zeitgenössischen chinesischen Staatsdenken geprägten Sicht erlauben diese zumindest gewissen Aufschluss über den Entwicklungsstand der unter dem Einfluss der Han-Kommandanturen sich herausbildenden Staatswesen im 3. Jahrhundert. So wird das im fernen Norden der Kommandantur Hsüan-t'u gelegene Puyŏ als zivilisierter Agrarstaat dargestellt, dessen 80 000 Haushalte im Wesentlichen Getreide anbauen. Das Land wird durch einen König regiert. «Beamte», deren «Ränge» nach Haustieren wie Pferd, Ochse usw. benannt werden, beherrschen Domänen mit bis zu einigen tausend Haushalten. Die Dorfbevölkerung wiederum zerfällt in Gemeine und Sklaven.

Obgleich die Bevölkerung des weiter südlich gelegenen Koguryŏ (vermutlich ein Ableger von Puyŏ) unter Verweis auf einen nur unzureichende Landwirtschaft erlaubenden gebirgigen Lebensraum als wild und räuberisch charakterisiert wird, handelt es sich auch bei diesem Staatswesen der Darstellung nach um ein strikt organisiertes Königreich mit differenziertem Beamtensystem. Die politische Macht über die 30 000 Haushalte verteilt sich in einem ebenso kompliziert wie sorgsam austariert erscheinenden Gefüge auf drei von ursprünglich fünf Clans: Früher stellte der Clan der Yŏnno den König; der Anspruch auf den Thron liegt jedoch nunmehr bei den Kyeru. Heiraten mit Mitgliedern des Königshauses wiederum sind ein ererbtes Vorrecht der Chŏnno. In der Sitzordnung bei Versammlungen wird dem Königshaus Vorrang gegeben. Die Macht der Clans zeigt sich wiederum u. a. darin, dass neben führenden Vertretern der königlichen Familie auch die jeweiligen Anführer der anderen Clans Anspruch auf den vierten von insgesamt neun aufgeführten Titeln haben und die ihnen nachgeordneten Beamten (unter Mitteilung) selbst ernennen.

Das östlich an Koguryŏ angrenzende, mit 5000 Haushalten auch von der Bevölkerungszahl her deutlich kleinere Östliche Ŏkcho verfügt über keine eigenständige Zentralregierung. Die sich als «drei Älteste» bezeichnenden Vorsteher seiner an den Ufern des Meeres gelegenen Ortschaften stehen in einem Vasallenverhältnis zum König von Koguryŏ, der den jeweiligen *primus inter pares* zum Premierminister ernennt. Das weiter südlich gelegene Ye, dessen 20 000 Einwohner sich für verwandt mit denen Koguryŏs halten, kennt Grafen, Ortsvorsteher bzw. die «drei Ältesten», aber ebenfalls keine Zentralmacht.

Südlich der Kommandantur Tai-fang finden sich die Stammesgebiete der sogenannten «drei Han», Mahan, Chinhan und Pyŏnhan, wobei Letzteres dem alten Staat Chin entspricht. Nominelles Oberhaupt der Konföderation ist der König von Chin, dessen Macht sich jedoch darauf beschränkt, aus Mahan stammende

Regenten in Erbfolge einzusetzen. Die Ackerbau, Vieh- und Seidenraupenzucht betreibenden Mahan leben in verstreuten, unbewallten Siedlungen, die aus mit Gras gedeckten Erdkammern bestehen. Dem raublustigen, nur in den Nordgebieten von den Han-Chinesen kulturell beeinflussten Stamm stehen unabhängige Anführer vor, wobei dem der Metropole besonderer Einfluss zukommt. Über die Chinhan erfahren wir neben einigen sprachlichen Besonderheiten nur weniges: So führen sie sich auf Flüchtlinge aus dem chinesischen Staat Ch'in zurück und bewohnen zwölf Ortschaften mit Wällen und Palisaden. Unter ihnen leben die Pyŏnjin, welche sich durch abweichende religiöse Gebräuche unterscheiden.

Das unter der Herrschaft des Königs von Chin stehende Gebiet der Pyŏnhan umfasst ebenfalls zwölf größere Ortschaften, die wie im Falle der Chinhan aus bis zu 5000 Haushalten bestehen. Die Bevölkerung betreibt wie die der Mahan Ackerbau, Vieh- und Seidenraupenzucht, beherrscht jedoch zudem die Eisenherstellung, welche den wichtigsten Faktor im Handel mit den Nachbarvölkern darstellt.

Wie die obige Zusammenfassung der Ausführungen der chinesischen Geschichtsschreiber zur politischen Organisation der Barbaren nahelegt, war der Übergang von einer Stammeskonföderation hin zu einem zentral regierten Königreich bis zum 3. Jahrhundert allein in den nördlichen Staaten Puyŏ und Koguryŏ abgeschlossen, wobei jedoch auch hier offensichtlich der Einfluss der großen Clans bestehen blieb.

Da im Süden der Halbinsel der chinesische Einfluss aufgrund der geographischen Lage schwächer war, setzte dort dieser Prozess *de facto* erst im 3. Jahrhundert ein. So wird angenommen, dass ein von den Kommandanturen Lo-lang und Tai-fang aus vorgetragener Angriff der Wei auf die Region des Han-Flusses im Jahre 246 der aus einem der bewallten Städte Mahans hervorgegangenen Konföderation Paekches galt. Nennenswerte territoriale Gewinne wurden jedoch erst unter König Ch'ogo (r. 346–375) aus dem Clan der Kŭn erzielt. Dieser konnte im Jahre 369 die Konföderation der Mahan vernichten und deren Territorium seinem Reich einverleiben. Nur zwei Jahre später erweiterte sich im Zuge eines siegreichen Feldzuges gegen Koguryŏ das Herrschaftsgebiet auch nach Norden. Aufgrund dieser Erfolge soll es dem König gelungen sein, die Erbfolge vom Vater auf den Sohn einzuführen.

Aus Saro, einer der umwallten Städte der Chinhan, entwickelte sich östlich des Naktong-Flusses durch Zusammenschlüsse und Eroberungen zunächst das konföderierte Königreich Silla. Unter König Naemul (r. 356–402) ging das bis dato zwischen den Clans alternierende Königtum endgültig auf die Kim über. Zwar scheint die Erbfolge von Vater auf Sohn nur unwesentlich später unter Nulchi (417–458) etabliert worden zu sein. Die Anerkennung von sechs Stammesterritorien als Verwaltungsdistrikte lässt jedoch bereits erahnen, dass noch etwa ein Jahrhundert bis zur Ausformung eines zentralistischen Staatswesens vergehen sollte.

Am Unterlauf des Naktong schließlich entstand aus zwei kleinen Königreichen und weiteren Stadtstaaten die Kaya-Föderation. Die wirtschaftliche Grundlage dieser Staaten bildete insbesondere der Handel mit Eisen, wobei die Seehandelsrouten bis nach China und Japan verliefen. Es ist umstritten, ob es sich um ein vom japanischen Yamato-Reich (chin. Wa, kor. Wae, «Zwerge») erobertes Gebiet oder um eine auf Einwanderer aus Paekche zurükgehende Gründung handelt; wahrscheinlich ist jedoch von einer der Staatenbildung vorausgehenden Thalassokratie auszugehen. Ohnehin war der Einfluss Kayas auf der Halbinsel beschränkt, zumal die Stadtstaaten noch vor der Entwicklung einer Zentralregierung vernichtet wurden.

Die militärische Expansion Koguryŏs

Die Geschichte des Staates Koguryŏ ist durch eine Abfolge militärischer Auseinandersetzungen mit seinen Nachbarn geprägt. So soll bereits im 1. Jahrhundert n. Chr. in alle Himmelsrichtungen eine aggressive Expansionspolitik betrieben worden sein. Nachdem sich die Einfälle in die Han-Kolonien zunächst mit Phasen der politischen Annäherung abgewechselt hatten, nahmen die Kämpfe mit den Chinesen seit dem 2. Jahrhundert n. Chr. an Intensität zu.

Der Versuch, die Nachschubwege der Han-Kolonien abzuschneiden, führte in den Jahren 244 und 245 schließlich zu zwei Invasionen des Nachfolgestaates Wei, deren erste bereits den Fall der Hauptstadt Hwando- bzw. Hwangnae-sŏng zur Folge hatte. Nach dem Untergang der Wei nutzte Koguryŏ wiederum die Schwäche des Chin-Reiches für weitere militärische Kampagnen, bis im Jahre 313 die Kommandantur Lo-lang fiel.

Zwar war die chinesische Vormacht auf der Halbinsel gebrochen, nunmehr ging jedoch eine wachsende Bedrohung vom Norden aus. So plünderten im Jahre 343 Truppen des Früheren Yan (ein von den hirtennomadischen Hsien-pi gegründeter Staat) die Hauptstadt, gruben die Leiche des vorangegangenen Königs aus und entführten die Königinmutter samt 50 000 weiteren Gefangenen. Die territoriale Ausdehnung nach Süden brachte Koguryŏ zudem in direkte Konfrontation mit Paekche. Im Verlauf des bereits erwähnten Feldzuges des Jahres 371 stießen dessen Truppen bis nach P'yŏngyang vor und töteten sogar den König von Koguryŏ.

Die Bedrohung durch Paekche dürfte ausschlaggebend gewesen sein für einen zeitweisen Wandel der Außenpolitik dem Festland gegenüber: Nach der Zerstörung von Yen durch das nunmehr Nordchina unangefochten dominierende Ch'in suchte Koguryŏ sich diesem – durch Auslieferung eines Häuptlings – diplomatisch anzunähern.

König Kwanggaet'o (r. 391–413) setzte die aggressive Expansionspolitik auch in westlicher Richtung fort, wobei er sich auf eine schlagkräftige Kavallerie stützen konnte. Das Herrschaftsgebiet erstreckte sich schließlich von der Gegend des Liao-Flusses im Westen der Halbinsel Liao-tung und dem Becken des Sungari im Norden der Mandschurei bis zum Han-Fluss im Süden. Mit der Einführung einer eigenen Regierungsdevise (Yŏngnak, «Ewige Freuden») machte sich der erfolgreiche Eroberer dem chinesischen Kaiser ebenbürtig.

Kwanggaet'os Nachfolger Changsu (r. 413–491) versuchte die latente Gefahr im Westen unter Kontrolle zu halten, indem er Beziehungen sowohl zu den nördlichen als auch zu den südlichen Dynastien Chinas unterhielt, und verlegte zudem die Hauptstadt weit in den Süden nach P'yŏngyang (427). Paekche begegnete der neuen Bedrohung durch ein Bündnis mit Silla und widerstand auf diese Weise dem Druck noch einige Jahrzehnte. Nach einem vergeblichen Hilfeersuchen an den Kaiserhof der Wei-Toba fiel jedoch im Jahre 475 die Hauptstadt Hansŏng, und der König wurde enthauptet. Die Gebiete um den Han-Fluss gingen verloren, und mit Ungjin wurde eine neue Hauptstadt weiter südlich am Kŭm-Fluss errichtet.

Der Aufstieg von Silla

Noch im Jahre 400 überstand Silla einen von den Kaya-Staaten ausgehenden, letztlich jedoch von Paekche gesteuerten Einfall der Wae nur dank militärischer Intervention durch Koguryŏ. Wie erwähnt, veranlasste dessen Übermacht die beiden verfeindeten Staaten im Süden jedoch, im Jahre 433 ein Bündnis gegen den nördlichen Nachbarn einzugehen, welches selbst nach den Gebietsverlusten von Paekche durch Heiratspolitik gefestigt wurde.

Die Ausbildung einer zentralistischen Staatsordnung und damit auch eines schlagkräftigeren Militärs ging einher mit der zwischen 527 und 535 erfolgten offiziellen Einführung des Buddhismus unter König Pŏphŭng («König Dharma», r. 514–540). Mit dem Ideal des *cakravartīn*, des das Rad der buddhistischen Lehre drehenden Herrschers, und der mit einer segensreichen Herrschaft verbundenen Hoffnung auf das baldige Erscheinen des Buddha Maitreya (kor. Mirŭk) brachte dieser nicht nur eine dem Clan-Denken überlegene Staatsideologie, sondern nährte zudem die Hoffnung auf den Beistand kosmischer Mächte in der Auseinandersetzung mit den Nachbarstaaten.

Der Aufbau des Staates erfolgte zeitgleich zur Restrukturierung von Paekche unter König Sŏng (r. 523–554), der, ebenfalls ein Förderer des Buddhismus, die Hauptstadt nach Sabi verlegte, den Staat in «südliches Puyŏ» umbenannte und ein Verwaltungssystem mit Zentralverwaltung und fünf Präfekturen einrichtete.

Bereits im Jahre 532 erzielte Silla mit der Vernichtung von Pon Kaya einen entscheidenden Schlag gegen die Kaya-Föderation. Unter König Chinhŭng (r. 540–576) wurde im Jahre 551 zusammen mit Paekche die Gegend am Oberlauf des Han-Flusses erobert. Kurze Zeit später vertrieb man den Verbündeten vom Unterlauf, so dass nunmehr ein Korridor zum Chinesischen Meer geschaffen war. Ein massiver Angriff Paekches im Jahre 554, der jedoch mit einer schweren Niederlage und dem Tod von König Sŏng endete, markiert das endgültige Auseinanderbrechen der Allianz.

Den durch die Einigung Chinas unter der Sui-Dynastie im Jahre 589 entstandenen Gefahren suchte Koguryŏ nicht nur durch ein Bündnis mit dem den Norden Chinas bedrohenden Turkvolk der T'u-chüeh zu begegnen, sondern es unternahm 598 seinerseits sogar einen Vorstoß in die Gebiete westlich des Liao-Flusses. Eine nachfolgende militärische Strafaktion der Sui scheiterte, und auch eine großangelegte Invasion im Jahre 612 endete geradezu desaströs: So gelang es der angeblich eine Million Soldaten starken Armee nicht, die befestigte Stadt Liao-tung einzunehmen, und ein daraufhin mit einem Drittel der Truppen unternommener Vorstoß auf P'yŏngyang endete bereits am Fluss Salsu mit deren nahezu vollständiger Vernichtung.

Da Koguryŏ zu Beginn der T'ang-Dynastie weiter nach Süden expandierte, sah Silla sich nunmehr wachsendem Druck von zwei Seiten ausgesetzt und musste nach einer Niederlage gegen Paekche im Jahre 642 bis zum Naktong-Fluss zurückweichen. Auf diverse Hilfeersuchen hin übte T'ang-China zunächst diplomatischen Druck auf Koguryŏ aus und schritt im Jahre 645 schließlich auch militärisch ein. Nach einigen Anfangserfolgen wie der Eroberung der Stadt Liao-tung schlug jedoch auch diese Invasion fehl.

Die kulturelle Ausstrahlung der Han-Kolonien und des Festlandes

In den bereits erwähnten chinesischen Berichten aus dem dritten nachchristlichen Jahrhundert heißt es über die Bewohner von Koguryŏ, dass sie im zehnten Monat die Wiederkehr eines «Su» genannten Geistes feierten. Über die Han-Staaten im Süden ist zu erfahren, dass in jedem Dorf ein Priester für die Verehrung des Himmelsherrn zuständig sei. Etwas außerhalb befinde sich jeweils ein heiliger Ort (*sodo*), wo unter einem Baum, von dem Glocken und Trommeln herabhingen, Götter und Geister verehrt würden.

Tatsächlich ist wohl zumindest im Falle von Silla für die Frühzeit von einer schamanistischen Theokratie auszugehen. So fanden sich in Grabhügeln des frühen 6. Jahrhunderts Goldkronen, deren Aufsätze den Weltenbaum sowie Hirschgeweihe zu symbolisieren scheinen und die der Form nach große Parallelen zu auf dem Gebiet der früheren Sowjetunion entdeckten Schamanenkronen aufweisen.

In Koguryŏ wurden die einheimischen Vorstellungen aufgrund der Nähe zu den Han-Kolonien früh durch chinesische bzw. über China vermittelte verdrängt. Dies zeigt sich insbesondere in der Gestaltung der mitunter aus mehreren Grabkammern bestehenden und meist von einem Erdwall umgebenen Steingräber der Elite. So wurde schon im 4. und frühen 5. Jahrhundert ausgiebig Gebrauch von Lotos-Dekoren gemacht, und in einem der bekannteren Gräber des frühen 5. Jahrhunderts zieren buddhistische *apsara*s wie auch taoistische Unsterbliche (*hsien*, kor. *sŏn*) die Wände, während in den Gräbern des 6. und 7. Jahrhunderts zumeist der grün-blaue Drache des Ostens, der weiße Tiger des Westens, der rote Phönix des Südens und der entfernt an eine Schildkröte erinnernde schwarze Krieger des Nordens vor bösen Geistern schützend auf die Verstorbenen herabblicken.

Zwar finden sich unter den frühen Grabmalereien auch Darstellungen des Militärs und Jagdszenen zu Pferde, zugleich jedoch – zum Teil mit Erläuterungen in chinesischer Schriftsprache – Porträts der Verstorbenen und der sie umgebenden zivilen Beamtenschaft, die in Habitus und Kleidung den chinesischen Vorbildern ähneln. Im *Samguk sagi* wird das Jahr 372 für die Gründung einer konfuzianischen Reichsakademie angegeben, und das Grab eines namentlich bekannten Magistraten aus dem Jahre 408 belegt, dass tatsächlich bereits um diese Zeit eine konfuzianisch geprägte (nicht nur chinesisch schreibende) Beamtenschaft existierte.

Der Einfluss des Buddhismus

Die Einführung des Buddhismus in Koguryŏ wird gemeinhin auf das Jahr 372 datiert, als mit einer Gesandtschaft der Ch'in der Mönch Shun-tao (kor. Sundo) am Hofe eintraf. Ein Brief des berühmten chinesischen Gelehrten Chih Tun (gest. 366) an einen Glaubensbruder in Koguryŏ belegt jedoch, dass diese Datierung eher willkürlicher Natur ist.

Über die Entwicklung des Buddhismus in Koguryŏ ist nur wenig bekannt. Gewisse Rückschlüsse erlauben jedoch die Aktivitäten von Koguryŏ-Mönchen in Silla, in China bzw. in Japan. So wurde z.B. der Kleriker Hyeryang im Jahre 551 der erste Kukt'ong (in etwa: Reichs-Superintendent) im Staate Silla, und für das 6. Jahrhundert sind diverse Mönche verzeichnet, die in China studierten.

Besonders beliebt unter den Mönchen in Koguryŏ scheint das Studium der sogenannten «Drei Abhandlungen» (*San-lun*, kor. *Samnon*) gewesen zu sein. So begründete der während der Dynastien Ch'i und Liang südlich des Chiang-tzu wirkende Sŭngnang (eigtl. Sŭng Tonang, 476?–512) eine dem Studium dieser Texte verpflichtete Schule, auf die sich auch der berühmte Exeget Chi-tsang (547–623) zurückführte. Letzterer schreibt Sŭngnang glaubwürdig die Formel der «Drei Urteile» (*san-ti*, kor. *sanch'e*) zu, in denen der Dichotomie von Phänomenen und Leere als Drittes ein mittlerer Weg gegenübergestellt wird, der sich der Festlegung auf eines der beiden Extreme entzieht. Aufgrund gemeinsamer textlicher Bezüge ist es nicht unwahrscheinlich, dass auch die Ursprünge der integrativen Konzeption der drei Urteile in der Lehrtradition des T'ien-t'ai letztlich auf Sŭngnang zurückgehen.

Die Übernahme des Buddhismus in Paekche (trad.: 384) scheint wie im Falle von Koguryŏ im Kontext der diplomatischen Beziehungen mit dem Festland erfolgt zu sein. Erst für die Herrschaft von König Sŏng (r. 523–554) jedoch ist ein Aufschwung für den buddhistischen Glauben belegt. Dem *Samguk yusa* zufolge kehrte im Jahre 526 der Mönch Kyŏmik aus Indien zurück und brachte sowohl philosophische Abhidharma-Texte als auch fünf Versionen der Ordensrichtlinien des Vīnaya mit. Im Jahre 541 sandte König Sŏng eine Gesandtschaft zu den Liang mit der Bitte um Kommentare zum *Nirvāṇasūtra* sowie die Entsendung von Kunsthandwerkern und Malern, und im Jahre 545 betete er anlässlich der Fertigstellung einer Buddhastatue dafür, dass alle Lebewesen die Buddhaschaft erlangen mögen. Besonders gefördert wurde der Buddhismus auch von König Pŏp (r. 599–600), welcher in offensichtlicher Anlehnung an das Vorbild des chinesischen Herrschers Liang Wudi (r. 502–549) im ersten Jahr seiner Herrschaft das Töten von Tieren verbot und die Freilassung der Jagdfalken sowie die Zerstörung von Jagdwaffen und Geräten zum Fischfang anordnete. Erwähnenswert ist ferner die Gründung des Mirŭk-Tempels durch König Mu (r. 600–641), zumal zahlreiche Statuen die Popularität des Mirŭk- bzw. Maitreya-Glaubens in Paekche belegen und einige während des 6. Jahrhunderts in Paekche und Silla entstandene Bronzen des mit übergeschlagenem Bein in nachdenklicher Pose dasitzenden Bodhisattva Maitreya wegen ihrer eleganten Linienführung und meditativen Ausstrahlung zu den Höhepunkten der ostasiatischen Kunst gezählt werden.

Zwar wirkten buddhistische Missionare auch in Silla mindestens seit dem 5. Jahrhundert. Wie bereits erwähnt, erfolgte die Übernahme des Buddhismus durch das Herrscherhaus in Silla jedoch erst in der ersten Hälfte des 6. Jahrhunderts im Zusammenhang mit der Durchsetzung eines zentralen Königtums. Nachdem wie in den Nachbarstaaten auch die militärische Bedeutung der neuen Religion erkannt worden war, kam es zu einer Reihe von Weiterentwicklungen, zu denen u. a. die Institution der «Blumenjunker» (*hwarang*) gehört. Hierbei handelt es sich um einen unter Kontrolle des Klerus stehenden, der Verehrung des Maitreya verschriebenen Bund junger Adliger, der wohl durch den in Nordchina einflussreichen buddho-taoistischen Kult um den «Knaben

Mondlicht» (Yüek-kuang t'ung-tzu) inspiriert war und eindeutig paramilitärischen Charakter hatte. So zählten zu den fünf Grundsätzen dieser Organisation neben konfuzianischen Tugenden wie der Loyalität zum König, kindlicher Pietät den Eltern gegenüber und Vertrauenswürdigkeit unter Freunden auch das Nicht-Zurückweichen im Kampfe, wobei ein gewisser buddhistischer Anstand durch die abschließende Forderung nach Unterscheidung beim Töten gewahrt blieb.

Infolge der in der ersten Hälfte des 7. Jahrhunderts zunehmend bedrohlicher werdenden militärischen Lage und der entsprechend auch innenpolitisch prekären Lage des Königshauses wurde die *cakravartīn*-Ideologie alsbald durch mächtigere Narrative ersetzt. In diesem Zusammenhang scheint der Superintendent Chajang eine wesentliche Rolle gespielt zu haben: Ihm erschien während eines China-Aufenthaltes mehrfach der Bodhisattva Mañjuśrī und offenbarte u. a., dass die regierende Königin ein Bodhisattva sei und bereits die Voraussagung zukünftiger Buddhaschaft erhalten habe, dass an der Stelle des Zentraltempels Hwangnyong-sa vor Urzeiten die Buddhas Kāśyapa und Śākyamuni gepredigt hätten und dass noch in der Gegenwart am Massiv des Odae Zehntausende von Buddhas und Bodhisattvas weilten.

In diesen Kontext gehört auch der Bau einer neunstöckigen Holzpagode im Hwangnyong-sa, von deren spiritueller Macht man sich baldige Unterwerfung der umliegenden Staaten versprach. Die neue Ideologie sollte jedoch weit umfassendere Wirkung entfalten: Noch heute zeugen eine Vielzahl steinerner Pagoden, Felsenreliefs und Buddhastatuen in der Umgebung der ehemaligen Hauptstadt Kŭmsŏng (das heutige Kyŏngju) von gewaltigen Anstrengungen bei der Transformation auch der physischen Landschaft Sillas in ein Buddhaland.

Die Missionierung Japans

Die Weiterverbreitung des Buddhismus nach Japan erfolgte wiederum zunächst über inoffizielle Kontakte, im Wesentlichen dann jedoch unter diplomatischen Vorzeichen. Dem japanischen Geschichtswerk *Nihon shoki* zufolge im Jahre 552, möglicherweise auch bereits 14 Jahre zuvor, empfahl König Sŏng von Paekche dem japanischen Herrscher den Buddhismus als Grundlage einer segensreichen Regierung und übersandte ihm neben einer Buddha-Statue, Fahnen und Seidenschirmen auch Sutren und Kommentarwerke. Den offiziellen, diplomatischen Charakter der nachfolgenden Missionsanstrengungen unterstreicht u. a. der Umstand, dass einige Jahrzehnte später Imsŏng, der dritte Sohn von König Sŏng, den Glauben an Avalokiteśvara nach Japan gebracht haben soll.

Die Missionierung des japanischen Hofes ging einher mit einem umfassenden Kulturtransfer: Nachdem im Jahre 554 die ersten Mönche entsandt worden waren, schickte König Widŏk (r. 554–598) im Jahre 577 erneut Sutren und Kommentare. Zum Tross der Gesandtschaft zählten ein Vīnaya- und ein Meditations-Meister, eine Nonne, ein Mantra-Spezialist, aber auch ein auf die Herstellung von Buddha-Statuen spezialisierter Kunsthandwerker und ein Tempelarchitekt. 588 folgten mehrere Exegeten, zwei Zimmerleute, ein Experte im Metallguss, vier Spezialisten in der Herstellung von Dachziegeln und ein Maler. Aus Koguryŏ kam im Jahre 610 der Mönch Tamjing, bezeichnenderweise zugleich bewandert in der Herstellung von Papier und Schreibgeräten.

Japanische Nonnen gingen zum Studium nach Paekche, und wohl im Jahre 597 traf in Japan der Mönch Hyech'ong ein, der zusammen mit dem Koguryŏ-Mönch Hyeja keinen Geringeren als den Kronprinzen Shōtoku Taishi in den buddhistischen Lehren unterwies.

Der gleichermaßen in den *Samnon* wie in weltlicher Literatur versierte Kwallŭk brachte 602 Schriften zur Astrologie, zum Kalenderwesen, zur Geographie und zu den geheimen Künsten. Der Mönchsgelehrte machte sich nicht nur als Arzt einen Namen, sondern avancierte sogar zum ersten Sōjō (in etwa: Mönchs-Superintendent) Japans. Der Koguryŏ-Mönch Hye'gwan wiederum studierte zunächst in T'ang-China unter dem bereits erwähnten Chi-tsang und kam im Jahre 625 nach Japan, wo er sich als besonders erfolgreich im Regenmachen erwies und wohl auch aus diesem Grunde Kwallŭk in dessen Amt nachfolgte.

Wie die angeführten Beispiele zeigen, waren es im Wesentlichen Mönche aus Paekche und Koguryŏ, dic mit ihren Interpretationen der aus China übernommenen Lehren die Gestalt des frühen Buddhismus in Japan prägten. Zudem trugen sie durch die Vermittlung künstlerischer und technischer Fähigkeiten nicht unerheblich zum Fortschritt der materiellen Kultur auf dem Archipel bei.

4.
Früher Glanz – die Nord- und Süd-Periode

Die Einigung der Halbinsel durch Silla

Die entscheidende Wende in der Auseinandersetzung brachte schließlich im Jahre 660 eine gemeinsame Unternehmung von T'ang und Silla gegen Paekche. Zeitgleich mit einer Landung der T'ang-Armeen griffen von Land her die Silla-Truppen an. Der Wucht dieses doppelten Ansturmes war wenig entgegenzusetzen. Nach kurzer Zeit fiel die Hauptstadt Sabi, der König ging in Gefangenschaft, und der Staat Paekche war ausgelöscht.

Mit dem Verlust des Bündnispartners und der Präsenz der T'ang-Armeen auf der Halbinsel sollte es nur noch eine Frage der Zeit sein, bis Koguryŏ ein ähnliches Schicksal ereilte. Im Jahre 667 folgte eine weitere koordinierte Großoffensive, die bereits im darauffolgenden Jahr mit dem Fall von P'yŏngyang und der Vernichtung von Koguryŏ endete.

Die Auseinandersetzungen um die Vorherrschaft auf der Halbinsel waren damit jedoch nicht vorbei. T'ang-China hatte nach der Eroberung von Paekche auf den Gebieten von dessen einstigen Provinzen fünf Kommandanturen errichtet, den Sohn des letzten Königs als Gouverneur an die Spitze einer dieser Verwaltungseinheiten gestellt und den Silla-König Munmu (r. 661–681) zu einem Nichtangriffspakt mit diesem gezwungen. Im Folgenden wurden auf dem Gebiet des ehemaligen Koguryŏ neun weitere Kommandanturen gegründet; König Munmu wurde zum Gouverneur einer dem Staat Silla entsprechenden «General-Kommandantur Kyerim» ernannt, und zur Verwaltung der verschiedenen Kommandanturen rief T'ang-China in P'yŏngyang ein «General-Protektorat zur Befriedung des Ostens» (An-tung tu-hu fu) ins Leben.

Silla reagierte auf diesen unverblümten Kolonialisierungsversuch, indem es den Widerstand in Koguryŏ unterstützte, wo einstweilen ein illegitimer Sohn des letzten Koguryŏ-Königs zu dessen Nachfolger erklärt wurde. Vor allem jedoch unternahm man massive Angriffe auf die T'ang-Armeen und deren Hilfstruppen auf dem Gebiet des ehemaligen Paekche. Nach einer Reihe blutiger Schlachten gelang 671 schließlich die Einnahme von Sabi, woraufhin das gesamte frühere Paekche-Gebiet nunmehr unter der Kontrolle von Silla stand.

Infolge mehrerer Niederlagen der T'ang in Kämpfen um das Han-Bassin wurde im Jahre 676 schließlich die General-Kommandantur nach Liao-tung verlegt. Obgleich Pojang (r. 642–668), der letzte König von Koguryŏ, als Generalgouverneur und zugleich als «König von Chosŏn» eingesetzt wurde, bedeutete dieser Rückzug de facto die Aufgabe des chinesischen Anspruches auf die Halbinsel. So kam es nachfolgend zu einer Normalisierung der Beziehung und einer Wiederaufnahme der Tribut-Gesandtschaften an den T'ang-Hof.

Die politische und gesellschaftliche Ordnung

Die Bevölkerung des Staates Silla gliederte sich zur Zeit der Einigung der Halbinsel in Aristokraten, Gemeine und eine große Zahl von Sklaven, in der Regel Kriegsgefangene und Kriminelle, die zum Teil in gesonderten Siedlungen bzw. Arbeitslagern lebten. Im 7. Jahrhundert entlohnte das Königshaus einflussreiche Aristokraten für ihre Dienste mit von Sklaven bewirtschafteten Latifundien, großen Gestüten oder aber dem erblichen Recht, in bestimmten Ortschaften von freien Bauern neben den staatlichen eigene Naturalien-Steuern zu erheben bzw. Fronarbeit leisten zu lassen. Letztere Variante diente dabei zugleich der Bezahlung der Beamtenschaft.

Fast alle Aspekte des sozialen Lebens wurden durch ein bereits im 6. Jahrhundert unter König Chinhŭng eingeführtes, auf der Herkunft beider Elternteile basierendes System der «Knochen-Ränge» (*kolp'um*) reglementiert. So existierte ein fein abgestuftes System von Vorrechten, das u.a. auch die Farben der Kleidung oder die maximale Größe der Wohnhäuser regelte.

Der Anspruch auf den Thron blieb den «Heiligen Knochen» (*sŏnggol*) vorbehalten, d. h. Mitgliedern der Kim-Familie, die seit dem 6. Jahrhundert väterlicherseits in direkter Linie vom Königshaus und mütterlicherseits vom früheren Königshaus der Pak abstammten. An der nächsten Stelle der sozialen Hierarchie standen die «Wahren Knochen» (*chin'gol*), der Hochadel an der Spitze der großen Clans. Es folgten die sechs sogenannten «Kopf-Klassen» (*tup'um*), von denen die oberen drei dem mittleren bzw. niederen Adel entsprachen, während sich die in den einschlägigen Quellen nicht näher qualifizierten unteren drei Klassen vermutlich auf die gemeine Bevölkerung bezogen.

Die *sŏnggol* starben jedoch bereits mit den Königinnen Sŏndŏk (r. 632–647) und Chindŏk (r. 647–654) aus, so dass mit Taejong Muyŏl (r. 654–661) erstmals ein *chin'gol* auf den Thron kam. Die Anwärterschaft auf die Königswürde blieb jedoch auf direkte Nachkommen des Königshauses beschränkt, wobei Ehen bald nur noch innerhalb des Clans der Kim geschlossen wurden.

Schon vor der Reichseinigung hatte sich nach chinesischem Muster in allen drei Staaten eine differenzierte Verwaltungsstruktur mit Ministerien und nachgeordneten Behörden gebildet, deren Beamtenschaft nach verschiedenen zivilen und militärischen Funktionen sowie durch ein sämtliche Ämter durchziehendes einheitliches Rangsystem organisiert war. So wurden für Koguryŏ 12, für Paekche 16 und für Silla 17 Ränge gezählt.

Der Zugang zu den Ämtern war in Silla jedoch wiederum durch das «Knochen-Klassen»-System geregelt: Nur *chin'gol* konnten jedes Amt bis hinauf zum ersten Rang des *ibŏlchan* einnehmen. Die sogenannten «Kopf-Klassen» sechs, fünf und vier (im Gegensatz zur Einteilung der Ränge bezeichnet die größere Zahl hier die höhere Klasse) konnten jeweils bis zum sechsten, zehnten und zwölften Rang aufsteigen. Das auf die Zementierung der politischen Verhältnisse angelegte System war zwar im Prinzip undurchlässig, wie die T'ang zeigte man jedoch große Flexibilität bei der Absorption der ehemaligen Eliten von Paekche und

Koguryŏ. So bekamen Gelehrte und Techniker, die ihrer speziellen Kenntnisse wegen in den Beamtenapparat übernommen wurden, eine ihrem ehemaligen Status entsprechende «Knochen-Klasse» zugewiesen.

Trotz der Einführung eines erblichen Königtums und der Verwaltung des Landes durch eine zentrale Bürokratie stellten die Clans bis ins 7. Jahrhundert einen wesentlichen Machtfaktor dar. Ähnlich wie in Koguryŏ, wo der Premierminister von einem Rat der Aristokraten gewählt wurde, blieben staatskritische Entscheidungen, etwa bezüglich der Thronfolge oder der Aufnahme kriegerischer Handlungen, einem «Hwabaek» genannten Rat der *chin'gol* vorbehalten, dessen Vorsitzender einen «übergeordneten Sonderrang» (*sangdaedŭng*) innehatte.

Seit König Muyŏl jedoch zeigten sich verstärkt absolutistische Tendenzen. Nachdem der neue Herrscher gegen den Widerstand zweier *sangdaedŭng* und somit gegen den Willen des Hwabaek-Rates an die Macht gekommen war, richtete er im Jahre 651 eine Staatskanzlei (*chipsabu*) als höchstes administratives Organ ein, deren Vorsitzender (*chŭngsi*) in Konkurrenz zum Premier (*sangdaedŭng*) stand und diesen bald an politischem Einfluss übertreffen sollte. So nahm König Sinmun (r. 681–692) einen vom Vater seiner ersten Ehefrau geplanten Umsturz zum Anlass für umfassende Säuberungen und schreckte sogar nicht davor zurück, den *sangdaedŭng* wegen angeblicher Mitwisserschaft zu töten. Die nachhaltige Schwächung der anderen Clans erlaubte eine Reihe institutioneller Neuerungen, die sämtlich die Macht des Königshauses stärkten.

Im Zuge einer aufgrund der territorialen Ausdehnung nötig gewordenen Verwaltungsreform wurde das Reichsgebiet im Jahre 685 in neun Provinzen unterteilt, die wiederum in Präfekturen, Distrikte und acht einzelne Weiler zusammenfassende Dorfeinheiten gegliedert wurden. Für die Mitte des 8. Jahrhunderts belegt ein erhaltenes Zensusregister, dass im Rahmen der alle drei Jahre durchgeführten Erhebungen einzelne Familien nach der Anzahl der arbeitsfähigen Mitglieder klassifiziert wurden. Dadurch standen den Behörden genaue Informationen über die für Fronarbeit einsetzbaren Arbeitskräfte zur Verfügung.

Parallel dazu erfolgte die Reorganisation des Militärs. Die vormals unter dem Kommando von *chin'gol* stehenden sechs Garnisonen wurden in neun «Eid-Banner» (*sŏdang*) in der Hauptstadt, welche direkt dem König unterstanden, und zehn Garnisonen in den Provinzen umstrukturiert.

Ab 689 wurde das Steuerprivileg der Aristokratie auf die Erhebung einer Getreidesteuer beschränkt und im Jahre 722 deren Macht durch ein Landverteilungssystem (*chŏngjŏn*) für Parzellen, die nicht der direkten Versorgung des Staates, seiner Beamten oder der Aristokratie dienen sollten, weiter beschnitten.

Der Versuch, den Einfluss des Hochadels einzuschränken, spiegelt sich wohl auch in den Zugangsvoraussetzungen der 682 zunächst unter der Bezeichnung Kukhak gegründeten und 755 in T'aehakkam umbenannten konfuzianischen Nationaluniversität wider, an der die «Gespräche» des Konfuzius (*Lun-yü*) und die Klassiker (eigtl. Leitfäden) Unterrichtsstoff waren. Amtsinhaber oberhalb des zwölften Ranges waren nämlich ausgeschlossen, so dass sich die Studentenschaft hauptsächlich aus Angehörigen der sechsten «Kopf-Klasse» rekrutiert haben dürfte. Ähnlich wird die Einführung von Beamtenprüfungen im Jahre 788 gemeinhin als Versuch der Aufwertung der konfuzianischen Gelehrsamkeit gegenüber dem Ständesystem betrachtet.

Erste politische Zerfallserscheinungen

Nach der Vertreibung der T'ang und der Festigung der Zentralmacht durch König Sinmun erfreute sich Silla etwa ein Jahrhundert lang relativer politischer Stabilität. Um 768 kam es jedoch zu einer folgenreichen Verschwörung der großen Clans gegen das Königshaus. Nach einer dreijährigen Auseinandersetzung setzte sich schließlich ein gewisser Kim Yangsang als neuer Machthaber durch, welcher im Anschluss an einige Restaurationsversuche der Loyalisten den König umbringen und sich selbst inthronisieren ließ, posthum als Sŏndok (r. 780–785) kanonisiert. Die eigentliche

Macht indes lag wiederum bei den Clans, so dass es bald zur Abschaffung der Steuerrechtsvergabe an Beamte und damit zu einer Restauration des alten Feudalsystems kam.

Beginnend mit dem Nachfolger Wŏnsŏng (r. 785–798) entstammten alle weiteren Herrscher der Silla-Zeit einer Linie, die sich auf König Naemul zurückführte. Während der Aufstand eines Angehörigen der von König Muyŏl ausgehenden Linie im Jahre 822 niedergeschlagen werden konnte, kam es im Folgenden zu gewaltsamen Auseinandersetzungen um die Nachfolge innerhalb des Königshauses. Im Jahre 836 wurde der designierte König ermordet. Der neue Machthaber beging aufgrund seiner aussichtslosen Lage innerhalb nur eines Jahres Selbstmord, und auch dessen Nachfolger regierte nur für ein Jahr, bis ein weiterer Verwandter mit Hilfe des Kommandanten der Garnison von Ch'ŏnghae, Chang Pogo (gest. 846), einen neuerlichen Staatsstreich ausführte. Das wesentliche Ergebnis dieses anhaltenden Thronstreits war, dass fortan die Legitimität eines jeden Herrschers von dieser oder jener Fraktion in Frage gestellt werden konnte.

Die Lebensgeschichte des Chang Pogo steht gleichzeitig beispielhaft für den im Zuge der Schwächung der Zentralmacht erfolgenden Aufstieg lokaler Machthaber. Nach einer militärischen Karriere in T'ang-China errichtete Chang Pogo im Jahre 828 auf der Insel Wando eigenmächtig die Garnison Ch'ŏnghae, um dem Piratenwesen an der Westküste ein Ende zu setzen. Nachdem dies gelungen war, kontrollierte Chang große Teile des China-Handels über See und gründete eigene Handelsenklaven an den Küsten von Shan-tung, von denen gegen Mitte des 9. Jahrhunderts auch der japanische Mönch Ennin (792–862) berichtet. Zum Verhängnis wurde dem Magnaten allerdings, dass er eine Tochter in das Königshaus einheiraten lassen wollte, was schließlich zu seiner Ermordung führte.

Im Zuge des Aufstiegs der lokalen Machthaber wurde die Steuererhebung durch die Zentrale derart erschwert, dass im Jahre 889 gewaltsame Eintreibungen stattfanden. Dies hatte eine Reihe von Aufständen zur Folge, in deren Verlauf sich der einfache Soldat Kyŏnwŏn im Jahre 892 in Chŏnju zum Herrscher des «Späteren Paekche» erklärte und Kungye, ein ehemaliger Angehöriger der Silla-Elite, sich nach der Eroberung großer Gebiete der nördlichen Provinzen im Jahre 901 zum König des «Späteren Koguryŏ» ausrufen ließ.

Die Zeit der kulturellen Blüte

Noch heute zeugen die mitunter Kilometer betragenden Entfernungen zwischen den um das heutige Kyŏngju verstreuten archäologischen Relikten von den Dimensionen der Hauptstadt Kŭmsŏng, die im 9. Jahrhundert mehr als 178 000 Haushalte umfasste. Gleichzeitig lassen die durch Ausgrabungen sichtbar gewordenen Ausmaße von Bauwerken wie dem Tempel Hwangnyong-sa oder den Bankett-Hallen am künstlichen See Anap-chi Macht und Wohlstand der Herrschenden erahnen.

Tatsächlich dürfte die Metropole Sillas während ihrer Blütezeit von der Mitte des 7. bis weit in das 9. Jahrhundert hinein in Pracht und Internationalität dem T'ang-zeitlichen Ch'ang-an kaum nachgestanden haben. Kaufleute aus Silla ließen sich sogar in der fernen Hauptstadt des T'ang-Reiches nieder und trieben Handel bis nach Zentralasien und Arabien.

Vor allem Mönche reisten bereits während des 7. und 8. Jahrhunderts in großer Zahl zum Studium nach China. Einige gelangten bis nach Indien, und mit dem *Wang o Ch'ŏnch'ŭk-kuk chŏn* («Aufzeichnungen zu einer Reise in die fünf Reiche Indiens») des Silla-Mönches Hyech'o (704–787) ist eine wertvolle Quelle für die Geschichte verschiedener Gebiete Zentralasiens und des Subkontinents erhalten.

Einen Eindruck von der «internationalen» Atmosphäre im buddhistischen Klerus gibt ein Brief des berühmten chinesischen Exegeten Fa-tsang (643–712) an seinen früheren Mitstudenten Ŭisang (625–702). Letzterer hatte auf dem Festland bei Chih-yen (602–668) die Lehren des Hua-yen- bzw. Hwaŏm-Buddhismus studiert, deren großartiger Vision zufolge im Bewusstsein des Erwachten die grundlegende Struktur (*i*) und die Ereignisse (*sa*) sowie die Ereignisse untereinander sich ungehindert durchdringen. Nach dem Tod seines Lehrers war er nach Silla zurückgekehrt, um dort eine eigene Schule zu begründen. Zwar waren alle wichtigen geistigen Strömungen des Kontinents auch in Silla präsent, das Hwaŏm sollte jedoch, wenn auch in steter Konkurrenz zum idealistischen Pŏpsang, die vorherrschende doktrinäre Richtung der Silla- und Koryŏ-Zeit werden.

Überdies verfasste Ŭisang einen einflussreichen Kommentar zum *Hwaŏm Ilsŭng pŏpkyedo* («Diagramm der Dharma-Sphäre des einen Fahrzeuges des Hwaŏm»), einer Summa des Erlösungsweges in 30 Versen zu sieben Zeichen. Zwar dürfte der Wortlaut des Diagrammes selbst nicht auf Ŭisang, sondern auf dessen Lehrmeister zurückgehen, dafür aber die Ergänzung einer einheitlichen roten Linie und damit eine Methode der Meditation, die im Schreiben der einzelnen Schriftzeichen und im Malen der die Verse durchziehenden roten Linie des tieferen Verhältnisses von einzelnen Ereignissen und einheitlicher Grundstruktur inne zu werden suchte.

Ebenfalls um die Zeit der Reichseinigung suchte Wŏnhyo (617–686) die Einheit der scheinbar einander widersprechenden buddhistischen Sutren in Rückführung auf die diesen zugrunde liegende Intention des «einen Geistes» wiederherzustellen. Hermeneutik und exegetische Technik der ihm zugeschriebenen Texte beruhen zwar erkennbar auf chinesischen Vorläufern, zeichnen sich jedoch aus durch eine kompromisslose Anwendung von Grundideen wie der gegenseitigen Durchdringung und Wiederspiegelung auch in der Form und eine damit einhergehende Vollendung der Komposition, wie sie auch in China selten erreicht wurde.

Beiden Mönchen ist gemein, dass auf sie zurückgehende Werke nicht zuletzt im japanischen Buddhismus überliefert worden sind. Obgleich das im Jahre 720 vollendete *Nihon shoki*, das älteste erhaltene japanische Geschichtswerk, noch unter Mitwirkung von Tohyŏn, einem aus Koguryŏ geflohenen Mönch, kompiliert worden war, traten bereits seit Ende des 7. Jahrhunderts Mönche aus

Silla an die Stelle ihrer in Japan missionierenden Glaubensbrüder. Umgekehrt kamen in der Folgezeit japanische Kleriker zum Studium nach Silla, darunter auch der erste Exeget des *Hua-yen ching* in Japan, Sinjō (kor. Simsang). Erst im Zuge einer im 10. Jahrhundert einsetzenden, auch das Abkühlen der Beziehungen zu Silla reflektierenden Sinisierung des japanischen Buddhismus der Heian-Zeit wurden die Genealogien dahingehend umgeschrieben, dass das Hua-yen bzw. *Kegon sutra* bereits vor Sinjō durch chinesische Mönche eingeführt worden sei und dieser unter dem bereits erwähnten chinesischen Patriarchen Fa-tsang studiert habe. Wahrscheinlich in demselben Kontext begann man auch, das *Hwaŏmgyŏng mundap*, die Niederschrift einer von Ŭisang gehaltenen Vorlesung, fälschlicherweise Fa-tsang zuzuschreiben.

Die beiden herausragenden Persönlichkeiten des koreanischen Buddhismus scheint ferner auch eine ungewöhnliche Zuwendung zum einfachen Volke verbunden zu haben: Als ihm der König Land und Sklaven schenken wollte, lehnte Ŭisang dem *Samguk yusa* zufolge mit dem Verweis darauf ab, dass der Lehre des Buddha nach Hoch und Niedrig «gleich» (*p'yŏngdŭng*) seien, eine Formulierung, die im 20. Jahrhundert unter Einfluss des chinesischen Reformers T'an-Ssu-t'ung (1865–1898) einen Widerhall in den gleichermaßen politischen wie religiösen Utopien des Manhae Han Yong-un (1879–1944) finden sollte. Großmeister Wŏnhyo wiederum soll seine Tätigkeit als Exeget unterbrochen haben, um für eine Weile singend und tanzend die buddhistischen Lehren unter der Dorfbevölkerung zu verbreiten.

Während das einfache Volk auf Wiedergeburt im westlichen Paradies des Buddha Amitābha hoffte, vertraute die Obrigkeit weiterhin in militärischen Angelegenheiten auf buddhistische Mächte. So soll der Mönch Myŏngnang (7. Jahrhundert) als Vorläufer des esoterischen Buddhismus einen Sturm heraufbeschworen haben, in dem eine Invasionsflotte der T'ang untergegangen sei, und König Munmu ließ sich direkt an der See bestatten, um das Land in seinem nächsten Leben als Meeresdrache gegen japanische Seeräuber zu beschützen.

In gleichem Maße wie die esoterischen Lehren blühten jedoch auch Wissenschaften und Künste: Mit der Chŏmsŏng-dae ist eine neun Meter hohe, aus 364 Granitblöcken bestehende Sternwarte aus dem 7. Jahrhundert erhalten, und auch die Proportionen der Felsengrotte Sŏkkuram, deren Bau zusammen mit einer Erweiterung des Tempels Pulguk-sa um 751 vom *chŭngsi* Kim Taesŏng zum Wohle seiner verstorbenen Eltern in Auftrag gegeben und erst nach dessen eigenem Ableben im Jahre 774 vollendet wurde, zeugen noch heute vom mathematischen Wissen und architektonischen Können jener Zeit. Gleichzeitig markieren die kunstvollen Steinreliefs, vor allem jedoch ein auf einem Sockel im Zentrum des Kuppelbaus thronender Buddha nach Auffassung der Kunsthistoriker wiederum einen Höhepunkt nicht nur der buddhistischen Skulptur in Korea.

Auch in Schriftwesen und Buchdruck kam es insbesondere unter buddhistischem Einfluss zu beachtlichen Fortschritten. So wird als Datum *ante quem* für eine in einer Pagode des Tempels Pulguk-sa gefundene gedruckte Ausgabe eines Dharānī-Sutras das Jahr 751 angegeben und dieses damit mehr als einhundert Jahre früher datiert als ein in der British Library aufbewahrter Druck des Diamant-Sutras aus Tun-huang.

Wohl nicht zufällig wird mit dem konfuzianischen Gelehrten Sŏl Ch'ong ausgerechnet dem Sohn des Wŏnhyo die erstmalige Annotierung der kanonischen neun Leitfäden des Konfuzianismus und damit die Erfindung eines als *ku'gyŏl* (etwa: «Satz-Unterteilungen») bekannten Systems zugeschrieben: Dem chinesischen Text wurden, ursprünglich in Form von Randglossen, Kasuspartikel und Verbalendungen hinzugefügt, die eine Lesung in der eigenen Sprache ermöglichen sollen. Dabei wurden wiederum chinesische Schriftzeichen verwendet, die entweder lautlich zu lesen sind oder auf den Lautwert ihrer Übersetzung verweisen.

Die syntaktischen Eigenheiten eines auf das Jahr 612 datierten, in Stein gemeißelten Gelöbnisses, aber auch ein späterer Hinweis auf Klagen der mit der Anfertigung von Niederschriften zu Vorlesungen betrauten Schüler des bereits erwähnten Ŭisang ob der streckenweisen Ähnlichkeit von dessen Notizen mit «Aufzeichnungen [gesprochener] Worte» lassen darauf schließen, dass sich ein verwandtes Prinzip bereits im Laufe des 7. Jahrhunderts auch bei der Verschriftung von Texten in der eigenen Sprache durchsetzte. Die Wortstellung entspricht hierbei der des späteren Koreanischen, und auch Nomina werden durch lautliche Wiedergaben, durch ihr chinesisches Äquivalent oder in – zweifelsfreie Abgrenzung von chinesischen Fremdwörtern erlaubender – Kombination von bedeutungstragendem Element und Markierung des Auslautes notiert.

In eher künstlicher Trennung später in *hyangch'al* («Schrift der Heimat») bzw. *idu* («Beamtenschrift») unterteilt, fand dieses Schriftsystem vornehmlich in der niederen Verwaltung, aber auch in Gebrauchstexten wie Kolophonen zu Abschriften von Sutren oder Herstellungsangaben auf kunsthandwerklichen Gegenständen Verwendung.

Das *hyangch'al* war zudem das schriftliche Medium der im «lokalen Idiom» verfassten *hyangga* («Lieder der Heimat»). Zwar ist eine gegen Ende des 9. Jahrhunderts kompilierte umfangreiche Anthologie verloren, es sind jedoch im *Samguk yusa* zumindest zwölf wohl tatsächlich Silla-zeitliche Gedichte überliefert. Diese frühen literarischen Kunstwerke in einheimischer Sprache sind u. a. deshalb bedeutsam, weil sich in ihnen – z. B. in Gestalt der «Ode an den Ritter Kilbo» oder dem «Lied vom Zufriedenstellen des Volkes» – die Koexistenz von autochthoner und chinesisch geprägter Kultur auch im höfischen Kontext manifestiert.

Im Zuge des Niedergangs der Zentralmacht erfuhr der hierzulande unter dem japanischen Namen Zen bekannte Ch'an- bzw. Sŏn-Buddhismus einen bedeutenden Aufschwung. Diese Strömung, die die Aktualisierung des Erwachens gegenüber dem Studium der Lehrschriften in den Vordergrund rückte, war wohl bereits im 7. Jahrhundert eingeführt worden; im 8. und 9. Jahrhundert kehrten überdies zahlreiche Mönche nach Silla zurück, die zuvor unter chinesischen Ch'an-Meistern studiert hatten. In scharfem Gegensatz zum hauptstädtischen Buddhismus stehend, siedelten sich diese unter Protektion der Lokalmachthaber zunächst in abgelegenen Gebirgsregionen an, so dass in buddhistischen Werken der Koryŏ-Zeit rückschauend von den «Fünf doktrinären Schulen» (*o kyo*) und den «Neun Bergen» (*ku san*) des Sŏn die Rede sein sollte. Die Mehrzahl der am Ende der Silla-Zeit und zu Beginn der Koryŏ-Dynastie aktiven Sŏn-Lehrer stand dabei in der Traditionslinie des Ma-tsu Tao-yi (709–788), der seine Schüler nicht nur durch sonderbare Dialoge, sondern auch durch plötzliches Andonnern, Stockschläge und dergleichen zum Erwachen führen wollte.

Zeitgleich stieg auch die Anzahl der konfuzianischen Gaststudenten in China an. Unter den Vorläufern der nach wie vor buddho-konfuzianischen, dabei jedoch stärker konfuzianisch geprägten Gelehrsamkeit der Koryŏ-Zeit ragt insbesondere Ch'oe Ch'iwŏn (857–?) hervor, der in T'ang-China die Beamtenprüfungen absolvierte, nachfolgend dort als Beamter tätig war und sich nach seiner Rückkehr nach Silla schließlich als Laiengelehrter in die Nähe des Bergklosters Haein-sa zurückzog. Von ihm sind neben einer Vielzahl von Gedichten eine Reihe von Texten für Steinstelen, darunter eine bedeutende Biographie des Fa-tsang, überliefert.

Der Aufstieg und Fall von Parhae

Das durch den Rückzug der T'ang im Norden entstandene Machtvakuum ausnutzend, rief der ehemalige Koguryŏ-General Tae Choyŏng (posthum: König Ko) im Jahre 698 in der Ebene des Sungari das Königreich Chin aus, welches 731 in Parhae (chin. Po-hai) umbenannt wurde. Die Bevölkerung des sich weit in die Mandschurei erstreckenden Herrschaftsgebietes setzte sich zusammen aus Bewohnern des ehemaligen Koguryŏ sowie Angehörigen der Malgal, eines halb-nomadischen tungusischen Volksstammes. Die Elite jedoch rekrutierte sich aus der des Staates Koguryŏ und betrachtete das eigene Gemeinwesen naturgemäß als dessen Nachfolgestaat.

Aufgrund des zwangsläufig auftretenden Konfliktes mit T'ang-

China verbündete man sich mit den Nordchina bedrängenden Turkvölkern und betrieb darüber hinaus selbst eine überaus erfolgreiche Expansionspolitik. Bereits unter König Mu (r. 719–737) umfasste das Territorium den Norden der koreanischen Halbinsel und die ganze nordöstliche Mandschurei. Vor dem Hintergrund der Rebellion des An Lu-shan in T'ang-China (755) gelang die Einnahme der Halbinsel Liao-tung, und am Höhepunkt der Ausdehnung unter König Sŏn (r. 818–830) erstreckte sich das Herrschaftsgebiet bis nach K'ai-yüan im südlichen Zentrum der Mandschurei.

Obgleich die Kultur von Parhae noch wenig erforscht ist, darf als gesichert betrachtet werden, dass dieses ähnlich wie Silla nicht nur bald wieder die Annäherung an China suchte, sondern ebenso wie jenes an der internationalen buddho-konfuzianischen Kultur der T'ang-Zeit partizipierte. So war z. B. die Hauptstadt Sanggyŏng nach dem Vorbild von Ch'ang-an konzipiert, und bereits der erste Gesandte von Tae Choyong an den T'ang-Hof suchte auf dessen Geheiß auch einen buddhistischen Tempel in Ch'ang-an auf. Mönche aus Parhae wirkten nachweislich in China, und andere unterhielten Beziehungen nach Japan. Zahlreich aufgefundene Kombinationen von Statuen des Śākyamuni und des Prabhūtaratna wiederum lassen auf die Verbreitung eines um das Lotos-Sutra zentrierten Kultes schließen.

Nach Auffassung koreanischer Wissenschaftler war es die ethnisch geprägte Gliederung der Gesellschaft, die letztlich zu einem überraschend schnellen Untergang des Staatswesens führte. So brach dieses bereits während der ersten Invasion der im Norden erstarkten Khitan im Jahre 926 in sich zusammen.

5.
Geeintes Korea – Koryŏ

Die Anfänge einer neuen Dynastie

Bald nach der Gründung des Späteren Koguryŏ verlegte Kungye den Regierungssitz nach Ch'ŏrwon, benannte den Staat zunächst in Majin und schließlich in T'aebong um und machte sich daran, eine Regierungsstruktur mit Kanzlei, Ministerien und einem in neun Ränge gegliederten Beamtensystem zu schaffen. Ungeachtet der vielversprechenden Anfänge nahm jedoch die Herrschaft des Staatsgründers, der sich selbst als Maitreya und seine ältesten Söhne als Bodhisattvas verehren ließ, zunehmend despotische Züge an, so dass er 918 durch einen Putsch der Generalität gestürzt und auf der Flucht umgebracht wurde.

Als neuer Herrscher inthronisiert wurde Wang Kŏn (r. 918–943), Abkömmling eines einflussreichen Clans aus Kaesŏng. Dieser hatte sich zunächst als Befehlshaber einer Garnison auf der Insel Kanghwa ausgezeichnet. Später hatte er mit Landungsoperationen auf den Inseln der Westküste dem Späteren Paekche den Seeweg nach China und Japan abgeschnitten und war aufgrund dieser militärischen Verdienste bereits unter Kungye bis zum *sijung* bzw. Premierminister aufgestiegen.

Der später als T'aejo kanonisierte Wang Kŏn machte seine Heimatstadt Songak zur Hauptstadt eines neuen Staatswesens mit dem programmatischen Namen Koryŏ (eine gängige Bezeichnung für Koguryŏ in chinesischen Quellen) und führte, nachdem die T'ang-Dynastie bereits 906 untergegangen war, eine eigene Regierungsdevise (Ch'ŏnsu, «Mandat des Himmels») ein.

Obgleich T'aejo auf dem Territorium von Silla Garnisonen errichten ließ, unterhielt er im Gegensatz zu seinem Vorgänger doch freundschaftliche Beziehungen zum dortigen Königshaus, welches infolge des Umstandes, dass viele der ohnehin wenig folgsamen lokalen Machthaber bereits entweder zu T'aejo oder Kyŏnhwŏn übergelaufen waren, *de facto* nur noch einen Rumpfstaat um die Hauptstadt herum kontrollierte. Als es Kyŏnhwŏn im Jahre 927 gelang, diese zu plündern, König Kyŏngae zu töten und dessen jüngeren Bruder zu entführen, führte T'aejo persönlich einen Angriff gegen die Truppen aus Paekche.

Zwar kam es nachfolgend zum Versuch, durch Geiselaustausch ein Ende der militärischen Auseinandersetzungen herbeizuführen, die Kampfhandlungen in der Region westlich des Naktong-Flusses hielten jedoch an. Erst im Jahre 930 erreichte Koryŏ einen strategisch wichtigen Sieg bei Koch'ang, der es erlaubte, fortan die Operationen auf das eigentliche Territorium des Gegners zu konzentrieren, bis schließlich eine vernichtende Niederlage der Armeen des Späteren Paekche bei Unju im Jahre 934 die Entscheidung brachte.

Unterdessen hatte das Königshaus des Späteren Paekche von innen her zu implodieren begonnen: Als Kyŏnhwŏn seinen vierten Sohn zum Nachfolger bestimmte, riss der Erstgeborene den Thron an sich. Zunächst in einem Tempel eingesperrt, gelang Kyŏnhwŏn später die Flucht zu T'aejo.

Noch bevor im Jahre 936 Koryŏ-Truppen unter der Führung von Kyŏnhwŏn den endgültigen Zusammenbruch des Späteren Paekche herbeiführten, unterwarf sich auch Kyŏngsun (r. 927–935), der machtlose König von Silla, dem Reichseiniger.

Versuche zur Festigung der Zentralmacht

T'aejo verfolgte von Anfang an eine konsequente Integrationspolitik und behandelte bereits die Flüchtlinge aus Parhae mit extremer Großzügigkeit. So wurde etwa der Kronprinz Tae Kwanghyŏn in das königliche Familienregister aufgenommen, und man hielt darüber hinaus Rituale für angeblich gemeinsame Vorfahren ab. Ähnlich generös zeigte sich T'aejo in der Behandlung der Silla-Elite, und demonstrativ vermählte er sich mit einer Prinzessin aus dem Königshaus.

Während der König durch weitere eheliche Verbindungen mit mehr als zwanzig einflussreichen Clans aus verschiedenen Regionen seine eigene Hausmacht weiter zu stärken suchte, schaffte er gleichzeitig das System der «Knochen-Klassen» ab und schwächte so die Autorität der alten Silla-Clans. Die Machtkonsolidierung des Königshauses gelang jedoch nur bedingt. So wurde T'aejos Nachfolger Hyejong (r. 943–945) von Häschern eines seiner Schwiegerväter umgebracht. Im Zuge einer Expansion nach Norden, aber wohl auch, um sich aus dem freundlichen Würgegriff der Eliten der Hauptstadt zu befreien, plante Hyejongs Nachfolger Chongjong (r. 945–949) die Verlegung seines Regierungssitzes in die westliche Hauptstadt P'yŏngyang, verstarb jedoch vor der Verwirklichung dieses Vorhabens.

Zu einer wesentlichen Stärkung des Herrscherhauses kam es erst unter Kwangjong (r. 949–975), der sich selbst «Kaiser» nennen ließ und eine eigene Regierungsdevise führte. Er setzte unter anderem ein Gesetz durch, welches die während der Kriegshandlungen im Zuge des Niederganges von Silla versklavten Bevölkerungsteile in ihren ursprünglichen Stand zurückversetzte, was ebenso wie die Konfiszierung privater Waffenarsenale eine massive Beschneidung der Macht der Provinzfürsten bedeutete. Dabei wurde jeder, der sich dem König in den Weg stellte, ohne Ansehen früherer Verdienste beseitigt.

Darüber hinaus erfolgte der Aufbau einer neuen Beamtenschaft, wobei sich Kwangjong auf Angehörige weniger illustrer Familien sowie auf Chinesen stützte. So wurde im Jahre 958 auf Vorschlag eines chinesischen Gelehrten wiederum ein Prüfungssystem für Beamte eingerichtet, und zwei Jahre später führte man bei Hofe mit unterschiedlichen Rängen korrespondierende verschiedenfarbige Roben ein.

Die ebenfalls in Anlehnung an das chinesische System geschaffene hauptstädtische Regierungsstruktur bestand aus drei Kanzleien (*samsŏng*), von denen zwei für politische Entscheidungen zuständig waren und später zur Kanzlei für Staatsangelegenheiten (Chungsŏmunhasŏng) bzw. zum Direktorat der Kanzler (Chaebu) zusammengefasst wurden, und einem die einzelnen Verwaltungsstellen beaufsichtigenden Zensorat (Ŏsadae, später Sahŏnbu). Die Kanzlei für Staatsangelegenheiten (Sangsŏsŏng) war für die Umsetzung der Entscheidungen zuständig und verfügte über sechs nachgeordnete Ministerien. Den Kanzleien gegenüber stand das Königliche Sekretariat (Chungch'uwŏn oder Ch'umirwŏn) bzw. Direktorat der Berater (Ch'ubu), welches königliche Befehle weitergab und in dringenden Militärangelegenheiten tätig wurde. Entscheidungen von staatstragender Bedeutung wurden in Zusammenkünften dieser höchsten Gremien getroffen.

Der Aufbau eines differenzierten Beamtenwesens in der Hauptstadt und die Einführung regelmäßiger Beamtenprüfungen ermöglichten bald auch eine bessere Kontrolle des gesamten Landes. Lag die örtliche Verwaltung traditionell in den Händen der lokalen Gentry, konnten seit der Einführung eines (in der Folge noch mehrfach ausgebauten und um weitere administrative Einheiten ergänzten) Systems von Provinzen und Kreisbezirken unter Sŏngjong (r. 981–997) erstmals auch Lokalbeamte unterhalb der Provinz-Verwaltung direkt aus der Hauptstadt entsandt werden.

Die soziale Ordnung

An die Stelle der sozialen Hierarchie der «Knochen-Klassen» trat formal ein Ständewesen, das die Gesellschaft in Zivil- und Militärbeamte (*munban* bzw. *muban*), Bedienstete im Königspalast (*namban*), einfache Soldaten (*kunban*), die gemeine Bevölkerung (*paekchŏng*) und eine unfreie niederste Schicht (*ch'ŏnmin*) gliederte. Obgleich die gesellschaftliche Stratifikation insgesamt durchlässiger als in der Silla-Zeit war, waren Standeszugehörigkeit und Beruf doch erblich. Dies galt in gewissem Maße sogar für das Beamtentum. So hatte ein Zivil- oder Militärbeamter ab dem fünften Rang Anspruch darauf, dass einer seiner Söhne ebenfalls öffentliche Anstellung erhielt.

Sämtliches Land war zumindest theoretisch Eigentum des Königs, und große Teile des von freien Pächtern wie Sklaven bewirtschafteten Bodens standen unter direkter staatlicher Kontrolle. Daneben unterhielten der Königspalast und verschiedene Ministerien eigene Ländereien. Außerdem wurde im zweiten Jahr der Herrschaft von König Kyŏngjong (r. 975–981) erneut ein System der Verleihung von Landbesitz auf Lebenszeit im Rahmen der Besoldung von Beamten (*chŏnsi'gwa*) eingeführt, welches unter Mokchong (r. 997–1009) im Jahre 998 zu einem genau gestuften Vergabesystem für die inzwischen 18 Ränge ausgeweitet wurde. Die Ländereien fielen dabei nach dem Tode des Beamten an den Staat zurück und standen auch insofern unter dessen Kontrolle, als eine standardisierte Abgabequote nicht von den Beamten selbst, sondern von staatlicher Seite eingetrieben wurde.

Andererseits blieben die Besitzverhältnisse der Silla-Zeit größtenteils bestehen, und auch buddhistische Klöster bewirtschafteten große Latifundien. Das auf die Schwächung des Hochadels zielende System der Vergabe an das Amt gebundener Landrechte an einzelne Beamte wurde bereits dadurch unterlaufen, dass auch nicht ausreichend versorgte Hinterbliebene Grund und Boden zugewiesen bekamen. Zudem waren zu Beginn der Dynastie im großen Stil Ländereien auf erblicher Basis verteilt worden, und diese Praxis fand eine Fortsetzung darin, dass neben den Landrechten auf Lebenszeit auch erbliche Landtitel verliehen wurden, und dies nicht nur an Soldaten und niedere Lokalbeamte (*hyangni*), sondern auch an jene der oberen fünf Ränge. Im Laufe der Zeit wurde dann selbst das der Besoldung entsprechende Beamtenland erblich.

Aufgrund von königlichen Schenkungen, durch Heirat, Zukauf, Erschließung von Brachland und gewaltsame Landnahme verbesserten Teile der «Beamtenaristokratie» ihre wirtschaftliche Basis erheblich und formierten sich bis zum 11. Jahrhundert zu mächtigen Clans. Da die neuen Eliten nicht nur aus Kaesŏng, sondern auch aus anderen Regionen des ehemaligen Silla stammten, gewann dabei die Institution des Clan-Sitzes (*pon'gwan*) zunehmend an Bedeutung.

Die Auseinandersetzungen mit den Staaten im Norden

Bereits unter T'aejo erfolgte eine Ausdehnung der Reichsgrenzen nach Norden bis zum Ch'ŏngch'ŏn-Fluss. Während der Herrschaftszeit König Kwangjongs wurden Anstrengungen unternommen, das Staatsgebiet bis zum Yalu zu erweitern, wobei diverse Garnisonen jenseits des Ch'ŏngch'ŏn errichtet wurden. Dies wiederum führte zu Konflikten mit dem Liao-Staat der Khitan. Als diese im Jahre 993 eine Invasionsarmee vom Yalu aus südwärts schickten, konnte der Unterhändler Sŏ Hŭi den militärischen Zusammenstoß noch verhindern. Koryŏ provozierte die nördlichen Nachbarn jedoch weiterhin durch den Bau von Festungen und der sogenannten Sechs-Festungs-Siedlungen südöstlich des Yalu. Nach vergeblichen diplomatischen Protesten nutzten die Khitan einen gewaltsamen Machtwechsel in Koryŏ im Jahre 1010 als geeigneten Zeitpunkt für einen Angriff, besiegten die Truppen der nordwestlichen Grenzregion und besetzten Kaesŏng, zogen sich dann freilich wieder zurück. Eine dritte Invasion im Jahre 1018 endete für die Khitan schließlich in einer vernichtenden Niederlage bei Kuju (Kusŏng) und führte zu einem Friedensschluss.

Um sich vor weiteren Einfällen zu schützen, baute Koryŏ von 1033 bis 1044 eine Mauer vom Mündungsgebiet des Yalu bis zum Ostmeer. Für Jahrzehnte herrschte Ruhe an den Grenzen, bis es zu Konflikten mit den erstarkenden Dschurdschen kam. Im Jahre 1107 errichteten Koryŏ-Truppen nordöstlich des Grenzwalls neun Garnisonen, mussten diese jedoch bald darauf wieder aufgeben. Nachdem die Dschurdschen 1115 den Chin-Staat gegründet, 1125 das Liao-Reich vernichtet und zwei Jahre später die Hauptstadt der chinesischen Sung-Dynastie erobert hatten (wobei der Kaiser und sein Vorgänger verschleppt wurden), drängten sie Koryŏ am Ende in ein Vasallen-Verhältnis. Dass Koryŏ unter den gegebenen Umständen auf das Ersuchen der Sung um militärische Hilfe nicht reagiert hatte, sollte die Beziehungen der beiden Länder für Jahrzehnte belasten.

Unter den erstarkenden Clans waren ab dem 11. Jahrhundert insbesondere die Yi aus Inju hervorgetreten, die seit 1040 die Ehefrauen für sieben Koryŏ-Herrscher stellten. Nachdem es im Jahre 1122 dem ebenso einflussreichen wie rücksichtslosen Clan-Führer Yi Cha'gyŏm unter Beseitigung seiner Widersacher in einer Reihe von Intrigen zunächst gelungen war, seinen Enkel Injong (r. 1122–1146) zu installieren, dominierte dieser die Politik und setzte gegen den Willen der P'yŏngyang-Fraktion die Anerkennung der Chin-Oberhoheit durch. Nachfolgend entwickelte Yi Cha'gyŏm selbst Aspirationen auf den Thron und betrieb 1126 die Absetzung des Enkels. Der König ordnete daraufhin die Beseitigung seines Großvaters an, was jedoch von Yi Cha'gyoms Verbündeten Ch'ŏk Chun'gyŏng (gest. 1144) mit Hilfe eines Gegenangriffs vereitelt wurde, in dessen Verlauf der Königspalast in Flammen aufging. Als Ch'ŏk jedoch nachfolgend zugetragen wurde, dass Yi Cha'gyŏm beabsichtige, ihn in Zusammenhang mit dem Brand des Palastes zum Tode zu verurteilen, wechselte er die Seiten und ließ diesen seinerseits ermorden. Chŏk wurde kurz darauf ebenfalls verbannt, und der Clan der Inju Yi selbst versank in Bedeutungslosigkeit.

Die Ereignisse zogen weitere Verwicklungen nach sich, indem nunmehr die P'yŏngyang-Fraktion die katastrophale Situation in der Hauptstadt für ihre Belange auszunutzen suchte. So gelang es dem Mönch Myoch'ŏng (gest. 1135) unter Verweis auf die geomantischen Vorzüge der westlichen Hauptstadt, die bereits in den der Tradition nach auf T'aejo zurückgehenden «Zehn Ermahnungen» an nachfolgende Herrscher (*Hunyo sipch'o*) Erwähnung gefunden hatten, den König zur Errichtung eines neuen Palastes bei P'yŏngyang und zur anschließenden Verlegung des Regierungssitzes zu überreden. Gleichzeitig legte man ihm nahe, eine eigene Devise auszurufen und eine militärische Offensive gegen die Chin zu unternehmen. Nachdem jedoch ein Blitz in den gerade erst fertiggestellten Palast eingeschlagen war, gewann die Kaesŏng-Fraktion erneut die Oberhand, und die Umzugspläne wurden verworfen. Myoch'ŏng ließ sich daraufhin 1135 in P'yŏngyang zum Herrscher eines neuen Staates ausrufen. Der zum Befehlshaber eines Expeditionskorps ernannte Kim Pusik ließ jedoch umgehend die Vertreter der Py'ŏngyang-Fraktion in Kaesŏng exekutieren und unterdrückte die Rebellion binnen eines Jahres.

Obgleich beide Umsturzversuche letztlich scheiterten, bedeuteten sie doch eine erhebliche Schwächung der Zentralmacht und bereiteten so den Weg für eine folgenschwere dritte Revolte: Unter König Ŭijong (1146–1170) hatte neben einer bereits länger währenden ökonomischen Benachteiligung der Militärs auch die Gängelung durch die Zivilbeamten besondere Ausmaße angenommen. So kam es schließlich zu einem Putsch unter Führung des obersten Befehlshabers Chŏng Chungbu (1106–1179) sowie der Generäle Yi Ŭibang (gest. 1174) und Yi Ko (gest. 1171), die während einer Prozession zu einem außerhalb der Hauptstadt gelegenen Tempel plötzlich den Ruf «Tod allen, die zivile Kopfbedeckungen tragen!» ertönen ließen.

Nachdem die Troika den Bruder des Königs, Munjong (r. 1171–1197), als formalen Herrscher inthronisiert hatte, setzte sie die Stabsversammlung der Oberbefehlshaber (Chungbang) an die Stelle der bisherigen Zivilregierung.

Nach einem Restaurationsversuch im Jahre 1173 wurden die Zivilbeamten noch einmal Opfer umfangreicher Säuberungsaktionen. Bereits vorher hatte jedoch ein Machtkampf zwischen den Militärs eingesetzt, die sich nunmehr im Abstand von wenigen Jahren gegenseitig umbrachten.

Erst Ch'oe Ch'unghŏn (1149–1219) gelang es nach der Machtübernahme im Jahre 1196, mit eiserner Hand – so eliminierte Ch'oe unter anderem auch seinen Bruder Ch'oe Ch'ungsu (gest. 1197) – ein stabiles Regime zu etablieren. Die uneingeschränkte Machtfülle des Militärdiktators wird schon daran deutlich, dass dieser während seiner sechzehnjährigen Herrschaft zwei Könige absetzte und vier weitere inthronisierte.

Nachdem Teile der Landbevölkerung bereits zu Beginn des 12. Jahrhunderts wegen der zunehmend unerträglich werdenden, teilweise doppelten Abgabenbelastung durch den Staat und die noch mehr einfordernden Adligen ihre Sesshaftigkeit aufgegeben hatten, kam es seit den 1170er Jahren immer wieder zu Aufständen, insbesondere der Sklaven. Ch'oe Ch'unghŏn unterdrückte derartige Erhebungen ebenso wie Revolten von Mönchsarmeen mit brachialer Gewalt, wobei er sich nach dem Vorbild seines letzten Vorgängers auf eine Privatarmee stützte. Gleichzeitig jedoch machte er weitgehende Zugeständnisse zur Erleichterung der Lebensbedingungen der niederen Schichten, indem er zum Beispiel aus der Silla-Zeit überkommene Sklavengebiete aufhob.

An die Stelle der Stabsversammlung setzte Ch'oe das Hŭngnyŏngbu («Ministerium zur Förderung des inneren Friedens») und das Kyojŏng togam («Direktorat zur Umsetzung von Erlassen»), wobei der Umstand, dass alle nachfolgenden Militärmachthaber zugleich Vorsitzende dieses Direktorats waren, die zentrale Bedeutung dieser Institution unterstreicht. Ch'oes Sohn und Nachfolger Ch'oe U (gest. 1249) setzte die Politik seines Vaters fort und baute lediglich die Machtbasis weiter aus, indem er mit den «Drei Elite-Patrouillen» (Sambyŏlch'o) private Elitekorps bildete (wobei eines für die innere Sicherheit zuständig war, ein anderes als Leibgarde des Diktators diente und das dritte das Rückgrat der Verteidigungsstreitkräfte formte) und zusätzlich zu den Regierungsstellen ein eigenes Personalamt sowie ein eigenes Sekretariat einrichtete.

Die Mongolen-Einfälle

Nach dem Fall der Hauptstadt der Chin im Jahre 1215 wichen diese auch auf Koryŏ-Gebiet aus und verschanzten sich schließlich in einer Festung bei P'yŏngyang, wo sie angesichts der Übermacht einer seltsamen Allianz von Truppen der Mongolen und Armeen Koryŏs im Jahre 1219 kapitulierten mussten. Die Mongolen zogen sich zurück, stellten jedoch wiederholt unerfüllbare Tributforderungen, so dass es im Jahre 1231 zu der ersten von insgesamt sechs Invasionen kam.

In Anbetracht der nahenden Übermacht ließ Ch'oe U bereits 1232 den Königshof auf die Insel Kanghwa verlagern, welche die zeitgleich mit der (erst 1279 abgeschlossenen) Eroberung ganz Chinas beschäftigten Mongolen wahrscheinlich weniger aufgrund ihrer Scheu vor dem Wasser als aus nüchternen Kosten-Nutzen-Erwägungen nie angreifen sollten.

Zwar gelang auf dem Festland im selben Jahr ein Sieg über die Invasoren, wobei ein buddhistischer Mönch den Befehlshaber der Mongolen erschlug, die Einfälle hielten jedoch an. Obwohl die fortan weitgehend auf sich gestellte Zivilbevölkerung heroischen Widerstand leistete – so soll eine Sklavenarmee unter Chi Kwangsu die Stadt Ch'ungju auch nach der Flucht der Beamten bis zum bitteren Ende verteidigt haben –, war sie der Übermacht letztlich schutzlos ausgeliefert. Insbesondere während der Invasionen von 1235 bis 1239 und 1254 müssen die Leiden der Bevölkerung unaussprechlich gewesen sein. Angesichts der Tatsache, dass die Naturaliensteuern den Königshof auf Kanghwa über See weiterhin erreichten, begannen die Mongolen im Jahre 1235, eine Strategie der verbrannten Erde anzuwenden und die Ernten zu verbrennen bzw. niederzutrampeln. Im Jahre 1254 wiederum sollen allein 200 000 Menschen als Sklaven verschleppt worden sein, und die Toten konnten angeblich ihrer schieren Menge wegen nicht mehr bestattet werden.

Als Reaktion auf die Hilflosigkeit der Militärs auf Kanghwa wurden Rufe der Zivilbeamten nach einem Friedensschluss nach und nach lauter, und im Jahre 1258 wurde Ch'oe Ŭi, der letzte Diktator aus dem Hause Ch'oe, ermordet. Im folgenden Jahr kam es zu einem Friedensschluss mit den Mongolen. Die Militärs setzten daraufhin König Wŏnjong ab, der mit Hilfe der Mongolen jedoch alsbald wieder an die Macht kommen sollte. Als im Jahre 1270 bekannt wurde, dass der Königshof nach Kaesŏng zurückkehren würde, rebellierten in einem letzten Aufflackern des antimongolischen Widerstandes die Elitetruppen der Sambyŏlch'o, die freilich bald dem Druck der Regierungstruppen und der Mongolen weichen mussten und schließlich bis auf die der Südküste

Koreas vorgelagerte Insel Cheju flohen; nach deren Eroberung im Jahre 1273 begingen die überlebenden Anführer Selbstmord.

Die Phase mongolischer Dominanz

Nach dem Friedensschluss war Koryŏ nunmehr auf das Niveau eines Vasallenstaates der Mongolen herabgesunken, so dass König Wŏnjong nach wiederholter Aufforderung von Kublai Khan im Jahre 1264 schließlich dessen Sommerresidenz in Peking aufsuchte. Das Vasallenverhältnis fand einen formalen Ausdruck auch darin, dass nachfolgende Koryŏ-Herrscher in Unterordnung zum Kaiser der 1271 ausgerufenen mongolischen Yüan-Dynastie nicht mehr «Ahnherr» (-jong), sondern nur noch «König» (-wang) genannt werden durften und ebenso die Bezeichnungen der Ämter herabgestuft wurden. Koreanische Könige heirateten fortan mongolische Prinzessinnen, und die aus diesen Verbindungen hervorgehenden Thronfolger verbrachten ihre Jugend am Hof in Peking.

Neben umfangreichen Tributleistungen musste sich Koryŏ, vornehmlich durch Bereitstellung von Transportschiffen und sonstiger Logistik, auch an den Invasionsversuchen gegen Japan während der Jahre 1274 und 1280 beteiligen. Das auf koreanischem Boden errichtete östliche Feldhauptquartier blieb auch nach Aufgabe der Invasionspläne bestehen, wobei die Koryŏ-Könige von da an als Minister zur Linken dieser Instanz vorstanden. Zwar wurden zwei zwischenzeitlich unter der Verwaltung der Mongolen stehende Domänen, die Insel Cheju und das Gebiet um Py'ŏngyang, bald zurückgegeben, das Gebiet der Nordprovinz Hamgyŏng blieb jedoch unter direkter Kontrolle der Yüan.

Hinzu kamen innenpolitische Probleme: Auch nach Einführung eines neuen Landverteilungssystems zur Besoldung der Beamten, an die nunmehr Ländereien im Umkreis der Hauptstadt verteilt wurden, schritt die Konzentration des Landes in den Händen der bestehenden sowie einer sich im Handelskontakt mit den Mongolen neu etablierenden Elite fort. So kam es wie am Ende der Silla-Zeit erneut zu vermehrten Steuerausfällen und folglich zu einem allmählichen Niedergang des Staates.

Die Entstehung einer einheitlichen Nation

Die Koryŏ-Zeit kann in mancher Hinsicht als eigentlicher Beginn der koreanischen Nation betrachtet werden: Unter Führung der Silla-Eliten von Kaesŏng und Kŭmsŏng war die Halbinsel erstmals unter einer einheitlichen Herrschaft geeint. Im Zuge dieser Einigung wurden die verschiedenen Volksgruppen auf dem Gebiet des heutigen Korea integriert und, wenn auch in unterschiedlichem Maße, an der politischen Macht beteiligt. Zudem bildete sich spätestens seit dem 10. Jahrhundert mit dem sogenannten frühen Mittelkoreanischen (*chungse kugŏ*) auf Grundlage des in Kaesŏng gesprochenen Dialekts erstmals eine in allen Landesteilen verständliche einheitliche Sprache heraus.

Wie im vereinigten Silla blieb China übermächtiges kulturelles Vorbild. Dennoch finden sich deutliche Hinweise auf ein ausgeprägtes Bewusstsein einer eigenen kulturellen Identität. So durchziehen Konflikte zwischen strikten Anhängern eines sino-zentrischen Weltbildes und die eigene Kultur betonenden «Nativisten» die Koryŏ-Zeit, und der Gebrauch imperialer Insignien durch diverse Herrscher bei gleichzeitiger Einordnung in die chinesische Weltordnung wird wohl nicht ganz zu Unrecht mit dem Schlagwort *nae che wae wang* («innen Kaiser, außen König») umschrieben.

Nicht erst in Gestalt des im *Samguk yusa* präsentierten T'an'gun-Mythos, sondern bereits in der frühen Koryŏ-Zeit finden sich zuweilen erstaunliche Bekenntnisse zur autochthonen Kultur. So konstatiert der konfuzianische Gelehrte Hyŏngnyŏn Chŏng (var.: Hyŏk Chŏng, 11. Jahrhundert) in seiner im Winter 1074 bis 1075 verfassten Biographie des buddhistischen Großmeisters Kyunyŏ (923–973) im Zusammenhang mit der Übersetzung von dessen Lehrgedichten ins Chinesische, dass «die [literarischen] Perlen der Liang und Sung oftmals mit dem Lauf der Flüsse nach Osten getragen, das Brokat [der Texte] von Chinhan jedoch selten mit den sich bewegenden Sternen nach Westen gebracht» worden sei, und bedauert die «gegenwärtige Begrenzung der gegenseitigen Kommunikation», habe doch bereits der illustre Gelehrte aus Lu «in diesem Land» leben wollen (eine Anspielung auf Konfuzius, *Lun-yü* IX.13, unter wohlwollender Ersetzung des Wortes «Ostbarbaren»).

Muss Kyunyŏ allein aufgrund der dürftigen Quellenlage als der letzte große Autor der *hyangga*-Dichtung gelten, fand die in der «lokalen Sprache» verfasste Literatur doch eine Fortsetzung in den *changga* («Lieder in Langform»), deren rhythmische Konzeption und Refrains auf gemeinschaftlichen Gesang hindeuten, sowie in einer nach ihrem standardisierten Abschluss für den Refrain als *kyŏnggi*-Stil bezeichneten Liedform. Zwar ist es evident, dass die Bedeutung der chinesischen Schriftsprache während der Koryŏ-Zeit noch zunahm. Andererseits deutet jedoch zum Beispiel die Überlieferungsgeschichte der Kyunyŏ zugeschriebenen Kommentartexte darauf hin, dass unser Bild vom Verhältnis koreanisch- und chinesischsprachiger Texte und damit unser Verständnis der Kultur der frühen Koryŏ-Zeit insgesamt bis zu einem gewissen Grade auch von der stärkeren Vorliebe für das Chinesische geprägten späteren textlichen Überlieferung beeinträchtigt sein dürfte.

Das Geistesleben der Koryŏ-Zeit

Heißt es in den T'aejo zugeschriebenen «Ermahnungen», dass der Buddhismus die lebensnotwendige Grundlage des Staates sei, so förderte der erste König doch auch den Konfuzianismus, indem er nach dem Vorbild des Han-lin yüan der T'ang-Zeit («Gelehrten-Wald-Akademie») die Hallim-wŏn-Akademie gründete. Das Verhältnis von Buddhismus und Konfuzianismus im Koryŏ-Staat findet einen prägnanten Ausdruck in einer Formulierung des als Architekt der frühen Verwaltungsstruktur bedeutenden Ch'oe Sŭngno (927–989), der zufolge die Ausübung des Buddhismus Grundlage der spirituellen Entwicklung, die Ausübung des Konfuzianismus hingegen Grundlage der Regierung des Staates sei.

Am Anfang des 11. Jahrhunderts gab es eine Reihe bedeutender konfuzianischer Gelehrter, darunter Hong Kwan (gest. 1126), der als Gesandter am Hofe der nördlichen Sung seiner exquisiten

Kalligraphie wegen hohes Ansehen erlangte. Unter der Regierung von Munjong (r. 1046–1083) rief Ch'oe Ch'ung (985–1068) nach einer glanzvollen Staatskarriere die erste Privatakademie auf koreanischem Boden ins Leben. Das berühmteste Mitglied der Hallim-Akademie war der Verfasser des *Samguk sagi*, Kim Pusik, der zugleich Kompilator der Regesten der Könige Yejong (r. 1105–1122) und Injong (r. 1122–1146) war und unter der Ägide des letzteren, in die auch die Gründung der sogenannten sechs hauptstädtischen Schulen fällt, als Tutor des Kronprinzen wirkte.

Mit der Generation des insbesondere seines Prosastils wegen geschätzten Kim Pusik beginnt die Blütezeit einer sich an Vorbildern der T'ang-Zeit orientierenden Literatur in chinesischer Schriftsprache. Neben dem Verfassen kunstvoller Verwaltungsprosa übte man sich in unterschiedlichen Formen der summarisch gemeinhin als *Hansi* bezeichneten chinesischen Lyrik, und Literaten wie Yi Kyubo (1168–1260) und Im Ch'un (gest. 1160) hinterließen bedeutende allegorische Texte im Format der *kajŏn* («vorgebliche Biographien»).

Unter der Militärherrschaft zogen sich Yi Illo (1152–1220) und sechs weitere bedeutende Schriftsteller nach dem chinesischen Vorbild der «sieben Weisen vom Bambus-Hain» des 3. Jahrhunderts ins Private zurück, während sich Yi Kyubo und Ch'oe Cha (1188–1260) in den Dienst der neuen Machthaber stellten. Den drei namentlich Genannten ist jedoch gemein, dass ihnen die Tradition neben umfangreichen chinesischsprachigen Gedichtsammlungen mit dem *P'ahan chip*, dem *Paegun sosŏl* und dem *Pohan chip* bedeutende Werke im Genre der *sihwa* («Gespräche über Dichtung») zuschreibt.

Auf Betreiben von An Hyang (1243–1306) wurde die nationale konfuzianische Universität Kukhak neu organisiert und erhielt dabei den Namen Sŏnggyun'gwan, wie auch heute noch eine traditionsreiche Hochschule in Seoul heißt. An Hyang war es wohl zudem, der am Kaiserhof der Yüan in Peking als erster koreanischer Gelehrter mit dem dort gerade in Mode gekommenen Neo-Konfuzianismus (kor. Sŏngnihak) in der Prägung des Chu Hsi

(1130–1200) in Kontakt kam und dessen metaphysische und zugleich ethische Vorstellungen von der einen Grundstruktur (chin. *li*/kor. *i*), die mit Hilfe des Äthers (chin. *ch'i*/kor. *ki*) die zehntausend Dinge hervorbringt und gleichzeitig die ursprünglich gute Natur unseres innersten Wesens ausmacht, nach Korea übermittelte. Nachfolgend studierten weitere einflussreiche Gelehrte wie Paek Ijŏng (fl. 1275–1325) und dessen Schüler Yi Chehyŏn (1287–1367) am Hof der Yüan und bereiteten den Boden für die Generation der neo-konfuzianischen Architekten der Yi-Dynastie.

Im Buddhismus blieb während der ersten Hälfte der Koryŏ-Zeit weiterhin das Hwaŏm dominant, die einschlägigen Werke entstammen in ihrer vorliegenden Überlieferung jedoch dem 13. Jahrhundert. An der beherrschenden Stellung dieser Lehrrichtung änderte sich der Sache nach wenig, als der Patriarch Ŭich'ŏn (1051–1101), ein Sohn von König Munjong (r. 1046–1083), nach einem Besuch am Berg T'ien-t'ai in China im Jahre 1097 mit der Ch'ŏnt'ae-jong ein koreanisches Pendant zur chinesischen T'ien-t'ai tsung schuf, in welchem die Hwaŏm-jong zusammen mit Teilen anderer Denominationen aufgehen sollte. Bei Lichte betrachtet scheint es sich hierbei nämlich im Wesentlichen um ein – in geschickter Rhetorik als Versöhnung von *Sŏn* und *Kyo*, d.h. Meditations- und Lehrbuddhismus, getarntes – religionspolitisches Manöver gehandelt zu haben, das auf die Ausgrenzung der zu dieser Zeit mit einem in Konkurrenz zum Königshaus stehenden einflussreichen Clan verbundenen Pŏpsang-jong und gleichzeitig auf die Vereinnahmung von Teilen der Sŏn-Bewegung zielte.

Die Gründung der dem Anspruch nach Meditation und Lehre miteinander vereinbarenden Ch'ŏnt'ae-jong schuf jedoch einen Präzedenzfall für einen noch bedeutsameren gegenläufigen Reformationsversuch: Unzufrieden mit dem Zustand der spirituellen Praxis in seiner Zeit, rief der Mönch Chinul (1158–1210) eine Meditationsgesellschaft ins Leben. Nach ihrem endgültigen Umzug zum im Südwesten des Landes gelegenen Kloster Kilsang-sa, dem heutigen Songgwang-sa, erfreute sich die rasch wachsende Gemeinde der Patronage der Militärdiktatoren aus dem Hause der Ch'oe und des Königs Hŭijong (r. 1205–1211), welcher den Berg, auf dem das Kloster gelegen war, in Anspielung auf den Wirkungsort von Hui-neng, dem legendären sechsten Patriarchen des chinesischen Ch'an, in Chogye-san umbenannte.

In seinem Synkretismus unter anderem von den Ch'an-Schriften des chinesischen Mönchsgelehrten Yung-ming Yen-shou (904 bis 975) beeinflusst, zeichnete sich der als «Reichslehrer des universalen Leuchtens der Buddha-Sonne» (Puril Pojo Kuksa) kanonisierte Chinul insbesondere durch die Übernahme der *hwadu-* bzw. *hua-t'ou*-Methode des Ta-hui Tsung-kao (1089–1163) aus. Bei dieser Übungstechnik, die noch heute den Kern der spirituellen Praxis in der den modernen koreanischen Buddhismus dominierenden Chogye-jong bildet, sollen die Schüler in an den Rand des psychischen Zusammenbruchs führender Konzentration auf die «Kopf-» bzw. Kernphrase eines Lehrrätsels und unterstützenden Dialogen mit dem Lehrer das Erwachen finden.

Die neu begründete Schule sollte unter Chinuls Nachfolger Hyesim (1178–1234), der in persönlicher Korrespondenz mit dem Militärdiktator Ch'oe U stand, weiterhin großen Zulauf auch aus «doktrinären» Kreisen erfahren und brachte als spirituelles Zentrum der späteren Koryŏ-Zeit eine Abfolge von nicht weniger als 16 «Reichslehrern» hervor.

Die Editionen des buddhistischen Kanons

Das wohl bemerkenswerteste Unternehmen des Koryŏ-zeitlichen Buddhismus war die Herstellung hölzerner Druckplatten für den Druck des buddhistischen Kanons und einer Sammlung in Ostasien entstandener buddhistischer Schriften. Unter Hyŏnjong (r. 1009–1031) begann man im Jahre 1011 – offensichtlich in Erfüllung eines Gelübdes des Königs und im Bemühen, weitere Invasionen der Khitan abzuwenden – mit der Fertigung der ersten Druckplatten für die Übersetzungen indischer und zentralasiatischer Werke ins Chinesische. Die Arbeiten an dem Kanon, der auf dem der Nördlichen Sung, mehreren Supplementen zur Sung-Edition sowie dem Kanon der Khitan beruhte, sollten erst 1087 abgeschlossen sein. Zwei Jahre zuvor hatte der bereits erwähnte Ŭich'ŏn damit begonnen, aus ganz Ostasien Werke der chinesischsprachigen Kommentarliteratur zusammentragen zu lassen. Der im Jahre 1090 vollendete Katalog des daraus resultierenden Supplements zum Kanon listet 1010 Schriften im Umfang von ursprünglich 4740 Rollen. Sowohl die Druckstöcke des Kanons als auch die des Supplements wurden im Jahre 1232 von den Mongolen verbrannt, wobei insbesondere der Verlust des Supplements vor dem Hintergrund, dass eine Vielzahl der im Katalog verzeichneten Texte nicht auf anderem Wege überliefert worden ist, als kulturgeschichtliche Tragödie ersten Ranges zu bezeichnen ist.

Nach der Vernichtung der ersten Ausgabe ließ Kojong (r. 1213–1259) auf der Insel Kanghwa eine neue Edition des Kanons herstellen, wobei den Kompilatoren während ihrer von 1236 bis 1251 andauernden Arbeiten neben den Sung- und Khitan-Ausgaben unter anderem eine Abreibung des ersten Kanons zur Verfügung stand. Die 1512 Titel in ursprünglich 6791 Rollen umfassende, mit Bezug auf ihre 81258 Druckplatten als *P'alman Taejanggyŏng* bekannte zweite Ausgabe wird seit Jahrhunderten im Kloster Haein-sa nahe Taegu aufbewahrt. Wenn auch nur wenige in Ostasien entstandene Texte ihren Weg in die neue Ausgabe bzw. deren Supplemente fanden, diente diese ihrer überlegenen philologischen Präzision wegen dennoch als Grundstock für zwei im 20. Jahrhundert in Japan entstandene wissenschaftliche Standardausgaben des buddhistischen Schrifttums Ostasiens.

Fortschritte auf technologischem Gebiet

Während der Koryŏ-Zeit kam es zu bedeutenden Weiterentwicklungen von ursprünglich aus China übernommenen Technologien, unter denen die um die Wende zum 10. Jahrhundert eingeführte und im 11./12. Jahrhundert zur Perfektion gebrachte Seladon-Herstellung als besonders prominentes Beispiel zu nennen ist. Die grünlich-blau schimmernde Glasur erregte auch bei Reisenden größte Bewunderung. So finden sich entsprechende Ausführungen nicht nur in einem Bericht des Gesandten Hsü-ching aus dem

Jahre 1132. Die eisvogelfarbene Glasur des *pisaek ch'ongch'a* («Blaugrünes Steinzeug mit geheimer Farbe») wird in einem anderen Werk der Sung-Zeit sogar zu den zehn erlesensten Erzeugnissen dieser Welt gezählt.

Während Lotos- und Päonienblüten sowie andere Motive ursprünglich lediglich als Reliefdekor anzutreffen sind, wurden die Vertiefungen seit der Mitte des 12. Jahrhunderts in einer *sanggam* genannten Technik vor der Glasur mit weißem und schwarzem Schlicker ausgefüllt; besonders beliebt waren zudem Darstellungen fliegender Kraniche. Erfreut sich insbesondere diese – zuweilen auch mit einem feinen Krakelee versehene – grünblaue Glasur besonderer Wertschätzung bei asiatischen wie europäischen Kunstliebhabern, so wurden in der Koryŏ-Zeit zum Beispiel auch eine weiße und eine schwarze Ware hergestellt und darüber hinaus verschiedene Techniken der Bemalung eingesetzt, die allesamt den hohen Grad der Verfeinerung der aristokratischen Kultur der Koryŏ-Zeit belegen.

Aufgrund der bereits erwähnten buddhistischen Großprojekte überrascht es kaum, dass die bemerkenswertesten technologischen Fortschritte jedoch im Buchdruck erzielt wurden. So soll bereits im Jahre 1234, also mehr als 200 Jahre vor dem Druck der Gutenberg-Bibel, eine Ausgabe des *Sangjŏng kogŭm yemun* («Detailliert festgelegte Ritualtexte aus Vergangenheit und Gegenwart») in Metalldruck mit beweglichen Lettern hergestellt worden sein. Zugleich gilt die heute im Besitz der französischen Nationalbibliothek befindliche zweite Rolle einer Ausgabe der Sŏn-Anthologie *Puljo chikchi simch'e chŏryŏ* («Wesentliche Abschnitte über das direkte Aufzeigen der inneren Gliederung des Geistes durch die Buddhas und Patriarchen») aus dem Jahre 1377 als das weltweit älteste erhaltene Beispiel für den Buchdruck in dieser Technik. Der Entwicklungsstand der Buchdruckkunst der späten Koryŏ-Zeit zeugt dabei nicht nur von der Fortschrittlichkeit der koreanischen Zivilisation jener Epoche, sondern kündigt zudem bereits das nachfolgende Zeitalter der «Aufklärung» unter dem Einfluss der chinesischen Ming an.

6.
Die Errichtung eines neo-konfuzianischen Staates

Das Ende der Mongolen-Herrschaft und der Aufstieg des Yi Songgye

Bereits im frühen 14. Jahrhundert zeigte das Yüan-Reich erste Verfallserscheinungen. Als China von den Aufständen der Roten Turbane erschüttert wurde, nutzte König Kongmin (r. 1351–1374) diese Gelegenheit, das Joch der Mongolenherrschaft abzuschütteln. Bereits im zweiten Monat seiner Regierungszeit begann er damit, noch aus der Militärherrschaft der Ch'oe ererbte Institutionen wie den Rat der Generäle abzuschaffen und stattdessen eine Zivilregierung einzuführen. Als die Yüan im Jahre 1356 den Vorfahren des pro-mongolischen Clans der Königin posthum königliche Ränge verliehen, liquidierte Kongmin umgehend deren Familie und inhaftierte weitere hohe Beamte aus der gegnerischen Fraktion. Gleichzeitig löste er das östliche Feldhauptquartier auf, hörte auf, die mongolische Regierungsdevise zu verwenden, und entsandte im folgenden Jahr Truppen nach Norden, um die ehemalige Provinz Hamgyŏng wieder unter eigene Kontrolle zu bringen.

Die Roten Turbane stellten sich zwar bald als Bedrohung auch für Korea heraus; in den Jahren 1359 und 1361 fielen sie in die Nordprovinzen ein und besetzten zeitweilig sogar die Hauptstadt. Dem Militär gelang es jedoch rasch, die Eindringlinge zu vertreiben. Zugleich schlugen die Generäle um Ch'oe Yong (1316–1388) eine Revolte am Kloster Hŭngwang-sa nieder und besiegten auch die Truppen des Tŏkhŭng-gun, der als dritter Sohn eines früheren Königs Anspruch auf den Thron erhoben hatte.

Zur Durchsetzung der im Hinblick auf eine Konsolidierung der Herrschaft nötigen brachialen Reformen setzte Kongmin den buddhistischen Mönch Sin Ton (gest. 1371) als Premierminister mit erweiterten Befugnissen ein. Dieser beseitigte umgehend die Fraktion des wichtigsten politischen Gegners und schwächte den Hochadel insgesamt, indem er dessen Ländereien mit Hilfe eines Amtes zur Überprüfung der Rechtmäßigkeit von Land- und Sklavenbesitz beschnitt, wobei es zum Teil sogar zu Sklavenfreilassungen kam. Zugleich restaurierte Sin Ton auch die Nationaluniversität Sŏnggyun'gwan und berief neo-konfuzianische Gelehrte wie Chŏng Mongju (1337–1392) und Chŏng Tojŏn (1342–1398), so dass der Neo-Konfuzianismus zunehmend zum ideologischen Fundament des Beamtenwesens wurde. Nachdem Sin jedoch selbst den verdienten General Ch'oe Yŏng ins politische Abseits gestellt hatte, formierte sich bald eine breitere Opposition. Der Premier wurde schließlich als Hochverräter exekutiert, und wenige Jahre später wurde auch König Kongmin umgebracht.

Auf Betreiben des Generals Yi Inmin (gest. 1388) wurde mit dem elfjährigen König U (r. 1375–1388) ausgerechnet ein Sohn des Sin Ton und einer Sklavin inthronisiert, was bereits andeutet, dass sich die Macht fortan in Händen des Militärs befand. Während Kongmin sich schon 1368 vom Herrscher der nur ein Jahr zuvor gegründeten Ming-Dynastie hatte bestätigen lassen, erfolgte unter der Führung des neuen starken Mannes Yi Inmin – gegen den Protest der neo-konfuzianischen Gelehrten, aber auch der Generäle Ch'oe Yŏng und Yi Sŏnggye – nunmehr wieder eine gewisse Annäherung an die Mongolen, was die Ming-Dynastie im Gegenzug dazu bewegte, zeitweilig keine Gesandtschaften aus Koryŏ zu empfangen.

Yi Inmin und dessen Fraktion wurden schließlich im Jahre 1388 von Ch'oe Yŏng und Yi Sŏnggye, die sich zwischenzeitlich weitere Verdienste im Kampf gegen die immer wieder die koreanischen Küsten heimsuchenden japanischen Piraten erworben hatten, aus dem Weg geräumt. Nachdem die Ming jedoch im selben Jahr angekündigt hatten, das ehemals von den Mongolen besetzte Gebiet annektieren zu wollen, entschloss sich der Oberbefehlshaber Ch'oe Yŏng mit Billigung des Königs zu einem Vorstoß auf die Halbinsel Liao-tung. Wenn auch protestierend, fügte sich Yi Sŏnggye zunächst. Als jedoch die Insel Wihwa an der Mündung des Yalu erreicht war, ließ er seine Armee plötzlich umkehren und gegen die eigenen Truppen marschieren. Ohne allzu großes Blutvergießen gelang es Yi Sŏnggye, den Oberbefehlshaber zu liquidieren und den König abzusetzen.

Mit König Kongyang (r. 1389–1392) inthronisierte Yi Sŏnggye ein Mitglied des vorherigen Königshauses. Sodann setzte der neue Militärmachthaber mit Hilfe von Chŏng Tojŏn, Cho Chun (1346 bis 1405) und anderen unter Zerstörung der bestehenden Register eine umfassende Landreform um, in deren Verlauf nicht nur die Latifundien der alten Eliten, sondern auch Ländereien buddhistischer Klöster eingezogen wurden. Erneut stand sämtliches Land nominell unter Kontrolle des Königs. Zudem gewährleistete ein *kwajŏnbŏp* genanntes System, dass Beamte für ihre Dienste nur noch Land im Umkreis der Hauptstadt erhielten, und dieses dem in den staatlichen Prüfungen erreichten Rang entsprechend und (sieht man von Regelungen für Witwen und Waisen ab) nur noch auf Lebenszeit. War durch die Landreformen die Macht des alten Hochadels endgültig gebrochen, zwang Yi Sŏnggye schließlich auch Kongyang zum Abdanken und ließ sich von den Ming als erster König einer neuen Dynastie eines nunmehr als Chosŏn bezeichneten Staates bestätigen.

Die neue gesellschaftliche Ordnung

Das entscheidende Novum des sozialen Gefüges der frühen Chosŏn-Zeit war die fehlende Schicht der Großgrundbesitzer. An deren Stelle als politische Akteure traten die *yangban*.

Bezeichnete dieser Ausdruck bereits unter der Koryŏ-Dynastie die zwei Hierarchien der Zivil- und Militärbeamten, erfuhr die adlige Beamtenklasse nunmehr jedoch eine erhebliche Professionalisierung. So wurde die Vererbbarkeit der Ämter beseitigt und ein differenziertes Bildungssystem geschaffen, das auf die Beamtenprüfungen vorbereiten sollte; dazu wurden im 15. Jahrhundert einige hauptstädtische Lehranstalten eingerichtet, für deren Besuch wiederum Schulen auf Kreisebene Voraussetzung waren. Darüber hinaus kam es aber auch zu Reformen im Prüfungssystem selbst. Turnusmäßig, zuweilen aber auch nach Bedarf im Abstand mehrerer Jahre konnten Anwärter auf das Zivilbeamtentum Examina entweder in den Klassikern oder der Komposition von Dichtung und Prosa ablegen, die zu den akademischen Graden eines *saengwŏn* bzw. *chinsa* führten, wobei im Laufe der Zeit jedoch die literarischen Prüfungen abgeschafft wurden. Die erfolgreichen Absolventen konnten sich nach einem Studium an der Reichsuniversität den als *mun'gwa* bezeichneten höchsten Prüfungen stellen, an deren Ende eine Palastprüfung im Beisein des Königs stand. Denjenigen, die diese Examina bestanden, wurden wiederum verschiedene Ränge zugesprochen.

Die Beamtenprüfungen standen theoretisch auch den Gemeinen offen, der für die Vorbereitung nötigen Ressourcen wegen *de facto* jedoch nur den *yangban*. Waren insbesondere am Anfang der Dynastie Angehörige der *hyangni* in diesen Stand erhoben worden, blieb der Adelsrang vor dem Hintergrund des zunächst in der Oberschicht forcierten, die patrilineare Abstammung betonenden Ritualwesens des Neo-Konfuzianismus doch strikt erblich.

Unterhalb des Adels rangierten die *chungin*, die «Mittelschicht» der Verwaltungsangestellten und technischen Spezialisten der Hauptstadt. Zur Rekrutierung des staatlichen Personals aus dieser Klasse wurden mit den *chapkwa* («diverse Prüfungen») eigene Examina durchgeführt, während Offiziersanwärter mit Hilfe der *mugwa*- bzw. Militärprüfungen ausgewählt wurden.

Einen großen Teil der Bevölkerung bildeten die als *yangin* bzw. *sangmin* bezeichneten Gemeinen, deren Schicht neben den freien Bauern, Kaufleuten und Handwerkern auch die einfachen Soldaten stellte. Der Begriff *ch'ŏnmin* wiederum subsumiert das «niedere Volk», welches im Wesentlichen aus den Sklaven und den sogenannten *paekchŏng* bestand. Letztere entsprachen infolge der vorausgegangenen Jahrhunderte buddhistischer Dominanz missachteten Berufsgruppen wie etwa denen der Schlachter und Gerber.

Die Sklaven, deren erblicher Status durch die Abstammung der Mutter bestimmt wurde, zerfielen auch weiterhin in öffentliche

Staatssklaven und solche, die sich in Privatbesitz befanden. Nachdem die großen staatlichen Arbeitslager der Koryŏ-Zeit abgeschafft worden waren, wurde den Staatssklaven Land zur selbständigen Bewirtschaftung zugewiesen, wobei ein Teil für einige Zeit des Jahres vonseiten der Regierungsbehörden zu öffentlichen Arbeiten herangezogen wurde, während ein anderer eine Kopfsteuer zu entrichten hatte. Vergleichbar gab es unter den privaten Sklaven neben den für den Haushalt zuständigen (*solgŏ nobi*) solche, die außerhalb wohnten (*oegŏ nobi*) und pachtähnliche Abgaben an ihre Besitzer zu leisten hatten.

Wurde übermäßigen Belastungen der Landbevölkerung insgesamt durch ein Besteuerungssystem Einhalt geboten, welches das Land nach Fruchtbarkeit und klimatischen Bedingungen in verschiedene Klassen unterteilte, erfolgte andererseits die Einführung einer ortsabhängigen zusätzlichen Steuer auf bestimmte lokale Erzeugnisse (*t'ogong*). So besserten sich die Lebensverhältnisse der niedrigen Schichten im Vergleich zu den Bedingungen am Ende der Koryŏ-Zeit nur graduell. Entsprechend mussten auch die Mobilität einschränkende Gesetze sowie ein unter König Sejo (r. 1455–1468) eingeführtes Ausweissystem zur Verhinderung der Landflucht beitragen.

Auseinandersetzungen zwischen Königshaus und Beamtenschaft

Zu Beginn seiner Regierungszeit führte Yi Sŏnggye, der später als T'aejo (r. 1392–1398) bekannte König, sogleich den Titel des «verdienstvollen Untertanen» (*kongsin*) ein und verlieh diese mit der Zuweisung von Landbesitz, Sklaven und besonderen Privilegien verbundene Auszeichnung an 39 seiner Gefolgsleute. Damit führte er eine institutionalisierte Methode zur Stärkung der eigenen Hausmacht ein, die auch bei nachfolgenden Herrschern große Beliebtheit und bis 1728 bei insgesamt 28 Gelegenheiten Anwendung finden sollte.

Als verwaltungstechnisch unbedarfter Militär war T'aejo in hohem Maße von seinen neo-konfuzianisch geprägten Hofbeamten abhängig. Somit lag die eigentliche Regierungsgewalt in der neuen

Hauptstadt Hanyang (dem heutigen Seoul) in den Händen des Obersten Regierungsrates (Top'yŏngŭisasa). Während Gelehrte wie Chŏng Tojŏn, Cho Chun und andere mit den Gesetzeswerken wie dem *Chosŏn kyŏngguk chŏn* und dem *Kyŏngje yukchŏn* grundlegende Strukturen der neuen Dynastie schufen, begnügte sich der König im Wesentlichen damit, seine Zustimmung zu den einzelnen Vorhaben zu geben und deren Umsetzung anzuordnen.

Noch zu Lebzeiten des Monarchen setzte ein Machtkampf unter seinen Söhnen ein: Unzufrieden mit der Nachfolgeregelung seines Vaters, tötete Yi Pangwŏn kurzerhand den Kronprinzen, einen weiteren Halbbruder und den als Mentor des Kronprinzen fungierenden Chŏng Tojŏn. T'aejo dankte resigniert ab und wurde Mönch, während sein ältester Sohn Panggwa (Chŏngjong, r. 1398–1400) den Thron bestieg. Im nächsten Jahr kam es zu einer weiteren Auseinandersetzung zwischen den Brüdern Yi Pangwŏn und Yi Panggan, aus der Ersterer als Sieger hervorging und schließlich neuer König (T'aejong, r. 1400–1418) wurde.

Nachdem unter seinem Vorgänger der Regierungssitz nach Kaesŏng verlegt worden war, machte T'aejong wiederum Hanyang zur Hauptstadt, welche er in der Folgezeit zu einer Metropole auf der Höhe der Zeit ausbaute. Vor allem jedoch festigte der energische neue Herrscher die Macht des Königshauses, indem er Privatarmeen verbot und unter Überarbeitung der Gesetzeswerke eine Reihe institutioneller Reformen im Regierungssystem durchführte. Insbesondere wurde der Oberste Regierungsrat nicht nur in Ŭijŏngbu («Amt für rechtschaffene Regierung») umbenannt, sondern auch erheblich in seinen Kompetenzen beschnitten. So übten die Regierungsgeschäfte fortan im Wesentlichen die sechs Ministerien aus, wobei diese zudem das Recht hatten, Eingaben direkt an den Thron zu richten.

Die von T'aejong angelegten Regierungsstrukturen sollten sich als tragfähig erweisen und bildeten somit auch die administrative Grundlage der Regierungszeit von König Sejong (1418–1450), die oft als glanzvollste Epoche der koreanischen Geschichte bezeichnet wird.

Nachdem sein Vorgänger die Anzahl der Tempel unter Beschlagnahmung umfangreicher Ländereien auf landesweit 242 reduziert hatte, verringerte Sejong diese unter dem Einfluss der neo-konfuzianischen Hardliner im Jahre 1418 abermals drastisch auf nunmehr nur noch 36 und zwang die verschiedenen Traditionslinien, in den zwei Denominationen Sŏn und Kyo zu fusionieren. Selbst jedoch wohl mehr durch das an die frühen Kulturheroen der konfuzianischen Geschichtsvorstellung anknüpfende Rollenmuster des Ming-Kaisers Yung-lo (r. 1403–1424) als durch neo-konfuzianisches Gedankengut im engeren Sinne beeinflusst, beschränkte sich Sejong nachfolgend nicht auf die Verbreitung neo-konfuzianischer Schriften, sondern erwarb sich bleibenden Ruhm durch Publikationsprojekte auf verschiedensten Gebieten von Kultur und Wissenschaften. So nahm er wesentliche Entwicklungen innerhalb der «pragmatischen Schule» (Sirhak) der späteren Chosŏn-Zeit vorweg, indem er neben der Kompilation von pharmakologischen Werken und landwirtschaftlichen Handbüchern die Herstellung wissenschaftlicher Instrumente förderte. Insbesondere zur Durchführung anspruchsvoller philologischer Vorhaben führte Sejong zugleich die Institution des Chiphyŏnjŏn («Halle der versammelten Ehrenwerten») ein, welche sich allerdings im Laufe der Zeit zu einem gelegentlich ähnlich verdrießlichen Machtfaktor entwickelte wie die ihrer Aufgabe entsprechend ohnehin unbequemen Zensorate.

Der erneute Machtzuwachs der Beamtenschaft gegenüber dem Königshaus soll der Grund für einen weiteren gewaltsamen Machtwechsel innerhalb des Königshauses nach dem Tode Sejongs gewesen sein: Nachdem Munjong (r. 1451–1452) nach nur zwei Jahren verstarb, folgte ihm der erst dreizehnjährige Tanjong (r. 1452–1455) auf den Thron. Im Jahre 1455 zwang ihn jedoch sein Onkel, Prinz Suyang, öffentlich das königliche Siegel zu übergeben. Sollen dem später als Sejo (r. 1455–1468) kanonisierten Usurpator bei dieser Gelegenheit noch die Tränen gekommen sein, sah er sich nach einem Restaurationsversuch der Gegenseite im Jahre 1456 dann doch gezwungen, neben etlichen Beamten auch seinen Neffen und mit ihm einen mit der Gegenseite sympathisierenden jüngeren Bruder eliminieren zu lassen. Die prominentesten Opfer der Säuberungsaktion unter der Beamtenschaft gingen dabei ihrer Loyalität zum vorhergehenden Herrscher wegen als *sa yuksin* (die «getöteten sechs Minister») bzw. *saeng yuksin* (die sich vom Hofe abwendenden «überlebenden sechs Minister») in die Geschichte ein.

Sejo pflegte einen eher diktatorischen Regierungsstil, indem er zum Beispiel die Ministerien direkt an sich selbst berichten ließ und Geheimräte mit Befugnis zur Absetzung ungeeignet erscheinender Beamter in die Provinzen aussandte. Seine Macht sicherte er auch dadurch, dass er im Laufe seiner Regierungszeit nicht weniger als 119 Beamte in den Stand der «verdienten Untertanen» erhob. Nachdem das Land in der Kyŏnggi-Provinz rar geworden war, führte er im Jahre 1466 zudem mit dem *chikchŏnbŏp* ein neues Gesetz für die reguläre Zuweisung von Land an Beamte ein, das im Gegensatz zu den Regelungen für «verdiente Untertanen» eine Vergabe nur für den Zeitraum des Dienstverhältnisses vorsah und der Opposition das Leben vorübergehend zusätzlich erschwerte.

Obgleich das unbequeme Chiphyŏnbu durch eine Hongmungwan («Amt zur Verbreitung der Kultur» bzw. «des Schrifttums») genannte Institution ersetzt wurde, führte Sejo, indem er sich mit einer Reihe der (ihm zum Teil bereits aus gemeinschaftlicher Arbeit bekannten) engsten Mitarbeiter Sejongs umgab, dessen zivilisatorisches Programm in kongenialer Weise fort. So richtete der neue König – sehr zum Missfallen nachfolgender neo-konfuzianischer Geschichtsschreiber, jedoch in Übereinstimmung mit Sejongs späterer Zuneigung zum Buddhismus, die sich unter anderem im Bau eines Tempels innerhalb des Königspalastes manifestierte – nicht nur mit dem Kan'gyŏng togam ein eigenes Hofamt für die Publikation buddhistischer Schriften ein, sondern veranlasste auch die Erstellung einer detaillierten Karte Koreas ebenso wie die Kompilation des erst unter Sŏngjong (r. 1469–1494) fertiggestellten Gesetzeswerks *Kyŏngguk taejŏn*.

Nach dem Tode von Sejo folgte eine achtjährige Regentschaft der Königin, wobei zunächst der neunzehnjährige Yejong inthronisiert wurde. Als dieser nach nur einem Jahr verstarb, kam sein dreizehnjähriger Neffe Sŏngjong auf den Thron. Dieser stellte sich im Laufe der Zeit als begeisterter Anhänger neo-konfuzianischer Lehren heraus – mit der Folge, dass der Buddhismus endgültig marginalisiert und der Neo-Konfuzianismus in der Prägung des Chu Hsi die beherrschende Staatsideologie wurde.

Zur Regierungszeit des buddhistischen Sejo hatten die als *sarimp'a* («Fraktion des Gelehrtenwaldes») bezeichneten Anhänger dieser Lehre ihre persönliche Integrität nur wahren können, indem sie sich fernab des Hofes nicht nur ihren metaphysischen Spekulationen, sondern gezwungenermaßen auch dem Ideal der *ch'ŏngbin* («Armut in Reinheit») hingaben. Unter der Protektion von Sŏngjong stiegen die von Kim Chŏngjik (1431–1492) angeführten *sarim* jedoch in hohe Ämter auf und machten nun unter anderem als Zensoren dem von ihnen als korrupt verachteten Meriten-Adel das Leben schwer.

Unter dem wegen seiner unmoralischen Regierung nur als «Prinz» (*-kun*) kanonisierten König Yŏngsan-gun (1494–1506) bekam jedoch kurzfristig wiederum der Adel die Oberhand. Als im Jahre 1498 ein junger *sarim* bei der Kompilation der Annalen für die Regierungsperiode von Sŏngjong einen Text von Kim Chŏngjik einfügen wollte, der in verklausulierter Form den früheren König Sejo wegen des Mordes an Tanjong anklagte, skandalisierten die Vertreter des Meriten-Adels den Vorfall und brachten den Herrscher schließlich dazu, den jungen Gelehrten samt seinem näheren Umkreis zum Tode zu verurteilen und weitere Vertreter der *sarimp'a* zu verbannen. Als Yŏngsan-gun nachfolgend jedoch begann, seine zunehmend unfinanzierbaren Ausschweifungen durch Konfiskation von Ländereien des Meriten-Adels auszugleichen, und der Widerstand gegen ihn entsprechend wuchs, wurde im Jahre 1504 auch der Meriten-Adel Opfer einer Säuberung.

Erst nachdem Yŏngsan-gun durch einen Putsch beseitigt worden war und unter König Chungjong (r. 1506–1544) erneut ein von Moral und Recht bestimmtes politisches Klima zu dominieren schien, trat die *sarimp'a* wieder hervor. Unter Führung des Literaten Cho Kwangjo (1482–1519) gelang es schließlich, bei Hofe eine skrupulöse Orientierung an neo-konfuzianischen Normen durchzusetzen. So konnte der König im Jahre 1518 von einem durch die Generalität bereits vorbereiteten Überraschungsangriff auf die Dschurdschen mit dem Argument abgebracht werden, dass es sich bei einem solchen Täuschungsakt um eine mit dem Begriff der Rechtschaffenheit (*ŭi*) unvereinbare Aktion handele. Parallel zur Durchsetzung dieser spezifisch neo-konfuzianischen Form der *political correctness* bei Hofe versuchte man, die Lehren auch im Volke zu verankern. Dies geschah durch die Übersetzung konfuzianischer Schriften ins Koreanische, nicht zuletzt aber auch durch die Verbreitung der Idee der *hyangyak*. Hierbei handelte es sich um Gemeinde-Kontrakte, die nach konfuzianischen Normen das Zusammenleben innerhalb der Dorfgemeinschaft regelten.

Cho Kwangjo ging letztendlich jedoch zu weit, als er den König dazu bringen wollte, 76 und damit zwei Drittel der von ihm ernannten Personen wieder aus der Liste seiner «verdienten Untertanen» zu streichen: Dieser neuerliche Versuch, den Meriten-Adel zu schwächen, endete für Cho und einige seiner Anhänger mit einem Todesurteil. Der allmählichen Wandlung des Chosŏn-Staates in ein strikt durch neo-konfuzianische Vorstellungen geprägtes Gemeinwesen tat jedoch auch dieser Rückschlag keinen Abbruch, woran wohl auch die seit dem 16. Jahrhundert überall im Land aufkommenden Privatakademien (*sŏwŏn*) einen Anteil hatten.

Die Blüte der neo-konfuzianischen Philosophie

Unter den neo-konfuzianischen Denkern der Übergangszeit ragt neben dem bereits mehrfach erwähnten Chŏng Tojŏn, dessen antibuddhistische Streitschrift *Pulssi chappyŏn* («Diverse Kritik an den Buddhisten») entscheidend zur Ideologisierung des Konfuzianismus der Chosŏn-Zeit beitrug, insbesondere der Gelehrte Kwŏn

Kŭn (1352–1409) mit dem von ihm verfassten *Iphak tosŏl* («Diagramme und Erläuterungen für den Eintritt in das Lernen») hervor. Am Anfang der sich an chinesischen Vorbildern orientierenden Diagramme findet sich eine Darstellung des Menschen, in der unter anderem Elemente des *T'ai-chi t'u* («Diagramm vom größten Äußersten») von Chou Tun-i (1017–1072) und Kommentartexte von Chu Hsi verarbeitet werden. Aufgezeigt wird, wie man durch Ausartung der Gefühle *(chŏng)* zu bloßer Gier *(yok)* auf das Niveau von Tieren und Pflanzen absinken, andererseits aber kraft seiner durch den Himmel verliehenen ursprünglichen Anlagen mit Hilfe des Praktizierens von Achtsamkeit *(kyŏng)* zur einsgerichteten Aufrichtigkeit (*sŏng*) der Weisen zurückkehren kann. Indem im Zentrum des Diagrammes das Schriftzeichen für Geist bzw. Herz (*sim*) steht, werden Kosmologie, Psychologie und Exegese vor dem Hintergrund der Philosophie der allem zugrunde liegenden einen Struktur *(i)* ebenso folgerichtig wie eindrucksvoll miteinander verschränkt.

Eine Sonderstellung unter seinen Zeitgenossen nimmt Sŏ Kyŏngdŏk (Hwadam, 1489–1546) ein, der sich nicht an Chu Hsi orientierte, sondern in seinen monistischen Vorstellungen vom Äther (*ki*) bzw. der diesem entsprechenden großen Leere (*t'aehŏ)* dem Sung-zeitlichen Philosophen Chang Tsai (1020–1077) folgte. Entsprechend fanden auch die in China sehr einflussreichen Lehren von Lu Hsiang-shan (1139–1193) und Wang Yang-ming (1472–1529) kaum positive Resonanz.

Yi Hwang (T'oegye, 1501–1570) und Ki Taesŭng (Kobong, 1527–1572) bzw. Yi I (Yulgok, 1536–1584) und Sŏng Hon (Ugye, 1536–1598) wiederum waren die Protagonisten zweier in Form ausgedehnter Briefwechsel stattfindender Diskussionen über die «vier Anfänge» (*sadan*) und die «sieben Gefühle» (*ch'il chŏng*), welche das Geistesleben der Chosŏn-Zeit nachhaltig beeinflussen und eine Vielzahl von Kommentaren nach sich ziehen sollten. Bei diesen als «Vier-Sieben-Erörterungen» (*sach'illon*) berühmt gewordenen Auseinandersetzungen geht es dem Kern nach um das auf Basis der Werke von Chu Hsi zunächst nicht entscheidbare

Problem, welche Rolle die Grundstruktur beim Entstehen der mitunter sich zum Schlechten entwickelnden Gefühle spielt. Während T'oegye und mit ihm Ugye dabei an einer Rettung der Moral gelegen ist und sie dementsprechend die Rolle der Struktur gegenüber derjenigen des Äthers herunterspielen, wollen Yulgok und Kobong die Geschlossenheit des philosophischen Systems bewahren, indem sie auf dem Axiom der Untrennbarkeit beider insistieren.

Die Erfindung des koreanischen Alphabets

In das 15. Jahrhundert fällt die Kompilation einer Vielzahl bedeutender Werke in chinesischer Sprache, unter anderem die Geschichtswerke *Koryŏsa* (1451) und *Tongguk t'onggam* (1485), das geographische Kompendium *Tongguk yŏji sŭngnam* und die umfassende literarische Anthologie *Tongmunsŏn* (1478). Zudem wurden eine Reihe wichtiger literarischer Werke nunmehr auch auf dem Gebiet der erzählerischen Literatur verfasst. An orale Traditionen knüpft die Anekdotensammlung *P'aegwan chapki* («Miszellen aus dem Amt für Volkserzählungen») des Ŏ Sukkwŏn (fl. 1525–1554) an, während es sich beim *Kŭmho sinhwa* («Neue Geschichten von der goldenen Schildkröte») des Kim Sisŭp (1435–1493) um die ersten ausgereiften fiktionalen Erzählungen der koreanischen Literaturtradition handelt.

Die wohl bemerkenswerteste Erfindung des 15. Jahrhunderts war jedoch das koreanische Alphabet (*han'gŭl*). Dieses wurde im Jahre 1443 – wohl auch mit graphischen Anleihen beim *Phags-pa* der Mongolen – unter maßgeblicher Beteiligung von König Sejong selbst geschaffen und 1446 als *Hunmin chŏngŭm* («Rechte Laute zur Unterweisung des Volkes») zusammen mit einem von einer Gelehrtenkommission um Chŏng Inji (1396–1478) und Sin Sukchu (1417–1475) verfassten Kommentar der Öffentlichkeit vorgestellt. Dürften die neo-konfuzianisch geladenen Darlegungen des Kommentars zu den Konstruktionsprinzipien der Schrift eher apologetischer Natur sein, beruht das Alphabet doch auf dem genauen Studium bedeutender Werke der chinesischen Phonologie. Ein Novum ist dabei, dass die Silbe nicht mehr in Anlaut und

Reimklasse, sondern nunmehr in die Bestandteile Anlaut, Mittellaut und Auslaut zerlegt wird.

Dem Vorwort zum *Hunmin chŏngŭm* zufolge wurde das Alphabet als Schriftmedium für das einfache Volk geschaffen. Tatsächlich deutet bereits das Vorhandensein von Eigenschaften, die jeweils nur für die Transkription chinesischer Zeichen oder zur Wiedergabe mittelkoreanischer Lautungen benötigt werden, auf einen Verwendungszweck in beiden Kontexten.

Unter den frühen in Han'gŭl verfassten Werken finden sich neben dem Reimlexikon *Tongguk chŏngun* («Rechte Laute des Ostlandes») unter anderem mit dem *Yong pi ŏ ch'ŏn ga* («Flug der Drachen zum Himmel») eine Eulogie auf die sechs Gründer der Yi-Dynastie und in Gestalt des *Wŏrin ch'ŏn'gang chi kok* («Lied über den Mond, der sich in zehntausend Flüssen spiegelt») ein Liedzyklus, der die verschiedenen Leben des Buddha preist.

Bereits unter Sejong begann man, mit Hilfe des Alphabets als *ŏnhae* («volkssprachige Erläuterungen») bezeichnete annotierte Ausgaben chinesischsprachiger Texte herzustellen. Dabei wurden der chinesische Grundtext und gegebenenfalls ein diesen ergänzender Kommentar Abschnitt für Abschnitt zunächst grammatisch annotiert und dann umgangssprachlich übersetzt. Indem häufig zusätzliche Subkommentare in chinesischer Sprache beigegeben werden, die weder annotiert noch übersetzt sind, zeigt sich, dass diese Texte letztlich nur zur selbständigen Lektüre des Chinesischen hinführen sollten.

Während insbesondere unter König Sejo vor allem buddhistische Texte auf diese Weise den Lernenden zugänglich gemacht worden waren, begannen im 16. Jahrhundert auch die Konfuzianer damit, diese annotierten Texte für die Verankerung ihrer Lehren im Volke einzusetzen. Tatsächlich trugen die bis ins 20. Jahrhundert hinein veröffentlichten *ŏnhae* in nicht unerheblichem Maße zur Verbreitung sowohl der Schriftkultur als auch gesellschaftlicher Normen bei.

Gleichzeitig ermöglichte das Alphabet die Schaffung neuer literarischer Ausdrucksformen. So wurde in Anlehnung an die chinesische Lyrik die Kurzgedichtform des *sijo* zur Blüte gebracht, und zunehmend erschienen auch in koreanischer Sprache verfasste, *kasa* genannte Langgedichte. Das *Kwandong pyŏlgok* («Lied über [die Provinz] Kwandong») und das *Samiingok* («Gedenken an den Geliebten») des Ch'ŏng Ch'ŏl (1536–1593) sind zwei herausragende Beispiele für in koreanischer Schrift überlieferte Texte.

War das Alphabet bei den Literaten anfänglich als Kinder- oder Frauenschrift verpönt, begeisterten sich im 19. Jahrhundert auch unter dem Einfluss des westlichen Nationalismus Gelehrte wie der Linguist Chu Sigyŏng (1876–1914) für die «nationale» Schrift, welche als *han'gŭl* («Schrift des Han-Volkes», «große Schrift») nach der Befreiung von der japanischen Herrschaft 1945 das offizielle Schriftsystem werden sollte.

7. Krise und Erneuerung – die Zeit der japanischen und mandschurischen Invasionen (16.–17. Jahrhundert)

Machtkämpfe der Yangban und die Entstehung der Fraktionen

Die anhaltenden Machtkämpfe zwischen Meriten- und Leistungs-Elite (*kongsin* und *sarim*) des späten 15. Jahrhunderts waren scheinbar stets zuungunsten der Letzteren ausgegangen, hatten sie doch immer wieder in blutigen Säuberungen geendet. Dennoch verlor die ursprüngliche Meriten-Elite auf die Dauer ihre Führungsposition, nicht zuletzt wohl, weil die Monarchie auf eine Mäßigung ihres Einflusses für die eigene Stabilität angewiesen war. In dem Maße jedoch, in dem der Konflikt zwischen *kongsin* und *sarim* abebbte und es den Letzteren gelang, ihre stark ideologisch geprägten neo-konfuzianischen Standards durchzusetzen, zeichneten sich neue Kämpfe innerhalb der Beamtenschaft ab. Dem lag die Tatsache zugrunde, dass es stets weniger einflussreiche Posten zu verteilen gab, als eligible Anwärter dafür zur Verfügung standen. Zwar existierten akademische Ranglisten mit besonders hohen Ehren und entsprechend guten Aussichten auf eine rühmliche Karriere für die jeweils drei bestplazierten Absolventen der alle drei Jahre stattfindenden obersten Prüfungen, doch weitere, zumindest annähernd objektive Maßnahmen zur Differenzierung zwischen den erfolgreich Geprüften fehlten und wurden durch persönliche Empfehlung durch bereits Arrivierte ersetzt. Dies begünstigte selbstverständlich die Entwicklung von Protektions-Netzwerken einander durch gegenseitige Hilfestellung verbundener Personen und ihrer Familien.

Eine politische Auseinandersetzung zwischen zwei Führungsfiguren der Yangban-Elite führte im Jahre 1575 schließlich dazu, dass aus solchen locker gewebten Netzen Gruppierungen mit Parteicharakter wurden: die Fraktionen. Nach den Wohnorten der beiden Kontrahenten in Seoul nannten sich die Anhänger der ersten solchen Fraktionen «Ost-Gruppe» (Tongin) und «West-Gruppe» (Sŏin). 1591 spalteten die Tongin sich wiederum in «Nord-» und «Süd-Gruppe» (Pugin und Namin). Die Sŏin hingegen blieben noch fast ein Jahrhundert stabil, bevor auch sie sich 1683 aufgrund eines philosophisch geführten Disputs in zwei Gruppen spalteten (die Parteigänger der «Lehre des Alten» und der «Lehre des Jungen», Noron und Soron). Auch wenn man von dieser Zeit an von den Vier Parteien (sasaek-tang) sprach, konnten aktuelle Problemlagen immer zu Gruppenbildungen innerhalb dieser Fraktionen oder quer zu ihnen führen.

Sie hatten insofern den Charakter sozialer Netzwerke, als die Fraktionszugehörigkeit in der Regel durch den Familienhintergrund festgelegt war (Wechsel zwischen Gruppen kamen vor, wurden aber von allen Seiten mit Misstrauen beäugt) und regional unterschiedlich verteilt war (so war das Hauptherkunftsgebiet der Namin die Kyŏngsang-Region, insbesondere deren nördlicher Teil). Zugleich besaßen sie in gewissem Maße jedoch auch Parteicharakter, denn die jeweils ausgefochtenen politischen Kämpfe hatten zwar in der Regel konkrete machtpolitische Ziele, waren jedoch unterfüttert mit unterschiedlichen politischen Grundhaltungen. So standen die Sŏin für eine Stärkung der Stellung und Mitspracherechte der Beamtenschaft, während die Namin tendenziell für eine starke Monarchie und damit die Handlungsfähigkeit des Staates eintraten; die Pugin wiederum hatten in der kurzen Zeit ihrer Vormachtstellung, wie unten zu sehen sein wird, ganz bestimmte außenpolitische Vorstellungen. Diese politischen Haltungen waren zugleich verbunden mit der Loyalität zu bestimmten philosophischen Lehrtraditionen. Die Lehren des Yi Hwang etwa wurden von den Namin als maßgeblich betrachtet, die des Yi I unter den Sŏin. In satirischem Ton schilderte ein koreanischer Gelehrter des 18. Jahrhunderts die daraus entstehenden divergierenden Traditionen innerhalb der Yangban-Schicht als regelrechte Subkulturen, deren jeweilige Vertreter auf den Straßen von

Seoul allein aufgrund ihres Äußeren voneinander zu unterscheiden seien.

Die Hideyoshi-Invasionen

Während eine enge Anbindung an das chinesische Ming-Reich zur Staatsräson von Chosŏn gehörte, war die Beziehung zum östlichen Nachbarn Japan von Distanz geprägt. Größtes Anliegen der koreanischen Japanpolitik war es lange Zeit gewesen, sich die von dort aus immer wieder erfolgenden Pirateneinfälle mit ihren Verheerungen der Küsten vom Leibe zu halten, was man unter anderem durch Eingaben an den japanischen Kaiserhof zu erreichen suchte, die aber mangels dessen Macht zur politischen Kontrolle nur ergebnislos bleiben konnten. König Sejong allerdings hatte mit einer doppelten Strategie, der Verteidigung der Küsten einerseits und der Öffnung von Handelshäfen für japanische Schiffe andererseits, die Pirateneinfälle einzudämmen gewusst, so dass bis zum späten 16. Jahrhundert von Japan keine nennenswerte Bedrohung für Chosŏn mehr ausging.

Die ab den 1560er Jahren sich vollziehende Einigung Japans – nach einem Jahrhundert der Dezentralisierung – unter einer neuen, starken Führerschaft änderte diese Situation jedoch grundlegend. Toyotomi Hideyoshi (1536–1598), der die Früchte dieses Einigungsprozesses einfahren konnte, richtete seinen ungestillten militärischen Ehrgeiz auf das Festland. Um 1590 schickte er mehrfach Gesandtschaften nach Korea mit der Aufforderung, den japanischen Armeen ungehinderten Durchzug nach China zu gewähren. Eine Gegengesandtschaft (1590/91) von koreanischer Seite, die die wahren Absichten des japanischen Führers zu ergründen versuchte, brachte zwei unterschiedliche Auffassungen nach Hause: Während der Vizegesandte der Ansicht war, Japan sei nicht wirklich willens, einen Krieg zu riskieren, warnte der Hauptgesandte eindringlich vor den Gefahren eines japanischen Angriffs. Nicht Argumente scheinen in diesem Fall den Ausschlag gegeben zu haben, sondern Fraktionsstärken: Die Tongin, denen der Vizegesandte angehörte, hatten zu dieser Zeit die Vormachtstellung am koreanischen Hofe und verhinderten wirksam die notwendigen militärischen Vorbereitungen.

So trafen die japanischen Truppen, als sie am 13. des vierten Mondmonats im Jahre *imjin* (1592) in Pusan landeten, auf eine unbewachte Küste. In einer Art Blitzkrieg marschierten sie durch bis zur Landeshauptstadt, die sie nur zwanzig Tage später erreichten. Der Königshof war allerdings auf die schlechte Kunde von der Invasion hin – die in Korea unter dem Namen dieses Jahres als *imjin waeran* (Japaner-Einfall) im Gedächtnis bleiben sollte – bereits an die Nordgrenze des Landes, in die am Grenzfluss Yalu auf dem üblichen Weg nach China gelegene Stadt Ŭiju, geflohen. Während ein Teil der japanischen Invasionsarmee in Seoul blieb, verfolgte ein weiterer Teil unter Verheerungen und Verwüstungen die flüchtige Zentralregierung bis zur Festungsstadt P'yŏngyang, die nach heftigen Kämpfen eingenommen wurde. An diesem für die Beherrschung des Nordteils von Korea strategisch zentralen Ort verharrten die Truppen, um auf Nachschub zu warten.

Dass dieser nicht eintraf, war den grandiosen Siegen zu Wasser zu verdanken, die der geniale Admiral Yi Sunsin (1545–1598) inzwischen, nämlich im 5. und 6. Monat dieses Schicksalsjahres, an Koreas Südküste errungen hatte. Zu diesen Erfolgen hatten nicht nur seine überlegene Taktik und die bessere Ortskenntnis beigetragen; bedeutsam war hierfür auch die (ebenfalls Yi Sunsin zugeschriebene) Erfindung eines besonderen feuerfesten Schiffspanzers, der sogenannten «Schildkrötenschiffe» (*kŏbuksŏn*).

Auch auf dem Lande wurde den Japanern in zahlreichen Schlachten erbitterter Widerstand geleistet. Während die zentrale Führung in der Aufstellung einer wirksamen Verteidigung versagte, wurden allerorten von lokalen Verantwortlichen, meist aus der Yangban-Schicht, ad-hoc-Armeen zusammengestellt, die sich den durchs Land ziehenden japanischen Truppen entgegenstellten. Allerdings konnten diese erbärmlich bewaffneten koreanischen Freiwilligen es mit den kriegserfahrenen und gut ausgerüsteten Samurai meist nicht aufnehmen. Die lebhaften Handelskontakte mit Portugal seit 1545 hatten nämlich die Einführung zielgenauer

Feuerwaffen (Arkebuse, Muskete) in Japan zur Folge gehabt, die japanischen Einigungskriege deren rasche Verbreitung. Einige glorreiche Siege, die bei solchen Schlachten auf dem Lande dennoch errungen wurden, konnten gleichwohl den Vormarsch der japanischen Truppen in keiner Weise aufhalten.

Vom koreanischen Königshof ergingen unterdessen Hilferufe an das Ming-Reich. China, das ja zumindest der japanischen Rhetorik nach das eigentliche Ziel der Aggression war, konnte eine Bedrohung seines östlichen Puffers nicht gleichgültig sein; es schickte umgehend Truppen unter Führung des Generals Li Ju-sung, die die Japaner nach Süden zurückdrängten. Im 10. Monat des Folgejahres konnte der Hof wieder in Seoul einziehen. Es folgten Jahre zäher Friedensverhandlungen unter chinesischer Ägide, bei denen die japanische Seite im Gegenzug für ein Friedensversprechen die Abtretung des Südteils Koreas forderte. Eine Teilung des Landes ähnlich der heutigen wäre damals schon Wirklichkeit geworden, wenn die Ming sich auf diesen ungleichen Handel eingelassen hätten. Ihre Weigerung führte aber zu einer weiteren japanischen Invasion im Jahre 1597.

Diesmal war man von koreanischer und chinesischer Seite her natürlich besser vorbereitet. Dennoch war auch dieser Einfall nicht leicht zurückzuschlagen. Die Kämpfe zogen sich gut eineinhalb Jahre hin, bis gegen Ende 1598 – wohl auch aufgrund von Hideyoshis Tod – die japanische Armee den Rückzug von diesem letztlich nicht gewinnbaren Krieg antrat. Bei einer letzten Seeschlacht im 11. Monat des Jahres 1598, bei der der fliehenden japanischen Flotte noch entscheidende Verluste zugefügt werden konnten, wurde Admiral Yi Sunsin von einer feindlichen Kugel getroffen und starb. In diesem trostlosen und für Korea äußerst demütigenden Krieg war er sicher nur eine von zahllosen mutigen und entschlossenen Personen gewesen, die ohne Rücksicht auf das eigene Überleben ihr Land verteidigten. Dass er jedoch zur Symbolfigur des militärischen Widerstandes gegen Japan aufsteigen konnte, verdankt sich nicht nur der überregionalen Bedeutung seiner Siege und der Raffinesse seiner Schiffe in einer Zeit, in der Japan ansonsten die bei Weitem überlegene Militärtechnologie aufzubieten hatte, sondern auch dem Umstand, dass er zwischendurch Opfer von Parteiintrigen geworden war und sein Amt an einen Widersacher, Wŏn Kyun, hatte abtreten müssen, der sich in der Folge aber als unfähig erwies. An seiner Person lassen sich daher sowohl die innenpolitischen Probleme der Zerstrittenheit und Handlungsunfähigkeit ablesen, die Korea zur leichten Beute hatten werden lassen, als auch der Widerstandsgeist der Einzelnen, der bei aller militärischen Überlegenheit eine Eroberung der Halbinsel für die japanischen Armeen schließlich unrentabel machte.

Die Hideyoshi-Invasionen bedeuten einen tiefen Einschnitt in der neueren Geschichte Koreas; nicht umsonst dienen sie auch als historiographische Scheide zwischen der «frühen» und der «späten» Chosŏn-Zeit. Im ganzen Land hinterließen die japanischen Truppen Verwüstung: zerstörte und entvölkerte Dörfer, vernichtete Ernten, eine demoralisierte Bevölkerung. Was Wert hatte und sich transportieren ließ, wurde geplündert; dazu gehörten Kulturgüter wie religiöse Skulpturen, Bildnisse und Bücher – die dadurch entstandenen Traditionsverluste sind kaum abzuschätzen. Aber auch Menschen wurden entführt, denn eine dichte Population war ein Machtfaktor. Als großer Schaden erwies sich nicht zuletzt der Umstand, dass besonders Handwerker als Kriegsgefangene nach Japan abtransportiert wurden. Das Keramik-Handwerk etwa erhielt dadurch in Japan wichtige Impulse, während es in Korea darniederlag.

Aber auch das chinesische Ming-Reich wurde durch die militärischen Anstrengungen der Korea-Krise entscheidend geschwächt. Dies hatte fatale Folgen angesichts einer neuen Bedrohung, die China einmal mehr im Nordosten erwuchs, und zwar durch das Volk der Dschurdschen, das im 12.–13. Jahrhundert als Chin-Dynastie bereits einmal über Nordchina geherrscht hatte.

Der Aufstieg der Mandschu

Im ausgehenden 16. Jahrhundert waren die Dschurdschen, die sich ab 1635 Mandschu nennen sollten, durch Handel mit Perlen,

Pelzen, Edelmetallen und Ginseng reich geworden, und die einst losen Stammeskonföderationen wurden unter dem energetischen Führer Nurhaci (1559–1626) vereint und mittels eines höchst effektiven militärischen Systems, der sogenannten Banner, zu großer Stärke gebracht. Gegen die Hideyoshi-Invasionen hatten sie dem Ming-Reich (das Nurhaci zeitweise als Militärverwalter installierte) noch tätige Unterstützung geboten, doch zu Beginn des 17. Jahrhunderts wuchs ihr Selbstbewusstsein. 1616 rief Nurhaci die Dynastie der Späteren Chin aus und begann kurz darauf, chinesisches Territorium in der heutigen West-Mandschurei zu besetzen.

Seit 1608 saß auf dem Thron von Chosŏn ein später als Kwanghae-gun kanonisierter König, der (oder dessen hauptsächliche Berater, die Pugin, die ihn auch auf den Thron gebracht hatten) die Stärke der neuen Macht im Norden realistisch einschätzte. Unter seiner Regierung betrieb das noch massiv unter den Zerstörungen der japanischen Invasionen leidende Korea eine Realpolitik des Ausweichens und der Verzögerung. 1618 nach den ersten Übergriffen Nurhacis von China um Waffenhilfe gebeten, konnte der König schlecht ablehnen, doch der mit einer Zehntausendschaft entsandte General Kang Hongnip erhielt die Anweisung, sich vorsichtig beobachtend zu verhalten; er ergab sich mit seinen Truppen rasch, was die Späteren Chin mit seiner Freilassung im Folgejahr und vorläufiger Schonung Koreas belohnten. Gleichzeitig unterstützte Kwanghae-gun jedoch einen an der koreanischen Küste Schutz suchenden chinesischen General, Mao Wen-lung, und traf militärische Vorbereitungen für einen etwaigen Krieg.

Innenpolitisch verfuhr Kwanghae-gun allerdings weit weniger umsichtig. Immer besorgt um die Sicherheit seiner Herrschaft, ließ er potentielle Konkurrenten um den Thron – Brüder und Neffen – aus dem Weg räumen. Dies wiederum gab der Fraktion der Sŏin, die sich vor allem an seiner einseitigen Bevorzugung der Pugin störte, einen Vorwand in die Hand, sich gegen ihn zu erheben: 1623 wurde er gewaltsam abgesetzt – nicht ohne Todesopfer unter prominenten Pugin – und ein Neffe auf den Thron gebracht, König Injo. Nun kamen auch die außenpolitischen Präferenzen der Sŏin zum Tragen, die einem stark sinozentrischen Weltbild anhingen und eine klarere Unterstützung des Ming-Reichs forderten. Die diplomatischen Verbindungen zu den Späteren Chin wurden abgebrochen, Mao Wen-lung dagegen tatkräftig unterstützt. Dazu kam, dass Nurhaci, der Korea auf dem Verhandlungswege hatte an sich binden wollen, 1626 starb; sein Nachfolger Abahai hatte stets eher für militärische Ruhigstellung optiert und konnte sich nun bestätigt sehen. In der Zwischenzeit war eine Rebellion in Korea ausgebrochen: Ein Unterstützer König Injos namens Yi Kwal, der sich für seine Hilfe bei dessen Inthronisierung nicht genügend belohnt sah, besetzte 1624 Seoul. Zwar wurde die Erhebung rasch niedergeschlagen, doch einige seiner Anhänger flohen in die Mandschurei und dürften als Gastgeschenk sowohl kriegswichtige Informationen als auch das Bild einer geschwächten Dynastie mitgebracht haben. Unter dem Vorwand, Yi Kwal rächen zu wollen, marschierten die Mandschu daraufhin 1627 in Korea ein.

Obgleich von einem Überraschungsangriff nicht die Rede sein konnte, stießen die Invasoren rasch ins Landesinnere vor; die koreanischen Rüstungsmaßnahmen hatten hauptsächlich die Ausbesserung der Festungen betroffen. Während der König auf die Insel Kanghwa floh, wurde wiederum die größte Abwehrleistung von lokal organisierten Truppen erbracht, die vor allem den mandschurischen Nachschub behinderten. Dies trug dazu bei, dass der erste Vorstoß recht schnell mit einem Abkommen beendet wurde, in dem Chosŏn eine Vorrangstellung der Späteren Chin anerkannte. Chosŏn zeigte sich in den Folgejahren jedoch keineswegs bereit, dies auch in diplomatische Praxis umzusetzen. Inzwischen erstarkte das Mandschu-Reich durch weitere Feldzüge so weit, dass es 1636 unter der neuen imperialen Selbstbezeichnung Ch'ing-Dynastie zur Eroberung Chinas ansetzte; dazu musste es sich unbedingt den koreanischen Rücken freihalten. Eine erneute Invasion Anfang 1637 führte nun erfolgreich bis Seoul; auch die Insel Kanghwa, auf der diesmal der Kronprinz Zuflucht gesucht hatte, wurde rasch erobert. In einer für Korea ungeheuer schmachvollen Zeremonie am Südufer des Han-Flusses musste König Injo die Oberhoheit der Ch'ing-Dynastie anerkennen, die sich nun, unterstützt durch Aufstände im chinesischen Kernland, rasch ausbreitete: 1644 fiel Peking und bald darauf die reiche Yangtse-Region; 1661, als der letzte Ming-Kaiser in K'un-ming gehängt wurde, war die Eroberung Chinas praktisch abgeschlossen.

«Kleines China»: das neue koreanische Selbstbild

Die Tatsache, dass auch das große chinesische Reich sich hatte unterwerfen müssen, schmälerte das selbstempfundene Versagen der koreanischen Elite keineswegs; vielmehr führte der Umstand, dass das rettende Eingreifen der Ming-Truppen bei den japanischen Invasionen nicht in gleicher Weise zurückgezahlt werden konnte, zu einer Art Schuldkomplex, der das untergegangene Ming-Reich – zu dem das Verhältnis am Anfang der Chosŏn-Zeit ja durchaus nicht unterwürfig gewesen war – in ein erhabeneres Licht rückte, als es dieser nicht zuletzt an der eigenen Korruption gescheiterten Dynastie zugestanden hätte. Den Mandschu, die von der koreanischen Elite immer als Barbarenvolk betrachtet worden waren, fühlte man sich zugleich nach wie vor kulturell weit überlegen. Dazu kam, dass die Unterordnung Chosŏns unter die Ch'ing bis auf die angeordnete Entfernung besonders mandschufeindlicher Beamter nur außenpolitischer Natur war, und vor allem, dass die koreanische Bevölkerung sich nicht wie die chinesische dem mandschurischen Kleidungs- und Frisurenzwang (mit links geknöpften Jacken, anrasierter Stirn und Zopf) unterwerfen musste. Dadurch erhielt das seit der Koryŏ-Zeit existierende Selbstbild von Korea als «kleinem China» (So Chunghwa) neue Nahrung und wuchs sich zur beherrschenden Selbstinterpretation aus. Chosŏn, so hieß es nun, war der einzige verbliebene Erbe der chinesischen Kultur, während China in die Hände der Barbaren gefallen war.

Dies wurde von manchen als Verpflichtung interpretiert, dem Ming-Reich zurück an die Macht zu verhelfen. Aufflammende

Restaurationsversuche in Südchina bis in die Mitte der 1680er Jahre nährten entsprechende Plänen zu einer «Nordexpedition», die allerdings nie in konkrete Schritte jenseits der Befestigung von Wehranlagen mündeten. Aber noch bis ins späte 18. Jahrhundert hinein, als die Ch'ing-Dynastie sich nicht nur gefestigt, sondern mit territorialer Ausdehnung und wirtschaftlicher Blüte ihre Lebenskraft unter Beweis gestellt hatte, blieben diese unrealistischen Pläne zumindest rhetorisch im Umlauf, genährt von immer wieder sich entzündenden Gerüchten um Ming-Restaurationsbewegungen in China. Zugleich führte die Überzeugung, das kulturelle Zentrum darzustellen und in dieser Hinsicht von den Barbaren nichts lernen zu können, zu einer inneren Abschottung (bei gleichbleibend engen diplomatischen Beziehungen) gegenüber dem Ch'ing-Reich, die sich in manchen Bereichen entwicklungshemmend auf Chosŏn auswirkte.

Die Invasionen der Japaner und der Mandschu, beides Mächte, die der Fernhandel gestärkt hatte, waren von daher ironischerweise die Voraussetzung für jene Selbstisolierung Koreas, die den Hintergrund für die im 19. Jahrhundert aufkommende westliche Rede von der «Einsiedlernation» bildete. Gesandtschaften nach Japan wurden immer spärlicher: Waren es im 17. Jahrhundert nach der Wiederaufnahme der diplomatischen Beziehungen im Jahre 1609 noch sieben Missionen, so im 18. nur vier und im 19. Jahrhundert vor der «Öffnung» Koreas eine einzige (im Jahre 1811). Gesandtschaften zu den Ch'ing wurden häufig durchgeführt, im Schnitt zwei bis drei pro Jahr, aber der kulturelle und wirtschaftliche Austausch unterlag strengen (wenn auch nicht immer eingehaltenen) Regelungen. Nicht zuletzt war der außenpolitische Imaginationsrahmen, der bis zum Aufstieg der Mandschu durch ein Machtvakuum im Norden die Option der Expansion enthalten hatte, nun zusammengeschrumpft auf den *status quo*, abgesehen von den realitätsfernen Plänen einer Restituierung der Ming. Dies alles bildete die Voraussetzung für jene Erstarrung in Selbstbezogenheit, die der im späten 19. Jahrhundert eindringende Westen diagnostizierte.

Dabei übersahen die westlichen Kritiker jedoch die Bewegungen und Umbrüche innerhalb der koreanischen Gesellschaft, die ebenfalls teilweise ihre Wurzeln in den verheerenden Invasionen hatten.

Sicher waren die Auswirkungen der Angriffe in erster Linie destruktiver Natur. Vor allem die langwierigen, auf mehrere Routen verteilten Hideyoshi-Invasionen, aber auch die zwar kürzeren und auf den Norden beschränkten, jedoch mit großer Grausamkeit durchgeführten Mandschu-Einfälle hatten große Zerstörungen mit sich gebracht: Die Bevölkerung wurde merklich dezimiert und, geschwächt durch Hungersnöte, zusätzlich leichtes Opfer von Krankheiten. Die Verluste an Menschenleben, die Vernichtung von Ernten und das Niederbrennen von Dörfern hinterließen historisch lang wirkenden Hass auf die Invasoren in den Seelen, und zumindest kurzfristig schwächten sie die wirtschaftliche Grundlage der Dynastie. Die Plünderungen der Japaner ließen, wie erwähnt, Narben im kulturellen Gesicht des Landes zurück, und sie wären beinahe dazu angetan gewesen, das historische Gedächtnis der Nation entscheidend zu beschneiden: Von vier der sicherheitshalber in entlegenen Tempeln deponierten Kopien der königlichen Regesten, *sillok*, gingen drei verloren. Für alle Zeiten vernichtet wurden die Aufzeichnungen des königlichen Sekretariats, *Sŭngjŏngwŏn ilgi*, die für die verbleibende Zeit der Chosŏn-Dynastie eine Quelle ersten Ranges darstellen.

Auch auf sozialer Ebene hatten die Invasionen Auswirkungen, die allerdings, da die Geschichte der unteren Gesellschaftsschichten nur unzureichend dokumentiert ist, nicht mit Sicherheit bestimmt werden können. Unbezweifelbar gingen bei den japanischen Brandschatzungen Land- und Sklavenregister in großem Maßstab verloren; ob aber dadurch tatsächlich das soziale Gefüge ins Wanken geriet, wie oft behauptet wird, lässt sich schwer belegen. In manchen Fällen konnten sich aber sicherlich Sklaven zu Freien erklären, Besitzende mit Freien-Status zu Yangban. Auch die Tatsache, dass während der Invasionen erstmalig Sklaven zum Militär eingezogen wurden, beinhaltete soziale Aufstiegsmöglichkeiten. So wurde kurzzeitig ein Fenster für begrenzte soziale Mobilität geöffnet. Weil die Grundlagen für das Eintreiben von Steuern und Abgaben verloren waren, wurden zudem vielfach die Karten für die Verteilung von Reichtum neu gemischt. Überdies konnten die Ereignisse der beiden Invasionen dazu dienen, die Legitimation der Eliteschicht der Yangban, vor allem des höfischen Beamtentums, sowie der Monarchie selbst in Frage zu stellen. Denn das Versagen der Führungsschicht in der Landesverteidigung war nur allzu offensichtlich, und der Königshof hatte durch seine rasche Flucht in jeder der Krisen seine eigensüchtigen Prioritäten deutlich offenbart. Dies alles ergab sicherlich ein gewisses soziales Ferment. Allerdings führte es bemerkenswerterweise weder zum Untergang der Dynastie noch zu einer grundlegenden Revision des Statussystems. Privilegien und Prestige des Yangban-Standes blieben vielmehr bis ins späte 19. Jahrhundert stabil.

Aus den Wirren dieser Zeit erwuchsen jedoch neue kulturelle Ausdrucksformen. Insbesondere veränderte sich der Status der koreanischen Sprache als Schriftmedium, vielleicht mitbegünstigt durch den Umstand, dass während der Invasionen bei schriftlichen Botschaften und Aufrufen an die Bevölkerung öfters auf das Koreanische zurückgegriffen wurde (das für die Angreifer natürlich im Gegensatz zum sonst üblichen schriftchinesischen Medium nicht lesbar war). Die eigene Sprache als Identitätsfaktor und der Wert der eigenen Schrift mögen dadurch schärfer ins Bewusstsein getreten sein.

Aus der Mitte der Chosŏn-Zeit stammen jedenfalls die ersten Spuren einer koreanischsprachigen Erzählliteratur jenseits oraler Überlieferungen. So wird Hŏ Kyun (1569–1618) die «Geschichte von Hong Kiltong» (*Hong Kiltong chŏn*) zugeschrieben, ein auf einen Rebellen des 16. Jahrhunderts zurückgreifender Schelmenroman mit utopischen Einschlägen, der allerdings in der heute greifbaren Form eher aus dem 19. Jahrhundert zu stammen scheint. Unmittelbaren Niederschlag fanden die Invasionen in den Romanen «Das Jahr Imjin» (1592) (*Imjinnok*) und «Geschichte von Im Kyŏngŏp» (*Im Kyŏngŏp chŏn*), letzterer die fiktionalisierte Biographie eines historischen Generals (1594–1646), der für seinen erbitterten Widerstand gegen die Mandschu und den Versuch, auch nach Koreas Kapitulation die untergehende Ming-Dynastie militärisch zu stützen, mit seinem Leben bezahlen musste. Ins Märchenhafte gewendet sind die Erfahrungen der Mandschu-Invasion dagegen in der «Geschichte von Frau Pak» (*Pak-ssi puin chŏn*), die als zauberkräftiges Wesen symbolische Siege gegen die Mandschu erringt, wo die Männerwelt versagt. Diese eher volkshaften Erzählungen schufen den Humus für Meisterwerke der fiktionalen Erzählung wie die beiden Romane von Kim Manjung (1637–1692), «Frau Sas Reise in den Süden» (*Sa-ssi namjŏng ki*) und «Neun-Wolken-Traum» (*Kuunmong*), deren hoher literarischer Status sich auch daran zeigt, dass sie von der Literatenelite in erster Linie in chinesischsprachigen Versionen rezipiert und überliefert wurden. «Frau Sas Reise» hat als politische Allegorie heute viel von seiner Anziehungskraft verloren, nicht dagegen der hochkomplex konstruierte Traumroman *Kuunmong*, der seine Dichte aus der philosophischen Auseinandersetzung des Autors mit dem Buddhismus, aus einer intelligenten Rezeption chinesischer Erzähltechniken und aus einem auf das literarische Ziel hin kanalisierten Einfallsreichtum bezieht.

Die Erschütterung der Yangban-Gesellschaft zeigte sich in einem merklichen Rückgang der Beschäftigung der Elite mit neokonfuzianischer Philosophie und Ritualkunde. Zweifelsohne war dies immer noch Teil der Selbstdefinition, aber daneben verschafften sich ästhetizistische Strömungen Raum, die eher auf die taoistische Tradition zurückgriffen. Der taoistische «Unsterbliche» bot nicht zuletzt auch denjenigen eine Identifikationsmöglichkeit, die sich freiwillig oder gezwungenermaßen von der Politik fernhielten. Und deren Zahl wuchs, blieb doch die Innenpolitik weiterhin von bitteren Auseinandersetzungen geprägt.

8.
Rekonsolidierung, Reformstau, neue Ideen (17.–18. Jahrhundert)

Stabilität im Equilibrium der Kräfte

Die Parteienkämpfe, die Koreas Außenpolitik so stark mitbestimmt hatten, blieben das 17. Jahrhundert hindurch der auch innenpolitisch maßgebliche Faktor. Die erstaunliche Tatsache, dass die Chosŏn-Dynastie die Erschütterungen der japanisch-mandschurischen Invasionen noch um 300 Jahre überlebte, kann als Indikator für die Machtbalance gelten, die die fraktionäre Aufspaltung der Yangban mit sich brachte: Niemand hätte es vermocht, eine ausreichende Mehrheit für eine Ablösung des Yi-Clans auf dem Königsthron hinter sich zu versammeln. Ein die Monarchie stabilisierendes Moment war sicherlich zudem der hohe Wert der Loyalität im neokonfuzianisch geprägten Selbstverständnis der Aristokratie. Auf dem Land führte die Fragmentierung der Yangban zu einer lokalen Solidarisierung der Angehörigen der Oberschicht: Die Zahl der konfuzianischen Akademien (*sŏwŏn*), die sowohl der Unterrichtung des Nachwuchses als auch der quasi-religiösen Verehrung jeweils aus der Region hervorgegangener, herausragender Gelehrter dienten, stieg bis zum späten 17. Jahrhundert stark an, und vielfach schlossen sich im gleichen Zeitraum die bedeutenderen Yangban-Familien zu lokalen oder regionalen Vereinigungen zusammen (*hyangan*), die viel dazu beitrugen, die Statusdistinktion zu wahren. Im 18. Jahrhundert indes spalteten sich diese *hyangan* oft wieder in kleinere Assoziationen auf.

Doch war in der zweiten Hälfte der Chosŏn-Dynastie eine zunehmende Konzentration der Macht in den Händen von immer weniger großen Clans zu beobachten. Nach der Absetzung Kwanghae-guns war die West-Fraktion (Sŏin) in die günstigere

Position gelangt, und besonders unter König Hyojong (r. 1649–1659), der ihren anti-mandschurischen Tendenzen zuneigte und gemeinsam mit ihrem führenden Gelehrten, Song Siyŏl (1607–1689), von militärischen Schlägen gegen die Ch'ing träumte, konnte sie ihre Vormachtstellung weiter ausbauen. Damit produzierten sie freilich heftige Gegenwehr der Süd-Fraktion, der es unter Sukchong (r. 1674–1720) zweimal (1674 und 1689) gelang, den König für mehrere Jahre auf ihre Seite zu ziehen, wobei jeder Machtwechsel einen Blutzoll von der gerade abgesetzten Fraktion forderte; auch Song Siyŏl kam auf diese Weise zu Tode. Oft hatten diese Kämpfe rituelle Anlässe, beispielsweise die Länge der Trauerzeit einer königlichen Stiefmutter für ihren verstorbenen Stiefsohn; geführt wurden sie mit den Waffen der Klassikergelehrsamkeit und philosophischen Hermeneutik. Hinter scheinbar marginalen Fragen der Etikette verbargen sich jedoch stets handfeste politische Auseinandersetzungen, etwa um die Legitimität einer bestimmten Thronfolgeentscheidung oder um das Selbstverständnis von Königshaus und Yangban-Aristokratie.

Noch unter der Führung Song Siyŏls zerfiel die Sŏin-Fraktion 1683 in zwei Gruppierungen, Noron («Lehre des Alten», Song Siyŏl zugehörig) und Soron («Lehre des Jungen», unter der Führung seines jüngeren Gegenspielers Yun Chŭng, 1629–1711); damit waren die «Vier Parteien» (*sasaek-tang*), nämlich Noron, Soron, Namin und (die politisch fast unerheblich gewordenen) Pugin etabliert. Trotz gelegentlicher Rückschläge konnte sich die Noron-Fraktion als dominierende Kraft behaupten. Die daraus resultierende Gefährdung der eigenen Machtstellung wurde von den Monarchen klar erkannt, und sie entwickelten unterschiedliche Gegenmaßnahmen: Während Sukchong durch häufige Neubesetzungen der wichtigsten Ministerposten eine zu starke Machtkonzentration zu verhindern versuchte, verkündete sein Neffe Yŏngjo (r. 1724–1776) eine Politik der «Parteien-Befriedung» (*tangp'yŏng*), also der gleichmäßigen Berücksichtigung aller Fraktionen bei der Ämtervergabe. Dessen Nachfolger Chŏngjo (r. 1776–1800) führte diese Politik fort und ergänzte sie um Ansätze einer Personalpolitik, die Talent mehr als Abstammung würdigte und damit den Privilegien der Hocharistokratie entgegenwirken sollte; so ließ er illegitime Söhne von Yangban zu den Prüfungen zu und ermöglichte ihnen mittlere Beamtenkarrieren. Während es nämlich für einen Yangban kein moralischer Makel war, neben der rechtmäßigen Ehefrau weitere Frauen als Konkubinen ins Haus zu holen, galten die mit letzteren gezeugten Söhne nicht als vollgültige Mitglieder des Standes.

Auch wenn die Vormachtstellung der Noron-Clans durch diese Maßnahmen nicht gebrochen werden konnte, festigten sie doch die königliche Autorität so weit, dass das 18. Jahrhundert als eine Art «Renaissance» gilt, eine Ära der relativen politischen Stabilität unter fähigen Monarchen. Doch auch in dieser Periode hatte die Dynastie Herausforderungen zu bewältigen; vor allem die Thronnachfolge erwies sich als Krisenherd. Der spätere König Yŏngjo war während der Regierungszeit seines wenig begabten, nachkommenlosen älteren Bruders Kyŏngjong (r. 1720–1724) zum Thronfolger ernannt worden, und Gerüchte, er habe für dessen zeitiges Ableben gesorgt, hielten sich hartnäckig und erschwerten seine Regierungsführung. Seinen einzigen überlebenden Sohn, bekannt unter dem posthumen Namen Sado (1735–1762), ernannte Yŏngjo daher schon 1749 zum Prinzregenten und beteiligte ihn an den Regierungsgeschäften, wie es scheint in der Erwartung, dass Sado geeignete Schritte unternehmen würde, diesen Gerüchten Einhalt zu gebieten. Nicht nur Etikette und Stolz, sondern vor allem wohl der Umstand, dass König und Thronfolger sich nie unter vier Augen begegnen konnten, hinderten Yŏngjo allerdings daran, sich seinem Sohn verständlich zu machen. Sado, der sich die bleibende Unzufriedenheit seines Vaters mit seinen Leistungen nicht erklären konnte, zerbrach schließlich psychisch an dem auf ihm lastenden Druck und legte paranoides und gewalttätiges Verhalten an den Tag. Als Thronfolger war er nun nicht mehr haltbar; auf Befehl seines Vaters musste er in eine Reiskiste steigen, in der er dann dem Hungertod überantwortet wurde. Diese bizarre Form der Exekution war notwendig, um die Nachfolge zu sichern, denn Sados Sohn, der spätere König Chŏngjo, hätte kein Anrecht mehr auf den Thron gehabt, wäre er der Sohn eines rechtmäßig Hingerichteten gewesen. Diese erregenden Ereignisse wurden später von Sados Frau, Prinzessin Hyegyŏng (1735–1815), in vier Memoiren niedergeschrieben, die nicht nur private Einblicke in das höfische Leben der Chosŏn-Zeit gewähren, sondern vor allem wegen ihrer klarsichtigen psychologischen Analyse des Vater-Sohn-Verhältnisses und seiner fatalen Konsequenzen ein bewegendes literarisches Zeugnis darstellen.

Auch wenn die Dynastie diese Begebenheiten unbeschadet überstand, zeigen sie doch, wie vorsichtig der Throninhaber agieren musste und wie vergleichsweise wenig Handlungsoptionen er hatte, wollte er den ideologischen Anforderungen an die Monarchie, die wiederum mit ihrer Legitimationsbasis identisch waren, gerecht werden. Das oben angedeutete Kräftegleichgewicht zwischen Königshaus und fraktionierter Beamtenschaft, wenngleich Stabilitätsgarant, hinderte die Beweglichkeit und Entscheidungskraft der Herrschaftselite: Soziale und ökonomische Reformen, deren Dringlichkeit eigentlich unübersehbar war, konnten so nicht entschlossen in Angriff genommen werden.

Als Chŏngjo schließlich im Jahre 1800 verfrüht starb und sein Sohn Sunjo (r. 1800–1834) erst zehnjährig auf den Thron kam, geriet die politische Macht am Hofe ganz in die Hand von dessen Schwiegerfamilie, dem Andong Kim-Clan. Während der Herrschaft Hŏnjongs (r. 1834–1849) musste der Kim-Clan seine starke Position zwar an den Clan der Mutter des Königs, einer P'ungyang Cho, abtreten, konnte sie aber unter Ch'ŏlchong (r. 1849–1863) wiedergewinnen. Die extrem geschwächte Monarchie konnte nun Korruption und Machtmissbrauch nicht mehr Einhalt gebieten.

Gesellschaftlicher Wandel

Die Zerstörungen der Invasionszeit, in deren Folge verlassene Ländereien von Mitgliedern der Königsfamilie und anderer großer Clans den eigenen Besitztümern eingegliedert wurden, hatten einen Prozess der Konzentration von Landbesitz angestoßen, der vor allem für die Staatskasse fatale Folgen hatte, besaßen doch die aristokratischen Grundbesitzer viel mehr Möglichkeiten, ihre Ländereien der Besteuerung zu entziehen, als Bauern. Bestimmte gesetzliche Veränderungen, die den Erwerb von Privatbesitz erleichterten, ermöglichten es auch den bessergestellten Bauern, ihr Grundeigentum zu vergrößern, während andererseits Kleinbauern oft ihr Land verloren und zu Pächtern wurden. Verschiedene Versuche, das Steuersystem zu reformieren, scheiterten an der doppelten Aufgabe, die Last der Bauernschaft (die sich bald genug als Quelle von Unruhen und Aufständen erwies) zu mindern und die Staatsfinanzen zu stabilisieren, da weder die Privilegien des Königshauses noch die der großen Yangban-Familien zur Disposition standen. So hatte weder die Halbierung der Militärsteuer 1750, die durch eine weitere Bodensteuer ausgeglichen wurde, noch die zwischen 1608 und 1708 sukzessiv eingeführte «ausgeglichene Landsteuer» eine spürbare Entlastung der Bauern zur Folge. Dadurch, dass die Letztere die bis dahin üblichen lokalen Tributzahlungen durch ein einziges Zahlungsmittel – den Reis – ersetzte, der vom Hofe wiederum durch professionelle Einkäufer in die benötigten Konsum- und Gebrauchsgüter umgetauscht wurde, förderte sie allerdings den Handel und, mittelbar, die Entwicklung einer Geldökonomie.

Die Einkäufer hatten jeweils nur für bestimmte Waren die Handelslizenz und entwickelten sich deshalb zu spezialisierten Großhändlern. Die Provinzmärkte, in denen sie ihre Waren suchten, erhielten durch das neue System ebenfalls Entwicklungsanstöße. Für eine weitere Belebung des Handels sorgte der Grenzhandel, der im Rahmen der regelmäßigen Gesandtschaften nach China durchgeführt wurde. Zwar unterlag er strengen Auflagen – Gesandtschaftsmitglieder durften nur genau festgelegte Geld- und Tauschmittel mitnehmen, wobei diese Lizenzen selbst zum Handelsgegenstand wurden –, doch gerieten die Kontrollen am Grenzübergang, dem Yalu-Fluss, bald zur Farce. Nicht nur die Grenzstadt Ŭiju, sondern auch die auf der Reiseroute der Gesandtschaften liegenden Städte P'yŏngyang und Kaesŏng wurden infolgedessen zu Zentren lebhaften Güteraustauschs, der freilich nicht nur vom Warenverkehr mit China lebte. P'yŏngyang war vor allem für seine Stoffmärkte berühmt, Kaesŏng für Ginseng. Der Japan-Handel wurde von Pusan an der koreanischen Südküste aus geführt, im 17. Jahrhundert vor allem als lukrativer Zwischenhandel chinesischer Seide, die nach Japan ausgeführt wurde; später nahmen Ginseng-Exporte die Rolle der Seide ein.

Auch das private Handwerk nahm in dieser Periode deutlichen Aufschwung, gestützt von den Märkten in Städten und Dörfern, wo Metallwaren, Keramik und Textilien guten Absatz fanden, so dass die der Regierung direkt unterstellten Handwerksbetriebe in Seoul sowohl quantitativ als auch qualitativ nicht mehr konkurrieren konnten. In der Folge wurde zu Ende des 18. Jahrhunderts die staatliche Regulierung des Handwerks de facto aufgegeben; auch Hof und Behörden engagierten nun private Handwerker auf Lohnbasis. Dies stimulierte wiederum die Geldwirtschaft. Allerdings wurde sie behindert durch die halbherzige, von der traditionellen Verachtung des Handels mitbestimmte Geldpolitik der Zentrale, die, statt eine einheitliche Währung einzuführen, Lizenzen zur Münzherstellung selbst zur Handelsware machte.

Der tiefere Grund für diese Belebung von Handwerk und Handel lag also nicht in einem entsprechenden politischen Willen, auch wenn manche Maßnahmen sich förderlich auswirkten; vielmehr beruhte sie wohl im Wesentlichen auf der Steigerung der landwirtschaftlichen Erträge, die durch zweierlei Neuerungen möglich wurde: Verbesserungen in der Technik des Reisanbaus sowie doppelte Ernten von Wintergerste im Frühjahr und Reis im Herbst. Die dadurch möglich gewordene Überschussproduktion zog ein deutliches Bevölkerungswachstum im 18. Jahrhundert nach sich, wobei freilich die verstärkt witterungsabhängigen neuen Anbaumethoden zu starken Schwankungen in der Ernährungssituation führten. Gemeinsam mit der Konzentration von Landbesitz hatte dies ab dem späteren 18. Jahrhundert sich mehrende Hungersnöte zur Folge. Verarmte und entwurzelte Bauern, dazu der Groll über eine Regierung, deren Korruption durch die ungleiche Verteilung von Hungerhilfen recht offensichtlich wurde, gaben den Nährboden ab für die zahlreichen kleineren und größeren Bauernaufstände, die ab dem Ende des 18. Jahrhunderts ausbrachen. Am berühmtesten wurde die nach ihrem Anführer Hong Kyŏngnae (1780–1812) benannte Rebellion von 1811, die in der Nord-P'yŏngan-Provinz ihren Schwerpunkt hatte und aus der jahrhundertelangen Unterprivilegierung des koreanischen Nordens zusätzliche Nahrung bezog (der Norden galt als kulturell rückständig, und die Aufstiegsmöglichkeiten von Gelehrten dieser Region waren nicht zuletzt durch ihre fehlenden Fraktionsaffiliationen begrenzt).

Die beginnende Merkantilisierung der koreanischen Gesellschaft führte dazu, dass es für die Yangban schwieriger wurde, sich sichtbar vom «gemeinen Volk» abzugrenzen. Erworbener Reichtum machte es möglich, den Lebensstil der Oberschicht nachzuahmen. Wer genügend Geld besaß, konnte sich Beamtentitel der lokalen Verwaltungen kaufen; zog man in die anonymeren Städte, ließ sich mit einer gefälschten Genealogie und den nun nicht mehr streng vor Missbrauch geschützten äußeren Attributen des Gelehrten, wie etwa dem Rosshaarhut, leicht Yangban-Status vortäuschen. Von den alteingesessenen Clans wurden diese «Emporkömmlinge» freilich dennoch nicht anerkannt, was sich an der ungebrochenen Endogamie der Yangban-Schicht zeigt.

Umgekehrt wurde es aufgrund der Machtkonzentration in den Händen weniger Clans für eine große Zahl von Yangban immer schwieriger, an lukrative Ämter zu kommen; sofern ihre Familien nicht über ausgedehnte Ländereien verfügten, hatten sie nur die Wahl zwischen einem Leben in Armut und der Kompromittierung eines Standesbewusstseins, dem jede Beschäftigung außerhalb der Klassikergelehrsamkeit als Herabwürdigung galt. Auch Angehörige von Zweigen eigentlich gutsituierter Clans waren vor einem solchen Schicksal nicht geschützt, so dass die Entstehung einer Schicht der «heruntergekommenen Yangban» (*chanban*) nicht zu übersehen war.

Neues Gedankengut: «Empirische Studien» und «Westliche Lehre»

Die vielfältigen Erscheinungen gesellschaftlichen Wandels und die sich allmählich aufdrängende Erkenntnis, dass der letztlich auf der Utopie eines idealen (chinesischen) Altertums basierende, traditionelle politische Maßnahmenkatalog nicht geeignet war, diesen Wandel im Interesse der Mehrheit zu steuern, waren der Auslöser für eine geistige Bewegung, die heute unter dem Namen «Empirische Studien» (*sirhak*) bekannt ist. Es handelte sich dabei im Gegensatz zu dem in der Geschichtsschreibung häufig erzeugten Eindruck um keine geschlossene «Schule», vielmehr wurde sie getragen von untereinander oft nicht verbundenen kleinen Kreisen von Gelehrten, die zum Teil recht unterschiedliche Auffassungen vertraten; gemeinsam war ihnen jedoch die Suche nach Formen der Erkenntnis, die für die Bewältigung der gesellschaftlichen Probleme der Zeit hilfreich sein könnten, und ihre Offenheit dafür, zu diesem Zweck den angestammten Bildungskanon zu erweitern. Unter «Empirie» ist hier also keineswegs experimentelle Naturbeobachtung zu verstehen, vielmehr ein veränderter Zugriff auf in Büchern gespeichertes Weltwissen, der nicht mehr Moralphilosophie und deren Manifestation in literarischer Ästhetik privilegierte, sondern vor allem in der geschichtlichen Erfahrung nach Handlungsorientierung suchte und danach strebte, konkretes Wissen in lebensweltlichen Bereichen wie Landwirtschaft, Technik, Geographie, Verwaltung etc. zu vermehren.

Einzelne Vertreter einer solchen geistigen Ausrichtung gab es zwar schon zu früheren Zeiten, aber erst im 18. Jahrhundert gewann sie in dem Maß an Stoßkraft, dass man von einer Bewegung sprechen kann. Drei Strömungen lassen sich identifizieren, die, von unterschiedlichen sozialen Gruppen getragen, in ihren zentralen Fragestellungen voneinander abweichen und mit etwas Vereinfachung auch in eine zeitliche Reihenfolge gebracht werden können.

Die erste Gruppe um den Namin-Gelehrten Yi Ik (1681–1763) bestand im Wesentlichen aus auf dem Lande angesiedelten Yangban, die daher vor allem von den Nöten der Bauernschaft Notiz nahmen und institutionelle Verbesserungen anstrebten, die der (Wieder-)Herstellung von Steuergerechtigkeit dienen und die Produktivkraft der Bauernschaft steigern sollten. Yi Ik's entfernter Cousin Yu Hyŏngwŏn (1622–1673) hatte bereits in seinem Hauptwerk «Vermischte Aufzeichnungen vom Pan–Flüsschen» (*Pan'gye surok,* 1670) entsprechende Vorschläge unterbreitet. Yi Ik selber war zugleich ein großer Gelehrter mit breiten intellektuellen Interessen; seine Enzyklopädie *Sŏngho sasŏl* ist eines der bedeutendsten Werke dieser Art, die in Korea hervorgebracht wurden. Seine Schülerschaft spaltete sich in zwei Kreise: zum einen die heute manchmal als «Progessive» oder «Linke» bezeichnete Gruppe derer, die seine undogmatische, wissbegierige Haltung nicht zuletzt in Hinsicht auf eine besondere Offenheit gegenüber den über China hereinsickernden «westlichen Lehren» teilten; zum anderen eine konservativere Gruppe, die eher die Verwirklichung der Ideale des klassischen Altertums erstrebte. Zu letzterer gehörte der bedeutende Historiograph An Chŏngbok (1712–1791), der für seinen «Abriss der Geschichte Koreas» (*Tongsa kangmok*) einen quellenkritischen Ansatz verfolgte; die geschichtliche Wahrheit, der er auf diese Weise näher kommen wollte, lag aber auch für ihn noch in der Feststellung der legitimen Herrschaftsfolge und im richtigen moralischen Urteil über Ereignisse der Vergangenheit.

Als zweite Gruppe wären städtische Yangban zu nennen, die keinen Zugang zu Beamtenposten hatten und daher den Lebensraum mit Händlern, Handwerkern und anderen für ihren Lebensunterhalt auf die eigene Findigkeit angewiesenen Stadtbewohnern teilten. Dieser Gruppe stach folglich der Widerspruch zwischen Ideologie und Wirklichkeit des Ständesystems besonders deutlich in die Augen, so dass sie in ihrer Kritik der Verhältnisse einen Schritt weiter gingen als die Vorgenannten: Referenzpunkt ihrer Idealvorstellungen war nicht mehr das chinesische Altertum, sondern die undogmatische Anpassung der sozialen Institutionen an die gesellschaftliche Wirklichkeit. Die bedeutendsten Vertreter dieser Strömung werden als «Schule des Lernens vom Norden» (*pukhakp'a*) bezeichnet, weil sie angesichts des wirtschaftlichen und technischen Vorsprungs des Ch'ing-Reiches dafür plädierten, die überkommene Vorstellung von Korea als dem wahren Träger der chinesischen Kultur und der Überlegenheit über die «barbarischen» Mandschu endlich über Bord zu werfen und aktiv vom Ch'ing-Reich zu lernen. Ihre wichtigsten Repräsentanten waren die aus Noron-Familien stammenden Freunde Hong Taeyong (1731–1783), Pak Chiwŏn (1737–1805) und der als Sohn einer Nebenfrau nicht den Yangban zuzurechnende Pak Chega (1750 bis 1805). Letzterer gab mit seiner auf einer Chinareise von 1778 fußenden, 1790 dem König vorgelegten «Abhandlung zum Lernen vom Norden» (*Pukhak ŭi*) der Gruppe ihren heutigen Namen. Dieser Traktat schildert aufs Eindrücklichste die Überlegenheit chinesischer Transportmittel und -wege, Baumaterialien und -weisen, landwirtschaftlicher und handwerklicher Techniken und sozialer Institutionen.

Ein dritter Zweig der «Empirischen Studien» betraf die Verwissenschaftlichung der Gelehrsamkeit selbst, wobei man sich an den im Ch'ing-Reich entwickelten textkritischen Methoden ein Beispiel nahm; sein bedeutendster Repräsentant war der unter dem Beinamen Ch'usa bekannte Kim Chŏnghŭi (1786–1856), der für seine epigraphischen Untersuchungen ebenso gerühmt wurde wie für seinen bemerkenswerten kalligraphischen Stil. Das Beispiel dieses Mannes, der aus bester Familie stammte und keineswegs zu den marginalisierten Yangban gerechnet werden kann, auch wenn ihn die politischen Wechselfälle seiner Zeit schließlich in die Verbannung auf die Insel Cheju brachten, macht deutlich, wie sehr die «Empirischen Studien» im Laufe des 18. Jahrhunderts als Strömung in der Gelehrtenschaft um sich gegriffen hatten, weit über ihren ursprünglichen sozialen Ort hinaus. Diesen Einfluss verdankte sie wohl auch ihrem vielleicht berühmtesten Vertreter, Chŏng Yagyong (1762–1836, Beiname Tasan), einem Namin aus der Tradition Yi Iks, der nicht nur ein enormes Werk von großer wissenschaftlicher Breite schuf und sein technisches Wissen bei der Konstruktion der Stadtmauer von Suwŏn unter Beweis stellen konnte, sondern auch um die philosophische Grundlegung der «Empirischen Studien» bemüht war, wobei er im Gegensatz zu den Vertretern der *pukhakp'a* auf Polemik verzichtete und die Vereinbarkeit mit der konfuzianischen Ethik zu zeigen bestrebt war.

Die «Empirischen Studien» können heute als Zeichen dafür dienen, dass es Korea nicht an geistigen Erneuerern mangelte, die womöglich in der Lage gewesen wären, einen eigenständigen Weg in die Moderne zu bahnen, wenn nicht die Abschließungspolitik und der dadurch geförderte Konservatismus der Mehrheit dem entgegengestanden hätten. Sobald *sirhak* die neo-konfuzianische Orthodoxie, nach wie vor die einzige geistige Legitimationsbasis der Elite, in Frage zu stellen begann, wurde sie zu einem Stein des Anstoßes; das wurde besonders deutlich an den (nicht zahlreichen) Vertretern dieser Richtung, die Interesse an der christlichen Religion zeigten.

Berichte von Europäern erreichten Korea seit dem frühen 16. Jahrhundert, nachdem die Portugiesen 1511 Malakka erobert hatten und in Südchina Fuß zu fassen versuchten. Die «westlichen Lehren» waren ab dem ausgehenden 16. Jahrhundert von Jesuiten am chinesischen Kaiserhof bekannt gemacht worden, wobei diese darauf achteten, der christlichen Botschaft durch eine Verpackung in westlicher Wissenschaft Attraktion für die chinesische Gelehrtenschaft zu verleihen. Kunde davon gelangte schon bald nach Korea, in größerem Maßstab 1644 durch Kronprinz Sohyŏn, der von einer Geiselhaft in Peking eine Reihe religiöser und wissenschaftlicher Traktate und Instrumente, unter anderem einen Globus, mitbrachte, Geschenke von Adam Schall von Bell (1591–1666). Sohyŏns plötzlicher Tod kurz nach seiner Rückkehr ist möglicherweise mit dem Misstrauen zu erklären, das seine Offenheit für westliche Wissenschaft (um die Religion war es ihm offenbar weniger zu tun) bei Hofe erregte. Das Interesse koreanischer Gelehrter war jedoch geweckt. Allerdings konnten sie ihm erst nach 1720 aktiv nachgehen, dem Zeitpunkt, ab dem die gefestigte

Ch'ing-Herrschaft den koreanischen Gesandtschaften in Peking wieder mehr Bewegungsfreiheit gewährte. Während *pukhak*-Gelehrte wie Hong Taeyong vor allem auf die westlichen Wissenschaften ansprachen und die Erweiterung ihres geographischen und kosmologischen Weltbildes dazu nutzten, literarisch und philosophisch die Dezentrierung der chinesischen Kultur zu betreiben, ohne aber ihren Wertekodex grundsätzlich in Frage zu stellen, interessierte sich der obengenannte «radikale» Flügel der Schüler Yi Iks auch für die christliche Lehre. Aus einer Studiengruppe dieses Kreises, die sich in den 1770er Jahren intensiv mit den erhältlichen Materialien beschäftigte, gingen die ersten der Nachwelt bekannten Katholiken hervor. Yi Sŭnghun (1756–1801), der 1784 die Gelegenheit hatte, an einer China-Mission teilzunehmen, ließ sich in Peking taufen und wurde damit zur Keimzelle des erstaunlichen Phänomens der koreanischen Selbstmissionierung: Um 1800, lange bevor der erste westliche Missionar den Boden der Halbinsel betrat, soll die Zahl der koreanischen Christen bereits an die zehntausend betragen haben. Ansprechbar waren zunächst vor allem Angehörige weniger privilegierter, aber gebildeter Bevölkerungsteile: die «mittlere Volksgruppe» der städtischen Professionellen (*chungin*) und Frauen der Yangban-Schicht. Es gibt sogar plausible Vermutungen, dass der Katholizismus zunächst als eine Art «chinesische Volksreligion» über niedere Schichten (Händler und Knechte als Begleiter der China-Gesandtschaften) den Weg nach Korea fand.

1785 wurde der neue Glaube zur Häresie erklärt und im Folgejahr die Einfuhr katholischer Bücher verboten. Zu einer durchgreifenden Verfolgung der Katholiken kam es jedoch erst, als im Jahre 1800 ein Brief eines koreanischen Christen an den katholischen Bischof in Peking abgefangen wurde, in dem um westliche Militärhilfe zur Erzwingung von Religionsfreiheit in Korea gebeten wurde. Etwa dreihundert Gläubige, darunter Chŏng Yagyongs Bruder Chŏng Yakchong, büßten mit ihrem Leben. Dennoch wuchs die Glaubensgemeinschaft – wenn auch langsamer – weiter, ab 1836 gestützt durch (natürlich im Untergrund arbeitende) französische Missionare. Auch eine weitere Katholikenverfolgung 1839 konnte dem nicht auf Dauer Einhalt gebieten.

Auch jenseits religiöser Konversionen entfalteten die «westlichen Lehren» im 19. Jahrhundert weiterhin Wirkungen auf das Geistesleben. Zum einen ließ sich die Verbreitung westlicher Schriften nicht dauerhaft einschränken. Für deren kreative Rezeption steht beispielhaft der eigenwillige Denker Ch'oe Han'gi (1803–1877), ein Kaufmannssohn, der mit dem ererbten Vermögen sich jeweils die neuesten (inzwischen von protestantischen Missionaren produzierten) chinesischsprachigen Veröffentlichungen zum westlichen Wissen aus China kommen ließ. Er versuchte sich an einer Synthese westlicher Naturwissenschaft und chinesischer *qi*-Theorie und sah ein neues Zeitalter globaler Wissensgemeinschaft heraufziehen. Zum anderen gab die Bedrohung, als welche in neokonfuzianischen Kreisen die neue Religion und deren offenbare Attraktivität gesehen wurde, den Anstoß, die eigene Weltanschauung auf ihr metaphysisches Angebot hin zu überprüfen und letzteres deutlicher herauszustellen. So betonte der bedeutendste Vertreter dieses wiedererstarkenden Interesses an neokonfuzianischer Moralphilosophie (*sŏngnihak*), Yi Chinsang (1818–1886), in auffälliger Weise die «himmlische» Herkunft und Autorität des «Prinzips» (*i*).

Suche nach den eigenen Wurzeln

Die Weltoffenheit der besten Köpfe dieser Ära und die Neudefinition des Verhältnisses zur chinesischen Zivilisation, um die sie rangen, wurden komplementiert von einer bemerkenswerten Hinwendung zum Eigenen. In vielen Bereichen des kulturellen Lebens schenkte man koreanischen Traditionen und Besonderheiten größere und vor allem systematischere Aufmerksamkeit, als dies zuvor der Fall gewesen war.

So wurden die historischen Verschiebungen des koreanischen Territoriums erstmals eingehend erkundet, wobei Sin Kyŏngjun (1712–1781) mit seiner «Untersuchung der Grenzen» (*Kanggye ko*) Grundlagenarbeit leistete, auf der Chŏng Yagyong mit seiner «Untersuchung der Grenzgebiete unseres Landes» (*Abang kangyŏk ko*) später aufbaute. Zur Frage der Grenzen gehörte auch die nach dem Status des Reiches Parhae, das von Yi Chŏnghwi (18. Jahrhundert) in seiner «Geschichte Koreas» (*Tongsa*) erstmals als koreanischer Staat begriffen wurde; Yu Tŭkkong (1749–?) widmete ihm die erste monographische Darstellung, «Untersuchung von Parhae» (*Parhae ko*). Ein weiteres Beispiel für die gesteigerte Wahrnehmung der territorialen Grundlagen der eigenen Kultur ist die oft als geomantisches Handbuch missverstandene Kulturgeographie Koreas von Yi Chunghwan (1690–1756), «Über das Wählen eines Wohnorts» (*T'aengniji*). Yi hatte, von der Politik enttäuscht, ab 1727 für etwa dreißig Jahre ein unstetes Wanderleben geführt, das ihn durch alle koreanischen Provinzen führte; in diesem Werk fasst er seine Beobachtungen zu den Landschaftsformationen, den Lebensbedingungen und den Lokalcharakteren der Regionen zusammen.

In ähnlicher Weise wurde in der bildenden Kunst das eigene Land zum Thema. Seit der Wende zum 18. Jahrhundert setzte sich der vom genialen Landschaftsmaler Chŏng Sŏn (1676–1759) begonnene Trend durch, Landschaften nicht mehr nach vorgegebenen kompositorischen Prinzipien aus der Phantasie zu gestalten, sondern tatsächliche Berglandschaften abzubilden. Eine besondere Rolle kam dabei dem bizarr-malerischen Diamantgebirge an der Ostküste Koreas zu, an dem sich der Stolz Chosŏn-zeitlicher Koreaner auf die Schönheiten ihres Landes kristallisierte.

Ebenso trat die koreanische Schrift zu einem gewissen Grade aus dem Schatten der chinesischen heraus und fand als (eigenes) Kulturgut intellektuelle Beachtung der Literaten; so formulierte Yu Hŭi (1773–1837) in seinem 1824 fertiggestellten Traktat *Ŏnmunji* («Über die Vulgärschrift») eine neuartige Wertschätzung der Potentiale des koreanischen Alphabets.

Auch das Verhältnis der koreanischen zur chinesischen Sprache und das kulturelle Leben unter den Bedingungen der Diglossie wurde neu reflektiert. Dies führte zum einen zu einer Emanzipation von chinesischen Vorgaben innerhalb der schriftchinesischen

Literatur (*hanmun*), zum anderen zu einer gewissen Hinwendung zum Koreanischen als literarischem Ausdrucksmittel.

Bedeutende *hanmun*-Literaten wie Pak Chiwŏn und Chŏng Yagyong verkündeten, als «Menschen von Chosŏn im Stil von Chosŏn» schreiben zu wollen. Das bedeutete, an die Stelle der möglichst getreuen Nachahmung alter chinesischer Meister die authentische Darstellung eigener Lebenserfahrung zu setzen und sich dafür jeglicher Stilmittel zu bedienen, um die größtmöglichen Effekte zu erzielen. Während andere diesen Grundsatz hauptsächlich auf die Dichtung anwendeten (beispielsweise, indem nicht nach den Vorgaben aus dem chinesischen Mittelalter, wie sonst üblich, sondern entsprechend der sinokoreanischen Klanggestalt gereimt wurde), übertrug Pak Chiwŏn dies Prinzip auf die Prosa. Sein Meisterwerk, das im Zusammenhang einer 1780 angetretenen Chinareise entstandene monumentale «Tagebuch einer Reise nach Jehol» (*Yŏrha ilgi*), stellte mit seinen gezielten Einsprengseln von chinesischer Umgangssprache (*pai-hua*) und anderen offenbar aus der chinesischen Romanliteratur entlehnten literarischen Techniken in den ansonsten in dichtem klassischen Chinesisch geschriebenen Text ein Novum dar, das seine Mitwelt nachgerade skandalisierte. Der Text, der rasch in zahlreichen Abschriften kursierte, wurde zum Auslöser einer Gegenbewegung zur «Rektifizierung der Literatur» (*munch'e panjŏng*), und auf Druck konservativer Beamter forderte der Pak und seinen Freunden eigentlich wohlgesonnene König Chŏngjo eine Selbstkritik des Autors ein. Mit seinen scharfen, tief reflektierten Beobachtungen koreanischen und chinesischen gesellschaftlichen Lebens und materieller Kultur sowie mit seinen oft überaus humorvollen Darstellungen alltäglicher Szenen ist das *Yŏrha ilgi* auch jenseits von Stilfragen ein ungewöhnlich reiches Werk; es brachte seinem Autor den Status eines der bedeutendsten Literaten des vormodernen Korea ein.

Auf Koreanisch dichteten jedoch auch in dieser Ära nur wenige unter den Hochgebildeten. Das Kurzgedicht (*sijo*) war seit der Mitte des 17. Jahrhunderts in tiefere soziale Schichten gedrungen und nun hauptsächlich ein Ausdrucksmittel der Kurtisanen oder anonymer Dichter, die es durch realistische, oft auch humoristische Einschübe erweiterten und bereicherten; als Form hohen lyrischen Ausdrucks war es überlebt. Dafür wurde koreanischsprachige Dichtung nun erstmalig anthologisiert und damit als Kulturgut auf gleiche Stufe mit der chinesischsprachigen gestellt. Das Langgedicht (*kasa*), ebenfalls von einer lyrischen zu einer eher epischen Form gewandelt, fand nun reicheren Gebrauch; zu erwähnen ist beispielsweise die Entscheidung von Kim Ingyŏm (1707–?), Sekretär der Japan-Mission von 1763, seine Erlebnisse nicht nur auf Chinesisch, sondern in Form eines sich über 3500 Zeilen dehnenden *kasa* festzuhalten. Texte aller Art – berichtende, religiöse, ermahnende – wurden in dieser Form geschrieben, die sich besonders auch Frauen zu eigen machten.

Die sichtbaren Widersprüche des Statussystems, vor allem aber das Erstarken der «höfischen Professionellen» (*chungin*), führten überdies zu neuen literarischen Formen und der Partizipation breiterer Schichten an der Literaturproduktion. Angehörige der hauptsächlich in Seoul ansässigen *chungin* bemächtigten sich der chinesischen Schriftsprache und verfassten darin Gedichte, Erzählungen und Anekdoten, deren Gegenstandsbereich folgerichtig häufig das städtische Leben war. Natürlich begünstigten die Verhältnisse erst recht die Produktion koreanischsprachiger Erzählliteratur. Der Vertrieb entsprechender Holzblockdrucke scheint zumindest ab der Mitte des 19. Jahrhunderts profitabel geworden zu sein. Viele Erzählungen kursierten jedoch weiterhin in der Form von Manuskripten, die auch von Leihbüchereien unters Volk gebracht wurden.

Die populärsten Erzählstoffe wurden zudem mittels des von Trommeln begleiteten Ein-Mann-Theaters *p'ansori* verbreitet, bei dem sich Gesang, Rezitativ und mimisches Spiel abwechseln; dieses begann bereits im 18. Jahrhundert zu blühen und wurde teils vom Publikum auf Marktplätzen, teils von reichen Klienten getragen, die sich zu Hause durch solche Aufführungen unterhalten ließen. Inhaltlich sind die Stücke daher oft eine Mischung aus traditionellen Moralvorstellungen und ironisch-utopischen Träumen von einer besseren Welt, in der etwa – wie im berühmtesten seiner Art, der «Erzählung von Ch'unhyang» (*Ch'unhyang chŏn*) – eine Prostituierte und ein aufsteigender junger Yangban treue Liebe erleben können und Machtmissbrauch seine gerechte Strafe findet. Beim Maskentanz dagegen, der bei dörflichen Festen aufgeführt wurde, konnten Bauern ihre Ressentiments gegen die Yangban-Schicht entladen, deren Prätentionen sie in karnevalesker Manier verspotteten.

9.
«Sardelle zwischen Walen»: Im Strudel der Expansion imperialistischer Mächte (1864–1910)

Reformen für die Monarchie (1864–1875)

Als 1863 König Ch'ŏlchong kinderlos starb, wurde auf Betreiben seiner Mutter, Königinwitwe Cho, wieder einmal ein Kind auf den Thron gesetzt, der zwölfjährige Kojong (r. 1864–1907) aus einer Nebenlinie, die auf einen Sohn Sados mit einer Konkubine zurückging und im politischen Abseits gelebt hatte. Diesen Umstand wollte sich die Königinwitwe wohl zunutze machen, um in inzwischen gewohnter Weise die Macht auf ihren Clan zu konzentrieren. Kojongs Vater jedoch, bekannt als Hŭngsŏn *taewŏn'gun* («Königsvater») oder kurz als *der* Taewŏn'gun, hatte eigene Ambitionen und übernahm de facto die Regentschaft für seinen Sohn – zunächst bis 1866 gemeinsam mit Königinwitwe Cho, dann allein bis 1873. In diesen Jahren ergriff er eine Reihe energischer Maßnahmen, die das gestörte Machtverhältnis zwischen Yangban und Monarchie wieder zugunsten letzterer verschieben sollten. Dies war dringend geraten, sollte das Königshaus überleben: Die Dominanz der großen Yangban-Clans hatte zu einem Ausbluten sowohl der Staatsfinanzen als auch der Bauernschaft geführt; ein über weite Teile der Südprovinzen ausgedehnter Bauernaufstand von 1862 hatte klargemacht, dass die Bauern nicht weiter belastet werden konnten und die Korruption der lokalen Beamten unerträgliche Ausmaße angenommen hatte. Zu diesen innenpolitischen Problemen kam die äußere Bedrohung durch den westlichen Imperialismus, die zunächst insbesondere durch die Kunde von den Opiumkriegen in China wahrgenommen wurde, im Laufe der 1860er Jahre aber auch zu direkten Konflikten an Koreas Küsten und Wasserwegen führte (s. u.).

Der Taewŏn'gun war nicht nur klug genug, den Handlungsbedarf zu sehen, sondern auch besser in der Lage dazu, notwendige Schritte zu ergreifen, als das seine Vorgänger gewesen waren. Aus marginaler Position unversehens an die Macht gekommen, war er nicht in ein enges Beziehungsnetz von einflussreichen Persönlichkeiten eingebunden, konnte sich also gegen die Übermacht der Yangban zur Wehr setzen, ohne engen Vertrauten auf die Füße treten zu müssen. Ebensowenig war er, wie es für heranwachsende Kronprinzen sonst der Fall war, von klein auf in neo-konfuzianischer Staatsdoktrin unterrichtet worden, die die Legitimation des Königs eng an den Konsens mit seinen Beamten knüpfte. Und schließlich war er als Regent, anders als ein König, nicht in das ermüdende Hofzeremoniell eingebunden, sondern konnte sich konzentriert den Regierungsgeschäften widmen.

Die Reformen des Taewŏn'gun waren darauf ausgerichtet, die Staatsfinanzen zu stärken und dem Thron wieder mehr Autorität zu verschaffen. Zwei Maßnahmen waren es vor allem, die die ökonomischen Privilegien der Yangban beschneiden sollten: eine Umstrukturierung des Steuersystems, das auch Yangban-Haushalte mit der Tuchsteuer belegte, die als Ersatzleistung für den Militärdienst galt; und die Schließung eines Großteils der konfuzianischen Akademien (*sŏwŏn*), deren Ländereien bzw. zugeordnete Haushalte steuerfrei waren und die zudem auf lokaler Ebene oft als «Staat im Staate» fungierten. Nach mehreren Anläufen in den 1860er Jahren wurde durch eine Anzahl von Edikten 1871 die Schließung von allen bis auf 47 der etwa 1700 über das Land verstreuten Akademien durchgesetzt.

Auch bei der Personalrekrutierung scheute der Regent nicht davor zurück, angestammte Privilegien zu beschneiden: Um die Verwaltung effizienter und königstreuer zu gestalten, wurden nun wieder Eignung und Leistung stärker berücksichtigt als Fraktions- und Clanzugehörigkeit. Besonders dem Militär aber galt die Aufmerksamkeit des Taewŏn'gun; Sinekuren wurden eliminiert und die Posten so strikt nach Prüfungserfolg vergeben, dass in einem Fall sogar einem schießkundigen Sklaven das Recht zum Aufstieg gewährt wurde. Schließlich sollte durch symbolische Maßnahmen wie den Wiederaufbau des während der Hideyoshi-Invasionen niedergebrannten Kyŏngbok-Palastes und die Beschneidung extravaganter Statussymbole die königliche Autorität gegenüber den Yangban gestärkt werden.

Den Reformmaßnahmen war allerdings kein durchschlagender Erfolg beschieden. Zwar gelang es dem Regenten, seinen Führungsanspruch in einer Weise deutlich zu machen, wie es seit Beginn des Jahrhunderts keinem König mehr gelungen war. Um wirklich die Finanzen zu stabilisieren, waren die Reformen jedoch zu halbherzig. Das lag im Kern daran, dass die Monarchie nicht über genügend Instrumente verfügte, die lokale Administration – insbesondere das Eintreiben der Steuern – zu kontrollieren, und deshalb auf die Kooperation der Yangban-Schicht angewiesen war. Die eigentliche Ursache der finanziellen und sozialen Schieflage, die ungerechte Verteilung der Landsteuer, konnte er daher nicht beseitigen. So griff er zu problematischen fiskalischen Maßnahmen wie etwa der Prägung neuer, überbewerteter Münzen, dann dem Import chinesischer Kupfermünzen von geringem Metallwert, die zu gleichem Nennwert wie die koreanischen Kupfermünzen zirkulieren sollten; die daraus resultierende Inflation belastete die Bauernschaft noch stärker. Für eine grundlegende Reform der Verwaltungs- und letzten Endes der Sozialstrukturen fehlte es dem Taewŏn'gun sowohl an Vision als auch an Mitstreitern. So blieben entscheidende Erfolge aus, während er durch seine Geringschätzung konfuzianischer Normen Teile der Elite gegen sich aufbrachte.

Ihnen gelang es, Kojong davon zu überzeugen, dass sein Vater die moralische Basis der Dynastie gefährde, so dass er schließlich 1873 das Heft der Regierung selbst in die Hand nahm. Er trat an als idealistischer junger Mann, der dem in den vergangenen zehn Jahren von seinen Erziehern übernommenen Bild des gütigen Herrschers zu entsprechen trachtete; die Folge war, dass in kurzer Zeit die wenigen Effekte der Thronstärkung, die sein Vater zu erzielen vermocht hatte, wieder rückgängig gemacht wurden. Besonders fatal war seine Anfang 1874 nahezu im Alleingang getroffene Entscheidung, die chinesischen Münzen aus dem Umlauf zu nehmen, denn zwei Drittel der landesweit verfügbaren Staatsfinanzen bestanden aus dieser Währung und waren damit wertlos geworden. Kojong glaubte, zum Wohle des Volkes auf eigene Interessen verzichtet zu haben, doch die Inflation wurde durch diese Maßnahme nicht beendet, der Handlungsspielraum der Regierung hingegen extrem eingeschränkt. Das Resultat war Perspektivlosigkeit von Thron und Hof: Weder die pragmatischen Reformen des Taewŏn'gun noch Kojongs traditionsverpflichteter Idealismus hatten der Probleme Herr werden können. Politik wurde in der Folge zu einem unsicheren Lavieren in der Hoffnung, den status quo erhalten zu können.

Das Pochen an den Toren (1866–1882)

Im 19. Jahrhundert dehnte sich die Interessensphäre der westlichen imperialistischen Mächte, insbesondere Frankreichs, Russlands und Englands, aber auch der USA, nach Ostasien aus. Wenn auch Korea zunächst wenig Interesse auf sich zog, kam es doch seit den 1830er Jahren zu vereinzelten Besuchen westlicher Schiffe an Koreas Küsten; eine russische Schiffsexpedition verursachte 1854 einen Schusswechsel, dem einige Koreaner zum Opfer fielen. Doch nachdem sich 1854 Japan der amerikanischen Kanonenbootpolitik ergeben und seine Häfen geöffnet hatte und China im zweiten Opiumkrieg (1858–1860) zu weitreichenden Konzessionen gezwungen worden war, geriet schließlich auch Korea ins Visier. In die Zeit der Regentschaft des Taewŏn'gun fielen daher eine Reihe von Kontaktversuchen bzw. Konfrontationen. Die meisten davon fanden im Bereich der Insel Kanghwa statt, die der Mündung des nach Seoul führenden Han-Flusses vorgelagert ist und damit als Eintrittstor nach Korea gelten konnte.

Anfang 1866 kam der in Shanghai stationierte deutsche Kaufmann und Erkundungsreisende Ernst Oppert (1832–1903) zweimal mit einem englischen Raddampfer an die Küste von Kanghwa, um eine Aufnahme von Handelsbeziehungen zu erwirken, was ihm freilich nicht gelang. Er erfuhr jedoch wohl als erster Europäer außerhalb Koreas von der großen Katholikenverfolgung, die der Taewŏn'gun (nach ursprünglichen Plänen, sich französischer Hilfe gegen eventuelle russische Übergriffe zu versichern) kurz zuvor ins Rollen gebracht hatte; sie kostete Tausende von Katholiken das Leben, darunter neun von zwölf im Lande befindlichen französischen Missionaren. Ernst Oppert, den die freundlichen und neugierigen Reaktionen vieler Zufallsbegegnungen überzeugt hatten, dass der Widerstand gegen eine Öffnung des Landes nur auf höchster Ebene zu finden und dort auch zu brechen sei, machte 1868 gemeinsam mit einem französischen Missionar und einem amerikanischen Unternehmer noch den geschmacklosen und zum Scheitern verurteilten Versuch, den Taewŏn'gun mittels einer Schändung des Grabes seines Vaters zu erpressen. Auch die Drohgebärden eines 1870 aus Japan kommenden deutschen Kanonenbootes vor der koreanischen Südküste blieben unbeantwortet.

Von amerikanischer Seite erfolgte im August 1866 ein erster Vorstoß: Ein bewaffnetes Handelsschiff, die *General Sherman*, fuhr den Taedong-Fluss aufwärts bis P'yŏngyang, lief dort aber auf Grund und wurde von einer aufgebrachten Menge in Brand gesteckt; die gesamte Besatzung kam dabei um. Inzwischen hatte einer der überlebenden französischen Missionare, Felix-Clair Ridel (1830–1884), nach T'ien-chin in Nordchina fliehen können. Der in der Nähe stationierte französische Admiral Roze unternahm daraufhin im Oktober des gleichen Jahres eine Strafmission zur Insel Kanghwa, wo seine sieben Kriegsschiffe das administrative Zentrum zerstörten; an der Mündung des Han-Flusses jedoch wurden sie von der koreanischen Verteidigung zurückgeschlagen.

Ein weiterer Angriff auf die Insel Kanghwa erfolgte 1871 als verspätete amerikanische Antwort auf die Zerstörung der *General Sherman*. Inzwischen war freilich für eine bessere Befestigung und Verteidigung der Inselforts gesorgt worden, so dass auch die amerikanischen Kriegsschiffe trotz einiger militärischer Erfolge sich aufgrund der heftigen Gegenwehr schließlich zur Umkehr gezwungen sahen.

Der Taewŏn'gun feierte all diese Ereignisse als Siege und bekräftigte den Willen zur unbedingten Abwehr aller Westkontakte durch warnende Stelen, die er an markanten Punkten im Lande aufstellen ließ. Allerdings übersah er dabei, dass Korea am äußersten Rand der westlichen Interessensphäre lag und die abgewehrten Attacken nur Expeditionscharakter hatten. Japan jedoch hatte schon aus geographischen Gründen ernsthaftes Interesse an einer Öffnung Koreas.

Seit seiner eigenen Öffnung hatte Japan einen rapiden Wandlungsprozess durchgemacht, der sich in den als Meiji-Reformen bekannten institutionellen Neuerungen von 1868 niederschlug. Noch im selben Jahr begannen Versuche, den koreanischen Hof für eine neue Art der Beziehungen auf Basis der westlichen internationalen Ordnung zu gewinnen, die von koreanischer Seite jedoch als Bruch der Etikette und – nicht ganz zu Unrecht – als Affront empfunden wurden; man reagierte mit Kommunikationsverweigerung, die traditionelle japanische Niederlassung bei Pusan (Tongnae) wurde vom Proviant abgeschnitten und der Handel boykottiert. 1873 wurde in Japan der Beschluss, die Blockade militärisch zu brechen, erst in letzter Minute aus bestimmten innenpolitischen Erwägungen zurückgenommen. Stattdessen entschied man sich für diejenige Form der Ellbogendiplomatie, die im eigenen Fall zum Erfolg geführt hatte: Ein 1875 absichtlich provozierter Zwischenfall, der Beschuss des sich der koreanischen Küste nähernden Schiffes *Unyō*, wurde zum Vorwand genommen, 1876 mit etwa vierhundert Soldaten die Insel Kanghwa zu besetzen und ein Abkommen zu fordern. In realistischer Einschätzung der koreanischen militärischen Unterlegenheit, aber in der irrigen Annahme, damit keine substantiellen Zugeständnisse zu machen, entschied sich Kojong, darauf einzugehen.

Der am 27. Februar 1876 geschlossene Vertrag von Kanghwa war ein typischer ungleicher Vertrag nach westlichem Muster. Er sah die Öffnung von drei Häfen für den Handel mit Japan vor, Exterritorialität für japanische Siedler, freie Fahrt für japanische Schiffe in koreanischen Gewässern; ein Zusatzabkommen vom

August sicherte Japan weitere Handelsprivilegien. Damit begann Japans wirtschaftliche Durchdringung Koreas; vor allem aber waren Breschen in die Abschließung des Landes geschlagen, die bald spürbare Auswirkungen haben sollten.

Während die Verhandlungen über eine japanische Botschaft in Seoul nur mühsam vorankamen – erst 1880 wurde sie eröffnet –, schickte Korea 1876 und 1880 zwei Gesandtschaften nach Japan. Kim Hongjip (1842–1896), der Gesandte von 1880, war positiv beeindruckt von den Veränderungen des Landes. Aus der chinesischen Botschaft in Tōkyō brachte er zwei Traktate chinesischer Intellektueller mit, die die Aneignung westlicher Technologien und politischer Institutionen zum Zweck der Selbststärkung propagierten, eines davon war direkt auf die koreanische Situation bezogen. Auch der chinesische Hof, besorgt durch den Umstand, dass Japan sich bereits 1874 die Ryūkyū-Inseln einverleibt hatte, sandte Ermahnungen, zumindest für militärische Modernisierung zu sorgen. So nahm der Kreis reformorientierter Beamter am Hofe allmählich zu, und 1881 wurde eine Studiengruppe nach Japan gesandt, um in mehrwöchiger Rundfahrt die neuen Einrichtungen kennenzulernen. Eine weitere Gruppe reiste unter Kim Yunsik (1841–1920) ins nordchinesische T'ien-chin, um in einem dort neu eingerichteten Arsenal westliche Waffentechnik und -produktion zu erlernen. Das Ergebnis war eine Reorganisation des koreanischen Militärs und die Schaffung einer schmalen Elitetruppe unter einem (japanischen) Trainingsoffizier im Jahr 1881.

Ebenfalls durch chinesische Vermittlung kamen ab 1882 weitere Abkommen mit ausländischen Mächten zustande, die nicht zuletzt dem Zweck dienen sollten, den zunehmenden japanischen Einfluss auszutarieren. Der erste Vertrag mit einer Westmacht wurde 1882 mit den USA geschlossen; er enthielt manche für Korea günstige Bedingungen, beispielsweise die Festlegung hoher Einfuhrzölle, und war vor allem deswegen von Bedeutung, weil eine eher vage formulierte Klausel in Korea als unbedingte Verpflichtung der USA verstanden wurde, im Kriegsfall dem Vertragspartner zur Seite zu stehen. Es folgten Verträge mit Großbritannien und Deutschland (1883), Italien und Russland (1884), Frankreich (1886) und Österreich-Ungarn (1889).

Richtungskämpfe und chinesische Dominanz (1882–1894)

Die Öffnung des Landes für den Außenhandel war kein zielgerichteter und schon gar kein einvernehmlicher Schritt der Führung gewesen. Proteste erhoben sich vor allem von Yangban auf dem Lande, die nicht in der Lage waren, die geringen Erfolgschancen einer kriegerische Auseinandersetzungen in Kauf nehmenden Abschließungspolitik richtig einzuschätzen. Ausgerechnet der Taewŏn'gun, der ihnen mit seinen Reformen so zugesetzt hatte, wurde nun aufgrund seiner entschiedenen Ablehung jeder Öffnung ihr natürlicher Bündnispartner. Bereits 1881 versuchte er, mit Unterstützung dieser Schicht einen Machtwechsel herbeizuführen, der ihn wieder zum Zentrum der Autorität gemacht hätte; der Plan wurde jedoch im Frühstadium aufgedeckt und vereitelt.

Eine weitere Gruppe mit Grund zur Unzufriedenheit waren die alten Militäreinheiten, die vor allem an ausbleibender Bezahlung zu spüren bekamen, dass sie als Auslaufmodell galten. Als im Juni 1882 ein dreizehnmonatiger Soldrückstand in Form von Reis ausgezahlt werden sollte, der Reis aber mit Kies vermischt war, brach sich die Wut im als *imo kullan* (Militärunruhen des Jahres *imo*) bekannten Aufstand Bahn. Der zuständige Minister, wie viele Beamte in höheren Positionen ein Angehöriger des Min-Clans, dem Kojongs Frau entstammte, wurde umgebracht, die japanische Botschaft attackiert, der Palast besetzt und der König gezwungen, die Macht wieder an den Taewŏn'gun zu übergeben. Doch an diesem Punkt zeigte sich, dass koreanische Politik bereits nicht mehr ausschließlich im Land selbst gestaltet wurde. Der geflüchtete japanische Botschafter kehrte mit Truppen zurück, was wiederum eine chinesische Reaktion provozierte: Mit überlegenem militärischen Aufgebot wurden die Japaner in Schach gehalten, während der Taewŏn'gun nach T'ien-chin entführt wurde, wo man ihn bis 1885 festhielt. Der daraufhin geschlossene Vertrag von Inch'ŏn gab zwar Japan das Recht, Truppen zum Schutz seiner Botschaft in Seoul zu stationieren, doch China hatte sich zunächst als Schutzmacht Koreas behauptet. In der Folgezeit setzte das Ch'ing-Reich Berater für «internationale Angelegenheiten» auf der Halbinsel ein, darunter 1882–1885 den deutschen Sinologen Paul-Georg von Möllendorf (1847–1901), der zum Erstaunen seiner Auftraggeber jedoch im Interesse der koreanischen Unabhängigkeit agierte.

Der restabilisierte Hof verfolgte nun eine vorsichtige Selbststärkungspolitik, wobei die hohe Beamtenschaft, oft dem Min-Clan angehörig oder verbunden, sich gegen Veränderungen sträubte, die ins Fleisch der sozialen Strukturen geschnitten hätten. Vor allem in der niederen Beamtenschicht entstand dagegen eine Gruppe von Verfechtern rascher, tiefgreifender Reformen nach japanischem Muster. Fast alle hatten Japan mit eigenen Augen gesehen, so der als Schwiegersohn Ch'ölchongs besonders einflussreiche Pak Yŏnghyo (1861–1939); manche wie Kim Okkyun (1851–1894), Yu Kilchun (1856–1914), Yun Ch'iho (1865–1945) und Sŏ Chaep'il (1866–1951) waren mehrfach dorthin gereist oder hatten dort eine Zeitlang studiert. Kojong war ihrem Rat gegenüber offen und setzte einige ihrer Vorschläge um, darunter die Einrichtung eines Postsystems, doch die höhere Bürokratie opponierte gegen ihre Ideen (und gegen ihren persönlichen Aufstieg). In ihrer begründeten Ungeduld beschloss die Reformgruppe daher, sich mit Gewalt der Macht im Staat zu versichern. Ein schlecht geplanter Putsch, bekannt als *kapsin chŏngbyŏn,* i.e. Coup des Jahres *kapsin* (1884), bei dem sie sich auf die nur zögernd gewährte japanische Unterstützung verließen, führte zum Desaster: Die in Überzahl stationierten chinesischen Truppen beendeten den Staatsstreich, noch bevor die Reformer ihr ehrgeiziges Programm öffentlich verkündigen konnten. Den meisten von ihnen gelang es, mit den zurückweichenden japanischen Truppen außer Landes zu fliehen. Für die Reformbewegung war das ein fataler Rückschlag: Ihre Führer waren für ein Jahrzehnt von koreanischem Boden entfernt; durch die Anwendung von Gewalt hatten sie König Kojong brüskiert und sowohl ihre Ziele als auch Japan als Leitmodell einer Modernisierung moralisch diskreditiert.

Sowohl die Erz-Konservativen als auch die radikalen Reformer hatten sich nun durch voreilige Aktionen selbst ausgeschaltet; was blieb, war eine uninspirierte «Realpolitik» unter erdrückender chinesischer Dominanz. Ein chinesischer General, Yüan Shih-k'ai (bekannt als Präsident der chinesischen Republik 1912–1916), wurde als «Generaldirektor diplomatischer und wirtschaftlicher Beziehungen» eingesetzt. Statt allerdings für eine Stärkung Koreas zu arbeiten, was durchaus im langfristigen Interesse des Ch'ing-Reiches gewesen wäre, war er zufrieden damit, die temporären Interessen insbesondere der chinesischen Kaufleute zu befriedigen, die unter seiner Protektion in großer Zahl ins Land kamen und damit den japanischen Marktanteil langsam, aber kontinuierlich zurückdrängten.

Das Aussetzen von Reformen während des Jahrzehnts der chinesischen Präsenz im Lande bedeutete den Verlust kostbarer Zeit; immer weiter fiel Korea hinter den Entwicklungsstand seiner stärkeren Nachbarn zurück. Doch andererseits kann dieses Jahrzehnt auch als Besinnungspause gesehen werden, in deren Verlauf langsam ein Bewusstsein für die neue Situation des Landes, für die Notwendigkeit einer institutionellen und kulturellen Anpassung und nicht zuletzt für die positiven Aspekte der westlichen Zivilisation wachsen konnte. Während die Handelskontakte neue Güter ins Land brachten, machten die seit Mitte der 1880er Jahre einströmenden, vorwiegend protestantischen Missionare die Menschen mit sozialen Einrichtungen wie Krankenhäusern, Waisenheimen und allgemeinbildenden Schulen vertraut. Erst die dadurch vermittelte Anschauung einer eigenen, wenn auch anders gearteten moralischen Grundlage der abendländischen Zivilisation konnte den Boden für ihre Akzeptanz bereiten. Das relativ geringe Handelsaufkommen mit westlichen Nationen in dieser Phase bewirkte im Übrigen, dass die wirtschaftlichen Nachteile der Öffnung stark mit den Umtrieben der geographischen Nachbarn in Verbindung gebracht wurden, während der Westen eben vor allem durch die wohltätigen Aktivitäten der Missionare ins Bewusstsein rückte. Dies dürfte nicht unwesentlich zur ungewöhnlich hohen Bereitschaft zur Konversion beigetragen haben: Korea ist heute mit etwa dreißig Prozent Christen (im Süden des Landes) das am umfassendsten christianisierte Land Ostasiens.

Korea zwischen den Mächten

Die Ereignisse von 1882 und 1884 machten nur allzu deutlich, dass Korea seine Geschicke nicht mehr eigenständig steuern konnte: Es wurde zum Beutestück, um das ausländische Mächte sich stritten. Die einzige Chance des Landes, außenpolitisch zu bestehen, lag darin, diese Mächte in einer Weise gegeneinander auszuspielen, dass sich ihre Versuche der Einflussnahme neutralisierten. Genau dies war die Politik, die die von China eingesetzten ausländischen Berater – Möllendorf ebenso wie sein Nachfolger Owen Denny – dem gebeutelten Land empfahlen. So wuchs in den ersten Jahren der chinesischen Dominanzphase die Neigung bei Hofe, sich Russland anzuvertrauen. Das selbstbewusste Auftreten des russischen Botschafters Karl Waeber trug dazu bei, dass sich Anfang 1885 das Gerücht verbreitete, sein Land werde in großem Umfang Konzessionen von Korea erhalten. Großbritannien, stets um Eindämmung der russischen Expansion in Ostasien bemüht, reagierte darauf mit der Besetzung der Insel Kŏmun-do vor der koreanischen Südwestküste. Als Russland nun mit eigenen Gebietsbesetzungen drohte, griff schließlich China ein, und nach langen Verhandlungen zogen die englischen Truppen 1887 ab. Obwohl Russland 1888 einen Handelsvertrag erwirken konnte, der ihm ein paar territoriale Privilegien an der koreanischen Nordgrenze einräumte, war damit das Vordringen des nördlichen Nachbarn nach Korea zunächst blockiert.

Zugleich hatte sich der Ausgleich der Kräfte als wirksames Instrument erwiesen. Um in gleicher Weise Chinas Vormacht zu dämpfen, wurden daher 1887 Gesandtschaften in die USA und nach Europa geschickt. Doch solche «eigenmächtigen» Kontaktaufnahmen suchte das Ch'ing-Reich zu unterbinden: Die Gesandtschaft Pak Chŏngyangs in die USA wurde vor den Toren Seouls zwei Monate festgehalten, konnte allerdings schließlich ihre Reise fortsetzen; die Europa-Gesandtschaft dagegen kam nicht weiter als bis Shanghai, wo sie zurückgehalten wurde, bis die Finanzmittel aufgebraucht waren.

Währenddessen machte die ökonomische Durchdringung des Landes durch ausländische Handelsnetze vor allem den Bauern zu schaffen. Einer der entschiedensten Gegner des Vertrags von Kanghwa, Ch'oe Ikhyŏn (1833–1906), hatte 1876 gewarnt, dass der Auslandshandel zum Abfluss von Reis in großem Maßstab und zur Verschuldung vieler Bauern führen würde; genauso kam es. Zugleich musste die Bauernschaft natürlich die Kosten der Modernisierungsmaßnahmen und der diplomatischen Verbindungen tragen. In der Folgezeit begann ein Exodus aus den Nordprovinzen in die Mandschurei, später sogar nach Sibirien; in den Südprovinzen griffen Verelendung und eine wachsende antijapanische Stimmung um sich.

Diese Atmosphäre erwies sich als guter Nährboden für die religiöse Bewegung der «Östlichen Lehre» (Tonghak), eine synkretistische Glaubensrichtung, die, wie der Name schon nahelegt, in Resonanz auf die «westliche Lehre» des Christentums eigene spirituelle Ressourcen mobilisieren wollte, dabei aber auf im Kern christliche Vorstellungen wie die Gleichheit des Menschen vor Gott zurückgriff. Nach der Hinrichtung ihres Begründers Ch'oe Che–u (1824–1864) als Häretiker hatte sie im Untergrund operieren müssen. Die Umwälzungen der folgenden Jahrzehnte brachten ihnen in den Südprovinzen so viele Gefolgsleute, dass sie 1892 ans Licht treten konnten und mit Demonstrationen für die Rehabilitierung Ch'oe Che-us schließlich ihre Legalisierung erreichten. 1894 entlud sich die Wut der Bauernschaft über einen korrupten Magistraten im Südwesten Koreas in einer von der Tonghak angeführten Rebellion, die sich schnell Richtung Seoul weiterfraß. Trotz ihrer egalitären Grundideen verfolgte die

Tonghak-Bewegung dabei ein eher restauratives Programm, wie der Umstand zeigt, dass sie Rückhalt im Umfeld des Taewŏn'gun suchte. Die primären Forderungen waren die Beendigung der Kontakte mit Japan und Maßnahmen zur moralischen Säuberung des Regimes. Darstellung der Tonghak als sozialrevolutionäre Bewegung stützen sich auf «Quellen», die erst Jahrzehnte später geschrieben wurden.

In Panik forderte Seoul daraufhin Truppen aus China an. Aufgrund eines Abkommens von 1885 hatte Japan infolgedessen ebenfalls das Recht, Truppen zu senden. Sie erreichten Korea, als der Tonghak-Aufstand bereits niedergeschlagen war, doch standen sich nun auf koreanischem Boden Soldaten der zwei Länder gegenüber, deren Konkurrenz um wirtschaftliche Privilegien auf der Halbinsel einen kritischen Punkt erreicht hatte. Unter einem Vorwand griff Japan im Juli 1894 die chinesischen Truppen an; Anfang 1895 endete die Auseinandersetzung mit einem vollständigen Sieg Japans. Der Friedensvertrag von Shimonoseki löste Korea aus der chinesischen Einflusssphäre heraus; außerdem wurden Japan die Insel Taiwan und die südmandschurische Liao-tung-Halbinsel zugesprochen. Während Taiwan bis 1945 japanische Kolonie blieb, alarmierte die Abtretung der Liao-tung-Halbinsel allerdings die Westmächte: Russland, England und Deutschland erreichten in der «Dreifachen Intervention» die Rücknahme dieses Vertragspunktes.

Gleich zu Beginn des sino-japanischen Krieges besetzten die Japaner Seoul und erzwangen eine Umbildung des Kabinetts zugunsten der Kreise, die den Coup von 1884 durchgeführt hatten, sowie weitreichende Reformen, von denen unten noch die Rede sein wird. Die mehrheitlich dem Min-Clan nahestehenden Beamten, die die China-orientierte Politik des vorangegangenen Jahrzehnts mitgetragen hatten, wurden von den Schaltstellen der Macht entfernt. So musste sich Königin Min in ihrer Position besonders bedroht fühlen; und als nach der «Dreifachen Intervention» der Konsens bei Hofe wuchs, der japanischen Umklammerung durch eine Hinwendung zu Russland zu begegnen, galt sie als die treibende Kraft beim Austausch einiger zentraler japanfreundlicher Figuren mit Russland-orientierten Männern wie Yi Wanyong im Juli 1895. Japan wollte sich freilich die eben von China erstrittene Vorherrschaft in Korea nicht so einfach aus der Hand nehmen lassen. Verleitet von einer personalisierten Politikauffassung, ließ daher der japanische Botschafter in Seoul, Miura Gorō, im Oktober des Jahres Königin Min ermorden. Zwar wurde er deshalb in Japan vor Gericht gestellt, aber «mangels Beweisen» freigesprochen.

Der politische Mord hatte indes nur kurzfristig die erwünschte Wirkung eines erneuten Kabinettswechsels zu Japans Gunsten. Zusammen mit den nun vorangetriebenen weiteren Reformen löste er Proteste und Unruhen aus, die dem russischen Botschafter Waeber einen Vorwand in die Hand gaben, seine Botschaft mit russischem Militär zu schützen. Unter dessen Obhut begab sich im Februar 1896 der völlig eingeschüchterte Kojong. Ein ganzes Jahr lang regierte er von der russischen Botschaft aus. Der Preis für sein persönliches Sicherheitsgefühl waren zahlreiche wirtschaftliche Konzessionen, die an Russland, dann auch an andere Nationen vergeben wurden. Der Ausverkauf Koreas war nun in vollem Gange.

Die Jagd ausländischer Mächte auf Konzessionen in Korea, 1894–1898

Jahr	Land	Konzession
1894	Japan	Bau der Eisenbahnlinie Seoul–Pusan
1895	USA	Goldmine in Wŏnsan, P'yŏngan-do
1896	Russl.	versch. Bergwerke in Hamgyŏng-do
	Russl.	Holzrechte entlang des Yalu, auf Ullŭng-do
	Russl.	Anlage Kohlenspeicher auf Wŏlmi-do
	Frankr.	Eisenbahnlinie Seoul–P'yŏngyang
	USA	Bau der Eisenbahnlinie Seoul–Inch'ŏn
1897	Deutschl.	Goldmine in Kŭmsŏng, Kangwŏn-do
1898	Russl.	Kohlenspeicher auf Yŏng-do

Die Reformpolitik des Jahres *kabo* (1894) brachte die Männer des Kapsin-Coups zurück nach Korea. Pak Yŏnghyo etwa kehrte aus zehnjährigem Exil in Japan zurück, Yun Ch'iho und Sŏ Chaep'il hatten in der Zwischenzeit in den USA studiert, Yu Kilchun wurde von langjährigem Hausarrest befreit. Die Reformen, die sie und andere zwischen 1894 und 1896 beschlossen, betrafen weite Bereiche des politischen und sozialen Lebens. An erster Stelle stand die Verkündigung der nationalen Souveränität, d. h. die formale Beendigung des jahrhundertelangen Tributverhältnisses zu China, symbolisiert u. a. durch eine Kalenderreform (1894: Jahreszählung ab Dynastiegründung; 1896: Einführung des westlichen Kalenders). Eine Zentralisierung der Regierungsstrukturen, einschließlich der lokalen Administration, sollte für Effizienz und Transparenz sorgen; Militär und Polizei wurden reorganisiert. Eine neue Finanzbehörde erhielt die direkte Kontrolle über die landesweite Steuererhebung; Staatshaushalt und Palastfinanzen wurden getrennt. Die Vereinheitlichung der Währung und der Maße und Gewichte sowie die Einrichtung von Banken dienten der Erleichterung des Handels. Am bedeutendsten war aber wohl die Neuordnung der Sozialstruktur. Der Sklavenstatus wurde abgeschafft, die Unterschiede zwischen Yangban und gemeinem Volk wurden *de jure* eingeebnet. Die Aufhebung des Beamtenprüfungssystems alten Schlages, die Einführung moderner Schulen und der gleichberechtigte Zugang aller Bevölkerungsschichten zu politischen Ämtern machten die Basis der Chosŏn-zeitlichen Statusdistinktionen zunichte und eröffneten neue Aufstiegschancen. Die Rechte des Einzelnen wurden gestärkt durch die Abschaffung von Folter und Sippenhaft. Wiederheirat von Witwen war nun erlaubt, Heiraten im Kindesalter waren verboten, illegitime Söhne konnten ihre Väter beerben.

Freilich waren nicht alle Veränderungen konsensfähig. Der Umstand, dass sie unter japanischer Schutzmacht durchgesetzt wurden, erhöhte die Akzeptanz nicht. Vor allem ein eher symbolischer

Versuch, die Bevölkerung der westlichen Zivilisation anzunähern, stieß auf erbitterten Widerstand: das Ende 1895 erlassene Verbot der traditionellen Frisur verheirateter Männer, des auf dem Kopf gebundenen Haarknotens. Man braucht nicht auf Kastrationsängste zurückzugreifen, um zu erkennen, dass dies als Beschneidung der persönlichen Würde empfunden wurde – schließlich war das Aufstecken des Haars, die Bekappungszeremonie, für koreanische Männer der entscheidende *rite de passage* zur Einführung in die Erwachsenenwelt gewesen. Anders als in Japan, wo nach ebenfalls heftigem, aber nur kurzem Widerstand die westliche Haartracht sich allgemein durchsetzte, jedoch ähnlich wie in China, wo chinesische Männer den eigentlich mandschurischen Zopf erbittert verteidigten, wurde diese Order zum Auslöser für die Bildung von Partisanengruppen, die gegen japanische Truppen auf koreanischem Boden vorgingen. So war die Nation in Fragen des Wegs in die Zukunft wieder einmal tief gespalten.

Einig waren sich jedoch Reformer und Konservative in ihrem Unmut über Kojongs Verbleib in der russischen Botschaft. Dies brachte einer Organisation Zulauf, die sonst vielleicht marginal geblieben wäre, dem 1896 von Sŏ Chaep'il gegründeten Independence Club. Sŏ, der sich während seiner Studienjahre in den USA unter dem Namen Philip Jaisohn eingebürgert hatte, kehrte Anfang 1896 nach Korea zurück und gründete dort im April zunächst die erste echte Zeitung des Landes, den alle zwei Tage (später täglich) auf Koreanisch und Englisch erscheinenden *Independent* (*Tongnip sinmun*). Dahinter stand die Auffassung, dass der Reformversuch von 1884 in erster Linie an der mangelnden Unterstützung in der Bevölkerung gescheitert war und entscheidend für die Zukunft Koreas ein Bewusstwerdungsprozess sei. Aufgabe der Zeitung war es also in erster Linie, moderne Ideen zu verbreiten. Zugleich diente sie jedoch auch der direkten politischen Einflussnahme. Die Zustimmung, die sie in beiden Funktionen gewann, ermöglichte die Gründung des (organisatorisch weder mit Sŏ selbst noch mit der Zeitung verbundenen) Independence Clubs im Juli des gleichen Jahres.

Seine Mitglieder rekrutierte der Club zunächst aus ehemaligen oder noch aktiven Beamten, wobei sowohl westlich orientierte Reformer wie Yun Ch'iho und Yu Kilchun als auch eher konfuzianisch denkende Befürworter eines «mittleren Weges» wie Chang Chiyŏn, aber auch Opportunisten wie Yi Wanyong vertreten waren. Er öffnete sich jedoch rasch für die allgemeine Öffentlichkeit, so dass ihm Vertreter aller gesellschaftlichen Schichten, einschließlich Bauern, Arbeitern und Frauen, angehörten. Bis 1898 war er derart angewachsen, dass Zweigstellen in den Provinzen eingerichtet wurden. Das bei der Gründung gesetzte nominelle Ziel war symbolischer Art: die Errichtung eines «Unabhängigkeitstores» an eben der Stelle, an der zu Beginn des Jahres 1895 das «Willkommenstor», an dem chinesische Gesandtschaften traditionellerweise begrüßt wurden, niedergerissen worden war. Die gemeinsamen politischen Ziele bestanden in der Eindämmung ausländischer Einflüsse, der Rückkehr Kojongs und der Unterlassung weiterer wirtschaftlicher Konzessionen an fremde Mächte. Zugleich wurde der Club zumindest von seinen progressiven Mitgliedern als Organ der Verbreitung und Einübung demokratischer Ideale und Prozesse verstanden: Das Procedere war bestimmt von Wahlen und Mehrheitsentscheidungen, bei den öffentlichen Versammlungen in der 1897 eingerichteten «Unabhängigkeitshalle» wurde eine neue Diskussionskultur erprobt.

Club und Zeitung erzeugten gemeinsam eine politische Öffentlichkeit, die in vielen Fragen als Korrektiv wirken konnte. Auf ihren Druck hin kehrte Kojong im Februar 1897 aus der russischen Botschaft zurück und wurde, als weitere Beschwörung der Unabhängigkeit, im Oktober zum Herrscher eines «Groß-Koreanischen Kaiserreiches» (*Taehan cheguk)* ernannt (so dass die Chosŏn-*Zeit*, wenn auch nicht die Yi-*Dynastie*, eigentlich in diesem Jahr ein Ende fand). Greifbarere politische Erfolge bestanden in der zeitweisen Entmachtung korrupter oder reaktionärer Beamter und der Rücknahme der ein oder anderen Konzession. Wirkungsvoll war überdies eine konzertierte Aktion gegen ausländische (vor allem russische) Berater Anfang 1898, die allerdings zur Folge hatte, dass auch der amerikanische Staatsbürger Sŏ Chaep'il das Land verlassen musste.

Kojong empfand den Club zunächst als Unterstützung gegen Bedrohungen von außen und Eigeninteressen verfolgende Beamte von innen. Doch glaubte er, die eigene Position nach wie vor am besten durch eine Balance der Machtgruppen sichern zu können; so fanden sich viele der vom Club entmachteten Beamten bald wieder in anderen hohen Positionen. Durch die wachsende Gegnerschaft des Hofes verlor der Club gemäßigte Mitglieder; eine Radikalisierung war die Folge. Als der Club im Oktober 1898 auf einer Massendemonstration ein Sechs-Punkte-Programm unterbreitete, das auf eine konstitutionelle Monarchie hinauszulaufen schien, begann der Monarch an der Loyalität des Clubs zu zweifeln, und als sich im Dezember Gerüchte verbreiteten, nach denen Pak Yŏnghyo als Präsident einer Republik ausersehen sei, löste er den Club schließlich auf.

Die Kolonialisierung Koreas

Damit war die politische Kraft, die am ehesten geeignet gewesen wäre, die Widerstandskraft des Landes zu steigern, ausgeschaltet. Währenddessen versuchten sowohl Russland als auch Japan, ihren Einfluss in der Region auszudehnen. Ein Abkommen von 1898 über beiderseitigen Verzicht auf Einmischung in interne koreanische Angelegenheiten hinderte weder Japan an seiner ökonomischen Expansion auf der koreanischen Halbinsel noch Russland an wiederholten Versuchen, Land für Besiedlung und Häfen in Korea zu leasen, die jedoch jedes Mal an japanischem Widerstand scheiterten. Die Niederschlagung des anti-westlichen Boxeraufstands in China 1900 nahm Russland zum Anlass, auf Dauer Truppen in der Mandschurei zu stationieren, und machte damit seine expansiven Absichten klar; im Gegenzug schloss Japan 1902 einen Vertrag mit England, in dem japanische Interessen in Korea und englische Interessen in China anerkannt wurden. Verhandlungen zwischen Russland und Japan über eine Aufteilung der Interessengebiete

Mandschurei und Korea blieben jedoch erfolglos. Mit einem Überraschungsangriff auf den russischen Hafen in Port Arthur begann Japan im Februar 1904 den «Russo-Japanischen Krieg», den es zum Erstaunen der westlichen Beobachter im Laufe zäher Kämpfe 1905 für sich entscheiden konnte.

In dieser Situation bestätigten im Juli 1905 die USA im Gegenzug für die Anerkennung ihrer Interessen auf den Philippinen Japans Interessen in Korea (Taft-Katsura-Abkommen). Der im September 1905 geschlossene Friedensvertrag mit Russland ließ Japan auch von dieser Seite freie Hand für «Führung, Schutz und Kontrolle» Koreas, darüber hinaus für wirtschaftliche Aktivitäten in der Mandschurei. Nun waren alle anderen an Korea interessierten Mächte ausgeschaltet; der Weg zu Annexion der Halbinsel war frei.

Sie geschah in kleinen Schritten, denn in Japan herrschte durchaus kein Konsens über das weitere Vorgehen. Eine direkte Kolonialisierung Koreas hielten manche für zu aufwendig, darunter auch der ehemalige Premierministier Itō Hirobumi, Architekt nicht nur der japanischen Verfassung von 1889, sondern auch des Aufstiegs seines Landes zur Weltmacht. Als Beauftragter der japanischen Regierung zwang Itō im November 1905 Korea unter physischer Gewaltanwendung gegen den Hüter des Staatssiegels einen Vertrag ab, der das Land zum japanischen Protektorat erklärte.

Dies bedeutete in erster Linie die Übernahme jeglicher Außenbeziehungen durch Japan. Die Verwaltung des Landes wurde mit japanischen Funktionären durchsetzt, so dass man von dieser Phase als Zeit der «Regierung durch Berater» spricht. Itō selbst wurde japanischer Generalgouveneur Koreas, nominell eine Position, die direkt unterhalb des koreanischen Kaisers stand. De facto konnte sich der Kaiser gegen die von Itō gestaltete Politik nur in erbitterten Wortgefechten zur Wehr setzen.

Kojong sah seiner Entmachtung natürlich nicht ungerührt zu. Am 1. Februar 1906 veröffentlichte die Tageszeitung *Taehan maeil sinbo* einen Offenen Brief des Kaisers, in dem er festhielt, dass er dem Vertrag nicht zugestimmt hatte, und um Unterstützung durch die Weltmächte bat. Einer Delegation, die er 1907 heimlich zur Friedenskonferenz in Den Haag entsandte, um die nämliche Bitte vorzutragen, wurde mit der Begründung, dass Korea ja das Recht verloren habe, sich nach außen zu vertreten, die Anhörung verweigert. Sein hilfloser Aktionismus machte den Kaiser jedoch zu einer lästigen Bürde für das Generalgouvernement, so dass man ihn im Sommer 1907 zur Abdankung zugunsten seines bekanntermaßen schwach begabten Sohnes Sunjong zwang. Dieser Schritt erleichterte das Zustandekommen eines weiteren Abkommens im gleichen Jahr, das die innere Verwaltung nun offiziell unter die Führung Japans stellte; anstelle von Beratern wurden japanische hohe Beamte mit eigener Befehlsgewalt tätig. In der Folge wurden das koreanische Militär aufgelöst, der Polizeiapparat verstärkt und weitere Voraussetzungen für die wirtschaftliche Vereinnahmung geschaffen. Nachdem Itō Hirobumi, der sich in seinem Glauben, die koreanische Mehrheitsmeinung für eine «Kooperation» mit Japan gewinnen zu können, getäuscht sah, im Juni 1909 als Generalgouverneur abgedankt hatte (im Oktober 1909 wurde er ironischerweise von einem koreanischen Patrioten, An Chunggŭn, ermordet), wurde der Weg frei für die gänzliche Kolonialisierung des Landes. Terauchi Masatake, im Mai 1910 als neuer Generalgouverneur berufen, ersetzte die koreanische Polizei durch japanische Gendarmerie, ließ sämtliche koreanischsprachigen Zeitungen einstellen, Dissidenten verhaften und patriotische Vereinigungen auflösen, bevor am 29. August der eine Woche zuvor mit Premierminister Yi Wanyong formulierte Annexionsvertrag und die Abdankung Sunjongs verkündet wurden.

Die Bandbreite der koreanischen Proteste gegen die schrittweise durchgeführte Kolonialisierung Koreas reichte von Selbstmorden aus konfuzianischem Loyalitätsdenken über Demonstrationen und Geschäftsschließungen bis zum bewaffneten Widerstand in Form von Partisanenkämpfen, der durch den Zulauf von Angehörigen des aufgelösten Militärs 1907 einen Höhepunkt erreichte. Andererseits ließen sich auch viele Mitglieder der Führungsschicht durch von Japan verliehene Ämter und Titel ruhigstellen. Während aus der Sicht einer nationalistischen Geschichtsschreibung die Akteure dieser Ära daher in Patrioten und Vaterlandsverräter zu zerfallen schienen, muss man bei der Bewertung des Verhaltens einzelner Persönlichkeiten in Erinnerung behalten, wie stark Japan in den vorangegangenen Jahrzehnten mit einem erfolgreichen asiatischen Weg in die Moderne identifiziert worden war. So drückte der Name der bedeutendsten pro-japanischen Vereinigung der Protektoratszeit, der vielgeschmähten *Ilchinhoe* oder «Vereinigung für gemeinsames Vorwärtsschreiten», sicher eine genuine Überzeugung mancher ihrer Mitglieder aus, während andere sich aus opportunistischen Gründen angeschlossen haben mögen.

Die Einstimmung auf ein neues Zeitalter

In der zweiten Hälfte des 19. Jahrhunderts war ganz Ostasien einem nahezu fiebrigen Wandlungsprozess unterworfen. Geographisches und politisches Weltbild, ethische Werte und soziale Normen, darunter besonders das Verständnis von Wissen und Bildung und das Verhältnis der Geschlechter, mussten rekonfiguriert werden. Aufgrund seiner späten Initiation in die neue Weltordnung war dieser Prozess für Korea noch komprimierter; dafür konnte auf die Verarbeitung des neuen Weltwissens durch chinesische und vor allem japanische Intellektuelle zurückgegriffen werden. So fußt Yu Kilchuns bahnbrechende Einführung in die neue Gedankenwelt, die in den Jahren seines Hausarrests zwischen 1885 und 1894 verfassten «Nachrichten einer Westreise» (*Sŏyu kyŏnmun*), auf dem Werk *Seiyō jijō* («Verhältnisse des Westens», 1866) von Japans großem Vordenker Fukuzawa Yukichi (1834–1901), bei dem Yu studiert hatte. Von noch größerer Bedeutung für ein hellhörig gewordenes koreanisches Publikum war das Schrifttum des chinesischen Reformpolitikers Liang Ch'i-ch'ao (1873–1929), das ab dem Beginn des 20. Jahrhunderts weite Verbreitung in Ostasien fand. In großer Eile versuchten koreanische Intellektuelle seit 1880, den Vorsprung der Nachbarländer aufzuholen, und ab ca. 1895 entstanden erst einzeln, dann in großer Zahl und Geschwindigkeit die Institutionen, die zur Bewusstseinsbildung des modernen Nationalstaats gehören: Zeitungen und Zeitschriften, moderne Bildungseinrichtungen und (vermehrt ab 1904) politische und wissenschaftliche Organisationen.

All diese Einrichtungen trugen zu der vielleicht bedeutsamsten Neuerung des Geisteslebens dieser Zeit bei, der Ablösung des Chinesischen durch Koreanisch als Medium der schriftlichen Verständigung. Die Tragweite, aber auch die Ironie dieser Reform wurde augenfällig im wohl wichtigsten frühen Publikationsorgan, der bereits erwähnten *Tongnip sinmun* («The Independent»). Denn diese Zeitung machte es sich zum Gebot, kein einziges chinesisches Zeichen zu drucken; ausdrücklich wurde in der ersten Ausgabe erklärt, dass Zuschriften, die sich daran nicht hielten, nicht veröffentlicht würden. Doch zugleich verwies der englischsprachige Teil der Zeitung auf Englisch als neue *lingua franca:* Die Ablehnung der historisch tief verwurzelten Anbindung an die chinesische Kultur kam eben nicht aus ohne Rückgriff auf ein anderes leitendes Wertesystem. Den Verhältnissen angemessener war daher vielleicht der gemischte Schreibstil, der schriftchinesische Phrasen in koreanischsprachige Sätze einbettete, wie er von den meisten reformorientierten Publikationen dieser Zeit bevorzugt wurde. Das Bedürfnis nach Vereinheitlichung der koreanischen Schriftsprache brachte verschiedene linguistische Studien hervor; besonders verdient machte sich in diesem Bereich der Pädagoge und zeitweilige Redakteur des *Tongnip sinmun*, Chu Sigyŏng (1876–1914).

Nicht zufällig war Chu Sigyŏng ein Absolvent der Paejae-Schule, die 1885 vom U.S.-Methodisten H.G. Appenzeller gegründet worden war. Sie gilt vielen als erste moderne Bildungsstätte, wobei allerdings übersehen wird, dass bereits 1883 die Stadt Wŏnsan, eine der von Japan neu geöffneten Hafenstädte, auf Betreiben der dortigen Händlervereinigung eine Schule einrichtete, in der Wissen der *sirhak*-Tradition zugleich mit moderner Geographie, internationalem Recht und Japanisch vermittelt wurde. Dennoch boten amerikanische Missionare zunächst die größte Unterstützung für den Drang nach neuartiger Bildung, bis nach 1894 der koreanische Staat, und besonders ab 1905 auch koreanische Privatleute in größerem Maße neue Schulen zu gründen begannen. Wichtigster Impuls der Missionarsschulen war die Idee des Rechtes auf Bildung für alle, insbesondere auch für Mädchen, die sich in der Gründung der Ehwa-Mädchenschule 1886 ausdrückte; die darauf zurückgehende Ewha-Universität ist noch heute die prestigeträchtigste Frauenuniversität des Landes. Dies und die höchst sichtbaren Aktivitäten der Missionarinnen, die wohl oft selbstbewusster in der Öffentlichkeit agierten, als das in ihren Herkunftsländern der Fall gewesen wäre, trugen hier wie anderswo in Ostasien zu einer engen Verbindung der Frauenfrage mit dem Modernisierungserfolg bei: In der Stärke ihrer Frauen schien für viele das Erfolgsgeheimnis der westlichen Mächte zu liegen.

Andere sahen den Schlüssel in der Konsistenz der westlichen Religion oder aber in der Überlegenheit westlicher Wissenschaft. Entsprechend stark war die Anziehungskraft des Christentums, aber es gab auch Versuche, aus den eigenen spirituellen Wurzeln eine ähnliche Kraft zu ziehen. So bemühten sich Gelehrte wie Pak Ŭnsik (1859–1925) und Mönche wie Han Yongun (1879–1944) um Reformen des Konfuzianismus bzw. Buddhismus, die sozial relevante Aspekte gegenüber dem Ideal der Selbstvervollkommnung in den Vordergrund rückten. Zudem begannen neue, oft synkretistische Religionen mit charismatischen Führern und diesseitsbezogenen Heilsversprechen zu sprießen, ein Vorgang, der bis weit ins 20. Jahrhundert anhielt. Dem Versuch, die Nation durch Verbreitung von Wissen zu stärken, dienten «wissenschaftliche Gesellschaften» (*hakhoe*), die häufig regional organisiert waren und vielbeachtete Zeitschriften herausgaben. Mit ihren klaren patriotischen Zielen können etliche dieser Vereinigungen, wie etwa die 1906 gegründete *Sŏ-u hakhoe*, auch als politische Organisationen gelten. Denn explizit diesen Zielen gewidmete Gruppen wie die *Taehan chagang hoe* («Verein zur Selbststärkung Koreas», 1906) oder die *Sinminhoe* («Neuer Bürgerverein», 1907) wurden meist nach kurzer Zeit vom Generalgouvernement aufgelöst.

Zu den Paradigmenwechseln dieser Zeit gehörte das sich allmählich ändernde Verständnis von Literatur. Der Roman, als die leitende Kunstform des Westens wahrgenommen (was für das 19. Jahrhundert ja auch zutraf), galt wie in Japan und China als Mittel der geistigen Erhellung der Volksmassen. Aufklärergestalten wie Chang Chiyŏn, Pak Ŭnsik und Sin Ch'aeho (1880–1936) nutzten um die Jahrhundertwende die Erzählform, um das Bild patriotischer Heldengestalten Koreas wie des Westens zu verbreiten. Diese Aufwertung des Romans ermöglichte zugleich das Berufsbild des Schriftstellers. Pioniere eines solchen Schriftstellerdaseins waren Yi Haejo (1869–1927) und Yi Injik (1862–1916), dessen «Tränen von Blut» (*Hyŏr-ŭi nu*, 1906) als der erste «neue Roman» gilt. Die neue Form zeichnete sich aus durch zeitgenössisches Setting, Gesellschaftspanoramen statt des Einzelhelden, Verzicht auf übernatürliche Lösungen für menschliche Probleme und einen aufklärerischen Anspruch, arbeitete allerdings noch nicht mit dem psychologischen Realismus des «modernen Romans», als dessen Beginn Yi Kwangsus (1892–?) «Schicksal» (*Mujŏng*) von 1917 gesehen wird. Die Druckmaschinen westlichen Typs, die ab Ende des 19. Jahrhunderts im Zusammenhang mit der Schaffung einer Presse eingeführt wurden, sorgten außerdem für eine billige Verbreitung der neuen und traditionellen Romanliteratur, wobei auf den Umschlägen klar zwischen «Neuem Roman» (*sinsosŏl*) und «Altem Roman» (*kodae sosŏl*) unterschieden wurde.

Seit den 1890er Jahren war durch die zunehmende Bedeutung des Handels eine Bürgerschicht entstanden, die vermutlich einen Gutteil der Leserschaft dieser Literatur stellte und zudem die bis dahin stets wandernden Maskentanz-Künstler so patronisierte, dass an einzelnen Orten nun feste Truppen entstanden. Zugleich entwickelte sich aus dem *p'ansori* eine hybride Theaterform, «Singspiel» (*ch'anggŭk*) genannt, bei der die Erzählstoffe dramatisch umgearbeitet und in verteilten Rollen vorgetragen wurden.

Bald nahm sich das *ch'anggŭk* auch moderner Themen an und ging eine enge Symbiose mit dem «neuen Roman» ein. Diese Entwicklung war von größerer Bedeutung für die koreanische Kulturgeschichte, als man angesichts der kurzen Blütezeit von *ch'anggŭk* und *sinsosŏl* während des frühen 20. Jahrhunderts vermuten mag. Die beiden Formen gingen nämlich neue Wege in der Verbindung von Unterhaltung und Botschaft, von Elite- und Populärkultur und leisteten damit vielleicht mehr als durch ihre Inhalte dem Bewusstseinswandel Vorschub.

Ein erheblicher Teil der Kulturproduktion fand allerdings immer noch im Medium des Schriftchinesischen statt. Nach wie vor finden sich wesentliche Spuren der Gedankenwelt dieser Zeit in den Gesammelten Werken (*munjip*) von Beamten und Gelehrten wie Pak Kyusu, Kim Yunsik (1835–1922), Kim T'aegyŏng (1850–1927) und anderen. Bedeutende Einzelwerke wurden vor allem im Bereich der Geschichtsschreibung verfasst, wie etwa die «Annalen des Großen Han-Reiches» (*Tae-Han kyenyŏn sa*) des patriotischen Aktivisten Chŏng Kyo (1856–1925) oder «Maech'ŏns Inoffizielle Aufzeichnungen» (*Maech'ŏn yarok*) von Hwang Hyŏn (1855–1910), der aus dem ländlichen Rückzug heraus die Wirren seiner Zeit beobachtete.

10.
Die Zeit der Demütigung: Korea als japanische Kolonie

Hwang Hyŏn war einer derjenigen, die anlässlich des Protektorats- bzw. des Annexionsvertrags in einer Mischung aus neuzeitlichem Patriotismus und konfuzianischer Loyalität zur untergegangenen Dynastie ihrem Leben selbst ein Ende setzten; berühmt sind die vier «Abschiedsgedichte» (*Chŏlmyŏng si*), in denen er die Unmöglichkeit beklagte, in diesen Zeiten seinen Idealen getreu weiterzuleben. Als alte Kulturnation, die seit mindestens tausend Jahren durch ein Bewusstsein ethnischer Zusammengehörigkeit als Staat gefestigt worden war und einen vierzigjährigen Kampf um das nationale Überleben hinter sich hatte, traf Korea das Schicksal der Kolonialisierung besonders hart – anders als etwa Taiwan, das seit dem 17. Jahrhundert chinesische Kolonie gewesen war und 1947 eine neue, harsche Vereinnahmung durch die vor Mao Tse-tung fliehenden, festländischen «Nationalchinesen» erlebte, so dass die Zeit als japanische Kolonie heute mit größerem Gleichmut betrachtet wird.

Im Vergleich mit der kolonialen Erfahrung anderer Weltregionen war das japanische Regime in Korea möglicherweise weder ungewöhnlich hart noch in höherem Grade ausbeuterisch. Die genannten Vorbedingungen, gekoppelt mit der alten und spannungsreichen Beziehung zu den japanischen «Räubern» oder «Zwergen», wie sie wechselweise bezeichnet wurden, führten jedoch zu einer besonderen psychologischen Belastung der koreanischen Bevölkerung. Dazu kam die geringe geographische Entfernung zwischen «Mutterland» und Kolonie, die erstens bewirkte, dass Korea eine hohe wirtschaftliche und strategische Bedeutung für Japan hatte, und zweitens für eine erhebliche personelle Durchdringung und damit für eine engmaschige Kontrolle der Kolonie sorgte. Schließlich führten diese und andere Faktoren zu der ab

1937 offiziell ausgerufenen Assimilationspolitik, bei der Korea kulturell Japan angeglichen und als eigene Nation eliminiert werden sollte. Besonders diese letzte, mit allen Grausamkeiten des Kriegszustands verbundene Phase hinterließ tiefe Wunden im koreanischen historischen Bewusstsein, deren Narben bis heute wahrnehmbar sind. Dazu kommt, dass die auch anderswo erfahrenen gesellschaftlichen Verwerfungen des Industrialisierungsprozesses für Korea in einer Zeit begannen, in der die Gestaltungsmacht über das eigene Schicksal verloren war. Die subjektive Erfahrung legte es daher nahe, Phänomene, die auch auf die plötzlich greifenden Mechanismen des Marktes zurückgeführt werden können, einseitig durch die Herrschaftsverhältnisse zu erklären. Die folgende Darstellung versucht eher, die historische Erfahrung der Unterdrückung nachzuzeichnen, die das nachbarschaftliche Verhältnis von koreanischer Seite so ausdauernd belastet, als den japanischen Modernisierungsanstrengungen gerecht zu werden, die durchaus als Basis des späteren südkoreanischen Wirtschaftserfolges gedeutet werden können – auch wenn unbestritten ist, dass die von Japan ergriffenen Maßnahmen stets das Eigeninteresse des «Mutterlandes» im Blick hatten.

Wirtschaften für das «Mutterland»

Japans wirtschaftliche Interessen an Korea bestanden bis Ende der 1920er Jahre in der billigen Lieferung von Nahrungsmitteln, Rohstoffen und Arbeitskräften für seine wachsende Industrie. Dies zeigt sich an einer Politik, die auf die Kontrolle der Landwirtschaft größten Wert legte. Landgewinn für die stark wachsende eigene Bevölkerung war zudem eins der Argumente gewesen, mit denen der Kampf um die Vereinnahmung Koreas nach innen begründet worden war. Um die Zuwanderung japanischer Bauern zu erleichtern, wurde eine die ganze Kolonie umfassende, von 1910 bis 1918 dauernde Landvermessung durchgeführt; sie ging einher mit einem Gesetz, das alle Landbesitzer zur genauen Angabe ihres Grundeigentums verpflichtete. Bei Abschluss des Projekts erfolgte die Verlautbarung, dass alles nicht den Behörden gemeldete Land dem Generalgouvernement zufallen sollte, womit der japanische Staat der größte Landbesitzer Koreas wurde. Das Land wurde billig an die 1908 vom japanischen Staat gegründete «Kolonialgesellschaft des Ostens» (Tōyō takushoku kabushiki kaisha) oder andere opportune Pachtherren weiterverkauft; unter anderem stellte man Angehörige des nun entmachteten koreanischen Beamtenadels mit Landgaben ruhig. Die von koreanischer Seite als Betrugsmanöver empfundene Landvermessung festigte zunächst die Gutsbesitzerklasse, indem alte Rechte auf Steuereinziehung in Landbesitz transformiert wurden, während die Kleinbauern einem sich im Laufe der Kolonialzeit verschlimmernden Enteignungsprozess unterworfen waren, oft von Teilpächtern zu Vollpächtern wurden, von Vollpächtern zu besitzlosen Brandrodern an den Rändern des Kulturlands, und schließlich in hoher Zahl auswanderten: Um 1940 waren 1,45 Millionen koreanischer Bauern in die Mandschurei übergesiedelt, etwa die gleiche Zahl koreanischer Arbeiter befand sich in Japan (davon ca. 800 000 als Einwanderer, der Rest als Wanderarbeiter).

Die Reisproduktion konnte aufgrund neuer Anbaumethoden, insbesondere Düngeverfahren, erheblich gesteigert werden: Zwischen 1912 und 1936 stieg sie um knapp 40%. Während die Großgrundbesitzer davon profitierten, sank gleichzeitig der Pro-Kopf-Konsum an Reis um fast 50% (ausgeglichen durch billigere Getreide wie Gerste oder Hirse), da dieser nach Japan ausgeführt wurde, wo er einen durch soziale Umstrukturierungen entstandenen Engpass auszugleichen half, der 1918 zu den «Reisunruhen» geführt hatte. Auch der Fischfang, 1912 per Dekret unter japanische Kontrolle gebracht, diente hauptsächlich der Deckung des Bedarfs im «Mutterland»: Alles Fanggut musste zu Festpreisen an staatliche Sammelstellen verkauft werden. Der Zweck dieser von Regierungsseite nach Belieben steuerbaren Importe war die Aufrechterhaltung billiger Industriearbeitskraft in Japan; zugleich schwächten sie allerdings die dortige Landwirtschaft und Fischerei, waren aus der Sicht der japanischen Bevölkerung also nicht unbedingt willkommen.

An Rohstoffen hatte Korea Holz, Kohle, Metalle, Minerale, Baumwolle, Rohseide und – ein besonders lukratives Handelsgut – Ginseng zu liefern. Der Bergbau wurde im Laufe des ersten Jahrzehnts der Kolonialherrschaft fast vollständig in japanische Hände gebracht; der Anteil koreanischer Minenbesitzer am landesweiten Abbau betrug 1920 verschwindende 0,3 %. Der Raubbau an den Wäldern des Landes, vor allem in den Nordprovinzen, wurde kaschiert, aber nicht im Mindesten ausgeglichen, durch Vorzeigeprogramme zur Aufforstung stadtnaher Gegenden. So belud man in Hafenstädten wie Wŏnsan die Schiffe nach Japan mit Holz, Reis und Erzen, um mit Fertigprodukten wiederzukommen.

Auch die industrielle Fertigung war weitgehend in japanischer Hand. Dafür sorgte schon die im Dezember 1910 eingeführte Genehmigungspflicht für alle Unternehmen. Gesetzlich festgeschriebene Staatsmonopole und die Kontrolle des Generalgouvernements über den Finanzmarkt durch die als Zentralbank fungierende japanische «Bank of Chōsen» (die an japanische Firmen günstigere Kredite gab) waren weitere Mittel, um die Entwicklung von Handel und Industrie zu steuern. Insgesamt bedeuteten die schlechteren Bedingungen, dass koreanische Unternehmen, die sich auf den Bereich der Leichtindustrie konzentrierten, meist klein (mit fünf bis zehn Beschäftigten) und unterkapitalisiert waren; bis Ende der 1920er Jahre waren mehr als 90% des gesamten Investitionskapitals in Korea in japanischer Hand. Dennoch ist die Kolonialzeit die Keimphase eines koreanischen Kapitalismus, und es konnten sich, in enger Symbiose mit dem japanischen Kapital, einzelne florierende Unternehmen bilden, die im ökonomischen Leben nach der Befreiung führend blieben.

Ab Ende der 1920er Jahre änderte sich die wirtschaftliche Funktion Koreas für die Kolonialmacht: Mehr und mehr wandelte es sich vom Absatzmarkt zum Investitionsgebiet und wurde einer raschen Industrialisierung unterworfen. Zunächst wuchs vor allem die Leichtindustrie (Textil, Nahrungsmittel wie Zucker und Mehl), ab 1937 staatlich gesteuert die Schwerindustrie. Die Zahl der Fabrikarbeiter verdreifachte sich zwischen 1931 und 1941, ähnliches trifft auf Bau-, Bergwerks- und Transportarbeiter zu. 1945 war Korea nach Japan selbst das höchst-industrialisierte Land Asiens.

Koloniales Zusammenleben: Segregation und Diskriminierung

Während die schmale Schicht der (potentiellen) Unternehmer mit der unerfreulichen Alternative von Kollaboration oder Ausgrenzung leben musste, erfuhr die Arbeiterschaft handfeste Diskriminierung in Form ethnisch (und nach Geschlecht) gestaffelter Arbeitslöhne. So betrugen die durchschnittlichen Tageslöhne eines japanischen Fabrikarbeiters das Doppelte seines koreanischen Kollegen und das Vierfache einer koreanischen Arbeiterin; war letztere noch nicht im Erwachsenenalter, erhielt sie gar nur ein Siebtel. Auch im öffentlichen Dienst verdienten Koreaner für die gleiche Arbeit meist ein Drittel bis zur Hälfte weniger als ihre japanischen Kollegen.

Allerdings enthalten diese Zahlen noch eine weitere Botschaft: die für eine Kolonialmacht keineswegs selbstverständliche Tatsache, dass ihre Angehörigen auch als Fabrikarbeiter in der Kolonie lebten (etwa ein Zehntel der Arbeiterschaft waren Japaner). Nur etwa die Hälfte der Japaner in Korea – im Jahre 1940 war ihre Zahl bis auf 70 000 und damit 3,2% der Gesamtbevölkerung angewachsen – war direkt oder indirekt für den Kolonialapparat tätig; die andere Hälfte fand ihr Auskommen in Landwirtschaft, Industrie und Handel. Die Interaktionssphären zwischen beiden ethnischen Gruppen und das komplexe Gefüge aus teils nachbarlichen, teils hierarchischen Beziehungen, die sich daraus ergaben, sind in der kollektiven Erinnerung überschattet von Segregation und der Beschneidung koreanischer Rechte und Entfaltungsmöglichkeiten.

In der Tat privilegierte bereits die rechtliche Situation die japanischen Bürger der Kolonie, da sie allein dem japanischen Recht unterstanden, nicht den für die Kolonie zusätzlich geschaffenen Gesetzen, wobei allerdings für das passive und aktive Wahlrecht das Residenzprinzip galt (wer in der Kolonie lebte, war ungeachtet der ethnischen Identität ausgeschlossen, während in Japan lebende Koreaner wählen durften). Gerade in den ersten zwei Jahrzehnten waren zudem höhere Positionen im Verwaltungsapparat für Japaner reserviert, und auch in anderen gesellschaftlichen Bereichen fanden sich Koreaner in der Regel am unteren Ende der Hierarchien wieder. Dies wurde verstärkt durch das Erziehungssystem, das zwar erstmalig eine Grundschulbildung auf breiter Basis förderte, so dass gegen Ende der Kolonialzeit etwa 60% aller Kinder im Grundschulalter auch die Schule besuchten, aber höhere Bildung mittels Quotenregelung weit überproportional Japanern vorbehielt, während für Koreaner eher technisches Training vorgesehen war. An der 1924 gegründeten Kaiserlichen Universität Keijō, der Vorläuferinstitution der heutigen National-Universität Seoul, studierten Ende der 1920er Jahre auf den Bevölkerungsanteil umgerechnet etwa hundertmal mehr Japaner als Koreaner. Unterhalb des College-Niveaus wurden koreanische und japanische Kinder in der Regel getrennt unterrichtet. Die in diesen Tatsachen ausgedrückte Separierung und Hierarchisierung der Ethnien fand ihren Niederschlag in der extrem geringen Zahl von Mischheiraten (nur etwa tausend während der gesamten Kolonialzeit).

So formidabel die japanischen Anstrengungen zur Bereitstellung von Grundbildung im Vergleich mit dem von ihnen vorgefundenen Zustand erscheinen können, so sehr verblassen sie im Vergleich zu den Aufwendungen für die Aufrechterhaltung der kolonialen Ordnung. Der neu eingerichtete Polizeiapparat zählte 1911 ca. 6000 Polizisten; bis 1941 hatte sich diese Zahl verzehnfacht, bei einer Gesamtbevölkerung von 24 Millionen. Der dafür verwendete Anteil am nationalen Budget stieg von 11,4% 1916 auf 18,4% 1918; 1921 war er wieder auf 12,3% gesunken, betrug aber immer noch mehr als die 7,4% für die allgemeine Verwaltung und die 3,2% für den Bildungssektor. Bemerkenswerterweise nahm mit dem Anwachsen der Ordnungskräfte auch die Kriminalitätsrate zu, was wohl nicht allein durch politischen Widerstand und strengere Gesetzesauslegung zu erklären ist, sondern auch mit einem durch rechtliche Diskriminierung und unfaire Verhandlungsmethoden erzeugten Empfinden der Rechtlosigkeit. Darüber hinaus dürften die zunehmende Verarmung und der Umbruch der Familienstrukturen im Zuge der einsetzenden Industrialisierung ihren Teil beigetragen haben.

Von der «Militäradministration» zur «Kulturadministration»: Politik des Widerstands

Das erste Jahrzehnt der Kolonialzeit unter den Generälen Terauchi Masatake und Hasegawa Yoshimichi war eine Phase strengen militärischen Regimes (*budan seiji*), die gekennzeichnet war durch die entschlossene Unterdrückung jedes Zeichens von Widerstand sowie extreme Beschneidung bürgerlicher Rechte wie Presse- und Versammlungsfreiheit. Eine einzige koreanischsprachige Zeitung – in der Funktion eines offiziellen Organs der Kolonialregierung – erschien in dieser Zeit, und nur wenige Zeitschriften und Bücher erhielten die notwendige Publikationserlaubnis. Politische Organisationen waren grundsätzlich verboten. Die militärisch ausgerüstete und mit weitgehenden Befugnissen ausgestattete Polizei überwachte die intellektuellen und gesellschaftlichen Führungsfiguren scharf, und bereits im Dezember 1910 begann eine erste Verhaftungswelle führender Nationalisten (der «Fall der Hundertfünf» nach der Zahl der 1911 schließlich verurteilten «Verschwörer»), die wirkungsvoll die geringe Toleranzschwelle des Regimes demonstrierte. Die Möglichkeit zu politischem Handeln war nun fast völlig beschränkt auf Exilgruppen in China, in der russischen Maritimen Provinz, auf Hawaii und an der amerikanischen Westküste, die jedoch wenig Gehör in ihren Gastländern fanden – zumal Japan willkommener Partner im Krieg gegen Deutschland war.

Das Ende des Ersten Weltkriegs jedoch wurde vielerorts als Einleitung des Endes des Imperialismus gedeutet. Woodrow Wilsons berühmtes 14-Punkte-Programm einer Nachkriegsordnung, das die «Selbstbestimmung der Völker» vorsah, die unter dem Vorzeichen von Wilsons Idee eines Völkerbundes im Januar 1919 eröffnete Versailler Friedenskonferenz und nicht zuletzt die russische

Revolution erzeugten eine Atmosphäre der Hoffnung auch bei koreanischen Intellektuellen, die sich vor allem in den Aktivitäten von Auslandsgruppen zeigte. Eine «Unabhängigkeitserklärung» von Aktivisten aus der Mandschurei erreichte Anfang Februar 1919 koreanische Studenten in Tōkyō, die ihrerseits eine ähnliche Erklärung verfassten und mit religiösen Führern in Korea – den einzigen möglichen Ansprechpartnern, da das Versammlungsverbot religiöse Gemeinschaften aussparte – in Kontakt traten.

Das Ergebnis war eine landesweite Bewegung, die mit einer Großdemonstration in Seoul am 1. März begann und deshalb nach diesem Datum benannt ist (kor. *Samil undong*). Der Zeitpunkt war klug gewählt, denn für den 3. März war das Begräbnis des am 22. Januar verstorbenen Kojong angesetzt worden. So erweckten die nach Seoul strömenden Massen keinen Verdacht bei den Behörden, mit der Alarmbereitschaft der Polizei war aber erst für den 3. zu rechnen.

Den Anfang machte die Verlesung einer von dem bedeutenden Publizisten Ch'oe Namsŏn (1890–1957) verfassten und von 33 führenden Persönlichkeiten wie dem Buddhisten Han Yongun, dem Haupt der inzwischen Ch'ŏndogyo («Himmelslehre») genannten Tonghak-Religionsgemeinschaft Son Pyŏnghŭi (1861–1922) und dem christlichen Erzieher Yi Sŭnghun (1864–1930) unterschriebenen Unabhängigkeitserklärung. Sie fand gleichzeitig in einem Restaurant in Seoul sowie in einem öffentlichen Park statt, gefolgt von Demonstrationen in Seoul und anderen Städten. Rasch griff die Bewegung auf Kleinstädte und Dörfer über; landauf, landab erscholl in den darauf folgenden Wochen und Monaten der auf die Zukunft der koreanischen Nation gemünzte «Hurra»-Ruf (*manse*, wörtl. «zehntausend Generationen»). Das Generalgouvernement reagierte mit eiserner Faust: Die in koreanischen Quellen gegebenen Zahlen von ca. 7500 Toten, 15 000 Verletzten und 45 000 Verhaftungen bis zum Ende des Jahres sind womöglich nicht übertrieben. Die Verfolgung örtlicher Anführer, bei der rücksichtslos Privathäuser und Kirchen in Brand gesetzt wurden, trug die koloniale Gewalt in alle Winkel des Landes.

Die Ereignisse waren von solchem Ausmaß, dass sie vor der Weltöffentlichkeit nicht verborgen blieben. In China dienten sie als ein Katalysator der antijapanischen Proteste vom 4. Mai, welche die nach diesem Datum benannte kulturelle Erneuerungsbewegung auslösten. Vor allem aber führten sie zu einer vielstimmigen internationalen Kritik an der brutalen Repression, der Japan sich nicht vollkommen verschließen konnte. Dazu kam, dass in Japan selbst gerade eine Phase vorsichtiger Demokratisierung einsetzte («Parteienregierung» 1918–1932, allgemeines Männerwahlrecht ab 1925); auch eine Kosten-Nutzen-Analyse mag eine Rolle gespielt haben. Jedenfalls wurde ein neuer Generalgouverneur (Saitō Makoto, im Amt bis 1927) eingesetzt und eine «Kultur-Administration» (*bunka seiji*) ausgerufen, unter der eine Reihe von diskriminierenden Maßnahmen und insbesondere Beschränkungen des kulturellen Lebens zurückgenommen wurden, um weniger durch offensichtlichen Zwang als durch subtilere Manipulations- und Kontrollmittel die Stabilität der Kolonie aufrechtzuerhalten.

So kam es zu einer bis Mitte der 1930er Jahre währenden Phase hektischer Blüte des Geistes- und literarischen Lebens. Trotz vielfältiger Zensurmaßnahmen ließ es sich nicht vollständig kontrollieren: Die hervorsprießenden Zeitungen und Zeitschriften, politischen, sozialen, religiösen und wissenschaftlichen Vereinigungen sowie neue Medien wie der Stummfilm (ab 1924) trugen zur Verbreitung von koreanischen Bildungsinhalten und der Aufrechterhaltung eines Nationalbewusstseins bei. Aus den sich weiter vervielfältigenden Bildungsinstitutionen gingen mehr und mehr junge Leute hervor, die die integralen Ungerechtigkeiten des kolonialen Systems zu analysieren imstande waren; manche gaben dieses Wissen in Abend- und Sommerschulen an Arbeiter und Bauern weiter.

Die sich formierende politische Szene kann man grob in zwei Richtungen einteilen: die gradualistisch orientierten Nationalisten und die auf eine Revolution abzielenden Linksgruppierungen, deren Grundorientierung freilich ebenfalls nationalistisch (und nicht etwa internationalistisch) war. Aufbauend auf den «Selbststärkungs-»Ideen der Aufklärungsperiode hatte die bürgerlich-nationalistische Richtung als Weg zur Unabhängigkeit das Heranreifen einer starken Mittelschicht vor Augen, die eine moderne Nation tragen könnte; dazu nahm sie (erfolglos) die Errichtung einer Nationalen Universität in Angriff und organisierte 1923 eine landesweite Bewegung zum Boykott japanischer Waren, die aber nach anfänglich großen Erfolgen allmählich erschlaffte.

Wie aus diesen Beispielen ersichtlich wird, hatte der Ansatz der Bürgerlichen den um ihr Überleben kämpfenden Massen wenig zu bieten; für viele Intellektuelle sah er zudem den von Japan propagierten Entwicklungsvorstellungen zu ähnlich. Das Scheitern der 1.-März-Bewegung trug zur Radikalisierung bei. So wuchs das linke Lager, das sich bereits nach der russischen Oktoberrevolution zu formieren begonnen hatte, in den 1920er Jahren rasch an. Innerhalb des Landes entstand eine Vielzahl von Studiengruppen, Jugendverbänden etc., die durch ihren dezentralen Aufbau an Zensur und Kontrolle vorbei ihr Gedankengut verbreiten konnten. Größere Organisationen konnten nur außerhalb der Kolonie entstehen. Zwei rivalisierende koreanische kommunistische Parteien existierten in Irkutsk und Shanghai, eine dritte formierte sich 1925 in Japan (wo sie 1931 aufgrund einer Komintern-Direktive in der Japanischen Kommunistischen Partei aufging).

Beide Richtungen gerieten schon bei der Gründung der koreanischen Exilregierung in Shanghai in Konflikt, einer Verbindung der nach der Niederschlagung der 1.-März-Bewegung fast gleichzeitig in Shanghai, Wladiwostok und den USA entstandenen Provisorischen Regierungen, die freilich nie die Anerkennung eines Drittlandes gewinnen konnte und, obwohl von den Nationalisten klar dominiert, schon ab Mitte der 1920er Jahre durch Flügelkämpfe an Funktionsfähigkeit verlor. Der Versuch einer Einheitsfront im Landesinneren führte 1927 zur Bildung des «Vereins Neues Korea» (Sin'ganhoe), der mit seinen 386 Zweigstellen 1929 bei der Ausweitung eines Konflikts in Kwangju zu landesweiten Schülerdemonstrationen und ebenso bei dem von Wŏnsan ausgehenden Generalstreik im selben Jahr eine Schlüsselrolle spielen konnte. Zur Erleichterung der japanischen Behörden löste sich der Verein 1931 aufgrund des Komintern-gesteuerten Rückzugs der Linken auf. Die unter Generalgouverneur Ugaki Kazeshige (1931–1936) wieder zunehmende Repression politischer Aktivitäten ließ das bürgerliche Lager verstummen, während die Sozialisten gänzlich in den Untergrund gedrängt wurden.

Von beiden Seiten her kam auch gewaltsamer Widerstand, der in der Regel jenseits der Landesgrenzen organisiert wurde. Rechtsnationalistisch einzuordnen sind Gruppen wie die 1926 von Kim Ku (1876–1949), einem führenden Mitglied der Exilregierung, gegründete Aeguktan («Patriotische Vereinigung»), die für Bombenattentate in Shanghai und Tōkyō verantwortlich war. In der Mandschurei formierten sich linke Guerilla-Truppen, die japanische Polizeistationen und Grundbesitzer in den angrenzenden nordkoreanischen Provinzen attackierten. Auch nachdem Japan 1931 die Mandschurei besetzt und dort den Marionettenstaat Manchukuo eingerichtet hatte, agierten manche dieser Truppen, darunter eine von Kim Il Sung (Kim Ilsŏng, 1912–1994) geführte Einheit, bis in die späten 1930er Jahre weiter.

Korea im Würgegriff: Assimilationspolitik und Krieg (1937–1945)

Mit Japans Einmarsch in die Mandschurei begann der Aufschwung des japanischen Militarismus, der in den Krieg gegen China ab 1937 mündete und schließlich in dem gewaltigen Expansionskrieg im Pazifik kulminierte, der 1941 mit dem Angriff auf Pearl Harbour begann. Ab 1937 wurde die japanische Gesellschaft in ein zunehmend totalitäres System gezwungen. Private Konzerne wurden unter Regierungskontrolle gebracht, und politische Parteien und Gewerkschaften zugunsten einer Einparteienherrschaft aufgelöst; das Volk wurde im Rahmen von Nachbarschaftsgruppen überwacht und mit der Ideologie von Japans Mission in der Welt – der Schaffung der «Groß-Ostasiatischen Wohlstandssphäre» – indoktriniert. Selbstverständlich waren die Kolonien von dieser totale Mobilmachung nicht ausgenommen.

Die koreanische Ökonomie wurde mit allen Mitteln auf die Deckung des Bedarfs für die Kriegsführung ausgerichtet. Die Reisproduktion wurde beispielsweise durch Pflichtdüngen in die Höhe geschraubt, während die Ernte zur Gänze abzuliefern war und Nahrungsmittel rationiert wurden. Schwer- und chemische Industrie produzierten Waffen, Munition und Ersatzteile. Die erhebliche Steigerung der Produktion wurde erzwungen durch eine Mobilisierung der Bevölkerung, die bald in unmittelbare Zwangsarbeit ausartete. Sie nahm ihren Anfang mit dem «Gesetz zur Generalmobilmachung der Nation» vom März 1938, das auch die Grundlage für die Integration der Nachbarschaftsgruppen in eine kommunale Überwachungsstruktur (ab 1940) schuf. Ab 1939 erschien eine Reihe von Folgegesetzen, die hinter die «Bewegung» immer mehr Druck setzten und Millionen koreanischer Arbeiter in die Bergwerke und kriegsrelevante Industrien zwang, teils in Korea selbst, teils in der Mandschurei, in Japan oder auf Sachalin. Auf der bei Nagasaki gelegenen Kohleabbau-Insel Hashima etwa, heute eine eindrückliche Industrieruine, schufteten während des Krieges fast nur koreanische und chinesische Zwangsarbeiter unter menschenunwürdigen Bedingungen. So kam es, dass den Atombombenangriffen auf die Städte Hiroshima und Nagasaki, die ja wegen ihrer Militärindustrie als Ziele ausgesucht worden waren, Zehntausende koreanischer Zwangsarbeiter zum Opfer fielen (zwischen 10% und 20% der Atombombenopfer waren Koreaner). 1938 begann auch die Aufstockung des Heeres durch koreanische «Freiwillige», die sich zunächst als Arbeiter und Wachen auf den Militärbasen wiederfanden, bei zunehmenden japanischen Verlusten aber auch die Reihen der regulären Soldatenschaft aufzufüllen begannen. 1943 wurde eine allgemeine Wehrpflicht für koreanische Männer eingeführt, während koreanische Frauen und Mädchen unter der Vorspiegelung, sie würden als gutbezahlte Krankenschwestern fungieren, zu Zehntausenden auf die Militärbasen verschafft und als sogenannte Trostfrauen in die entwürdigendste Form der Prostitution gezwungen wurden.

Die sich ab Beginn der 1930er Jahre wieder verschärfende Kontrolle politischer Aktivitäten wurde ab 1937 unter dem Schlagwort «Verschmelzung von Japan und Korea» (*Nai-Sen ittaika*) zum Programm gemacht. Existierende Organisationen jeder Art wurden aufgelöst und durch staatlich überwachte Massenorganisationen ersetzt, die zur allgemeinen Mobilmachung genutzt werden konnten. Vor allem in den Jahren des Pazifischen Krieges nahm die «geistige Mobilisierung» in Korea so wie in Japan selbst die Form der Gesinnungskontrolle an; Tausende auch politisch gänzlich inaktiver Intellektueller wurden als vermutliche «Gedankentäter» verhaftet. Angesichts der Gefahr mangelnder koreanischer Loyalität zum Tennō-System sollte zudem die Japonisierung der Kolonie durch eine Angleichung an japanische Gebräuche in allen Lebensbereichen erzwungen werden. Teilnahme am Shintō-Kult in überall im Lande errichteten Schreinen wurde ebenso Pflicht wie die morgendliche Tennō-Verehrung in Schulen und am Arbeitsplatz; besonders Christen wurden an der eigenen Religionsausübung gehindert und die Aktivitäten derjenigen westlichen Missionare, die bis jetzt ausgeharrt hatten, unterbunden. 1938 erfolgte die Verbannung der koreanischen Sprache aus Öffentlichkeit und Schulen, 1940 die Einstellung der letzten koreanischsprachigen Zeitungen (abgesehen von einem offiziellen Organ). 1941 folgte die flächendeckende Einführung der japanischen Lehrpläne, so dass Korea als Unterrichtsgegenstand aus den Schulen des Landes verschwand, und 1943 wurde der Gebrauch der koreanischen Sprache auch im Privatbereich verboten. Im Rahmen einer Ende 1939 begonnenen Kampagne zur Namensangleichung schließlich mussten Koreaner sich japanische Namen zulegen, wenn sie in den Genuss von Lebensmittelrationen kommen, zur Schule gehen oder eine Arbeit aufnehmen wollten; selbst die Post wurde an Empfänger mit koreanischem Namen nicht mehr ausgeliefert. In einer Gesellschaft, in der Clanzugehörigkeit und Deszendenz eine derart zentrale Rolle für die persönliche Identität spielten, konnte das schwerlich zur Popularität des japanischen Regimes beitragen.

Hätte das japanische Reich überdauert, hätten diese heute recht absurd anmutenden Maßnahmen ihren Zweck vielleicht dennoch zumindest teilweise erreichen können. An Widerstand war kaum zu denken; der Überlebenswille zwang zur Anpassung. Eine Familie, die ihren Namen nicht ändern wollte, musste beispielsweise zu allem anderen Ungemach damit rechnen, dass ihre Söhne als erstes zum Kriegsdienst eingezogen wurden. Assimilation dagegen wurde mit bestimmten, wenn auch gedeckelten Aufstiegsmöglichkeiten belohnt, und es bestand die Aussicht, im großjapanischen Reich immerhin Bürger zweiter Klasse (und nicht dritter oder vierter wie die neueroberten Völker) zu werden. In dem zunehmend japonisierten Umfeld, in dem manche städtischen Koreaner bereits ohne Koreanischkenntnisse heranwuchsen, verwischten sich zumindest für die bürgerlichen Schichten die Bestimmungsmerkmale des «Kollaborateurs». So konnte es geschehen, dass Intellektuelle wie Ch'oe Namsŏn und Yi Kwangsu, die zu Beginn der Kolonialzeit für die kulturelle Selbstbesinnung der koreanischen Nation gestanden hatten, sich nun vor den Karren des japanischen Imperialismus spannen ließen und für die Beteiligung am Krieg warben. Es gab für die kolonialen Subjekte eben auch das Angebot einer Identifikation mit Japan als asiatischer Großmacht, die es mit dem Westen aufnehmen konnte. Das änderte jedoch nichts an der tiefen inneren Abwehr, die der Versuch der Auslöschung aller Merkmale ethnischer Identität bei fortwährender Diskriminierung erzeugen musste, und so ist es vor allem diese letzte Phase der zwangsweisen Einbindung in einen immer offensichtlicher aussichtslosen totalen Krieg, die das Verhältnis Koreas zum japanischen Nachbarn auf viele Jahrzehnte hinaus vergiftete.

Moderne unter kolonialem Vorzeichen

Die begrenzte Einsicht in koreanische Verletztheiten, die man auf japanischer Seite im Allgemeinen (wenn auch beileibe nicht in jedem individuellen Fall) konstatieren muss, hat eine Ursache in den Ambivalenzen der Kolonialpolitik selbst, die wirtschaftliche Ausbeutung derart mit strategischem Ausbau der Kolonie verband, dass sie sich in vielerlei Hinsicht als Entwicklungsdiktatur beschreiben lässt. In seiner Zeit als Kolonie wurde Korea ein erstes

Stück weit in die Moderne katapultiert. Ein Indikator ist die sinkende Sterblichkeit, die die Bevölkerung zwischen 1910 und 1945 von 15 Millionen auf etwa 30 Millionen anwachsen ließ.

Die in Korea als so skandalös empfundene Landvermessung etwa steht im Zusammenhang mit der Einrichtung einer straffen, zentral gesteuerten Lokalverwaltung, einem Novum für das Land, das nicht nur eine bis dahin ungekannte staatlich Kontrolle in alle Winkel trug, sondern auch zur Angleichung örtlicher Lebensbedingungen und damit ironischerweise zur Bildung einer Nation im modernen Sinne beitrug. Ähnliches ließe sich für viele andere Bereiche der politischen und administrativen Verfasstheit des Landes sagen: Korea lernte unter japanischer Herrschaft moderne Herrschaftstechniken kennen, zu deren Etablierung die allzu schwache Monarchie unter Kojong nicht in der Lage gewesen war. Ähnlichkeiten zwischen den süd- und nordkoreanischen Formen der Diktatur in der zweiten Hälfte des 20. Jahrhunderts gingen wohl weniger auf das konfuzianische Erbe zurück, das vielfach als Erklärung herhalten muss, als vielmehr auf diese gemeinsame Prägung durch das koloniale System.

Ebenso augenfällig war der Modernisierungssprung im Bereich der materiellen Lebensbedingungen, der vor allem die koreanischen Städte betraf. Das ökonomische Wachstum, an dem Koreaner freilich nicht proportional partizipierten, hinterließ sichtbare Veränderungen: Inmitten der Ansammlungen strohgedeckter Hütten entlang morastiger Pfade erhoben sich nach und nach koloniale Prachtbauten; Kanalisation, Elektrifizierung, Straßenbau und Straßenbahnen veränderten das Stadtbild grundlegend. Häfen, Eisenbahnen und Überlandstraßen schufen neue Möglichkeiten der Mobilität. Zweifellos diente der Ausbau der Infrastruktur in erster Linie Herrschaftsinteressen (so ist es beispielweise kein Zufall, dass bereits in der Protektoratszeit ein Netz von Telefonleitungen gelegt wurde, das insbesondere die Polizeistationen verband), doch blieb er nicht ohne nachhaltigen Einfluss auf wirtschaftliche und soziale Entwicklungen ebenso wie auf das sich wandelnde Weltbild der kolonialen Subjekte.

Ein nicht zu unterschätzender Faktor dieses Wandels war auch die sich vor allem in der kulturellen Blütezeit der 1920er und 1930er Jahre entfaltende Medienwelt. Während in den frühen 1920er Jahren Zeitungen und Zeitschriften zunächst ideellen Zielsetzungen dienten und dafür meist aus externen Quellen finanziert werden mussten, begannen sie ab den späten 1920ern profitabel zu werden, was die Auflagenzahlen explodieren ließ und vielfältige Kanäle für Reflexion und Unterhaltung schuf. Die Zahl der zugelassenen Zeitschriften stieg vom Nullpunkt 1920 bis 1929 auf etwa 600 und bis 1939 auf 947. 1924 setzte das Stummfilmzeitalter in Korea ein: Bis 1936, als der erste Tonfilm erschien, wurden etwa 150 Stummfilme produziert, darunter mindestens fünfzehn, angefangen mit dem patriotischen «Arirang», von dem genialen Schauspieler und Regisseur Na Un'gyu (1902–1937). Der «Erläuterer» (*pyŏnsa*), der bei der Vorführung Handlung erklärte und Dialoge sprach, fungierte mit seinen dem *p'ansori* entlehnten Vortragstechniken als Bindeglied zur Tradition, gleichzeitig konnte er in seinen improvisierten Kommentaren an den Zensurbehörden vorbei unterschwellige Kritik einbringen. 1927 wurde die erste Radiostation in Seoul eingerichtet. Dieses zunächst stark auf die japanische Bevölkerung ausgerichtete neue Medium wurde rasch koreanisiert und in den späten 1930er Jahren über das ganze Land verbreitet, nicht zuletzt als Instrument der Kriegspropaganda. Es diente aber mit seinem 1933 eingerichteten rein koreanischsprachigen Sender für etliche Jahre auch als Ort der Erzeugung und Definition einer spezifisch koreanischen Populärkultur.

All diese Medien gaben also Foren ab für einen kulturellen Selbstausdruck, der jedoch nicht in starrer Antithese zu den ebenfalls weitverbreiteten japanischen Gegenstücken in Presse, Film und Radio gedacht werden darf. Vielmehr bildete sich in den Städten eine bilinguale Populärkultur heraus, deren japanischer und koreanischer Teil sich auch von der Interessenlage der Finanziers – nämlich der in beiden Sprachen annoncierenden Unternehmer – her überschnitten und gleichermaßen der Zensur des Generalgouvernements unterworfen waren. Interessanterweise betraf die Filmzensur zudem proportional vor allem westliche Produkte, deren moralisch zersetzender Einfluss gefürchtet wurde.

Ähnliches gilt auch im Bereich der «ernsten» Literatur und der Wissenschaften. Für koreanische Intellektuelle war Japan, besonders Tōkyō, ein Mekka des Geistes, wo man sich Instrumente zur Analyse der kolonialen Verhältnisse und Darstellungsweisen für die Verwerfungen im täglichen Leben, die sie mit sich brachten, aneignen konnte. In kürzester Zeit wurden die verschiedenen, weltweit gängigen -ismen in Geistesleben und Literatur, seien es Liberalismus oder Marxismus, Realismus oder Naturalismus, durchgespielt und an koreanische Verhältnisse angepasst. Bald schied sich wie die politische auch die literarische Szene in ein bürgerliches und ein linkes Lager, die erbitterte Fehden um die Deutungshoheit über die koloniale Wirklichkeit führten. Es einte sie freilich ein Phänomen, das bis in die Gegenwart hinein zumindest in Südkorea wirksam ist: die Identifikation von Moderne in all ihren (städtischen) Erscheinungen mit der Fremdherrschaft und, daraus folgend, des koreanischen Nationalcharakters mit dem bäuerlichen Leben.

So fand sich oft beiden Kreisen entfremdet, wer in der sozialen Unverbindlichkeit der Städte auch das Versprechen persönlicher Freiheit wahrnahm, wie etwa der Bohemien-Dichter Yisang (eigtl. Kim Haegyŏng, 1910–1937), dessen extremer Modernismus in Korea bis heute als apolitische Dichtung gedeutet wird, obwohl sie eine existentielle Auseinandersetzung mit der Demütigung und Entfremdung des kolonialen Subjekts, der Enteignung und Oktroyierung von Sprache und mit den Generationenkonflikten einer sich allzu rasch wandelnden Welt birgt. Nicht zufällig experimentierte Yisang zunächst auf Japanisch, bevor er auf Koreanisch dichtete. Der Romancier Ch'ae Mansik (1902–1950) entwarf in schonungslos beißenden Satiren Gesellschaftspanoramen wie «Frieden auf Erden» (*T'aep'yŏng ch'ŏnha*, 1934), die dank des Fehlens jeder einseitig nationalistischen Agenda nicht nur koloniale Wirklichkeit, sondern zeitlos menschliche Schwächen abbilden.

Die kulturelle Vielfalt, die sich auch in der Neuinterpretation der Geschichte, einer intensiven Beschäftigung mit der koreanischen Sprache (einschließlich einer Orthographie-Regelung 1933) und einer begeisterten Aufnahme der Ölmalerei widerspiegelte, kann hier nur in Umrissen angedeutet werden. Sie wurde angestoßen von einer Modernisierung, die oberflächlich war (denn die aufoktroyierte Industrialisierung riss Millionen von Menschen aus ihrer ländlichen Heimat und aus den gewohnten Pflichten und Sicherheiten der Familien, ohne von einer grundlegenden, rechtlich gesteuerten sozialen Modernisierung begleitet zu sein) und dennoch tiefenwirksam, die alle Kräfte in Bewegung setzte, die die Geburt des modernen Subjekts begleiten, das kolonialisierte Subjekt aber der Herrschaft über das eigene Schicksal beraubte. In diese höchst zwiespältige innere Situation fiel die Kapitulation Japans am 15. August 1945 – die Stunde der Befreiung. Mit ihr kam die Erwartung, dass Korea nun frei, unabhängig und Herr seiner selbst sein würde.

11.
Die vorenthaltene Freiheit

Doppelte Besatzung

Die Kapitulation Japans kam plötzlich, aber nicht unerwartet. Als sie sich abzeichnete, nahm das Generalgouvernement in Korea die Suche nach einer Person auf, die eine Interimsverwaltung leiten und den ungestörten Abzug der Japaner sicherstellen konnte. Da es klar war, dass vorangegangene Kollaboration mit dem Kolonialregime die dazu nötige Autorität untergraben würde, das bürgerlich-nationalistische Lager zuletzt aber fast ausnahmslos in der einen oder anderen Form kooperiert hatte, fiel die Wahl auf den linksorientierten (wenn auch erklärten Nicht-Kommunisten) Yŏ Unhyŏng (1885–1947). Aufbauend auf einem Netz linker Untergrundorganisationen konnte er in kürzester Zeit eine Art Regierungsstruktur einrichten, das «Komitee zur Vorbereitung der Gründung des Staates Chosŏn» (*Chosŏn kŏn'guk chunbi wiwŏnhoe*), mit bis Ende August 145 lokalen Zweigstellen, den «Volkskomitees» (*inmin wiwŏnhoe*), die ihre Autorität auch mittels «Ordnungstruppen» (*ch'iandae*) behaupten konnten. So ging die Ablösung der Kolonialordnung bemerkenswert friedlich vonstatten. Am 6. September wurde auf einer Versammlung von Repräsentanten dieser Organisationen in Seoul die Volksrepublik Chosŏn (*Chosŏn inmin konghwaguk*) ausgerufen, mit einer Koalitionsregierung linker und rechter Kräfte unter der Führung der zu diesem Zeitpunkt weitaus stärkeren Linken. Als Präsident war Rhee Syngman (Yi Sŭngman, 1875–1965) vorgesehen, der – einst radikales Mitglied des Independence Club – an der Exilregierung in Shanghai mitgewirkt hatte und nun in den USA lebte. Ein am 14. September verkündeter Aktionsplan, der wohl die verbreitetsten Bedürfnisse und Hoffnungen widerspiegelte, sah eine umfassende Landreform, eine Verstaatlichung der Großindustrie (unter

Beibehaltung privaten Unternehmertums auf mittlerer und unterer Ebene), eine soziale Arbeitsgesetzgebung und den Ausschluss ehemaliger Kollaborateure von allen Machtpositionen vor.

Doch die Zukunft des Landes lag immer noch nicht in koreanischen Händen; die Befreier kamen als Besatzer mit Besitzansprüchen. Im Jalta-Abkommen vom Februar des Jahres 1945 hatte die Sowjetunion sich bereit erklärt, nach Deutschlands Kapitulation in den Krieg gegen Japan einzutreten, dessen Ende zu dieser Zeit noch nicht absehbar war; im Gegenzug wurde ihr die Wiederherstellung ihrer Position in Nordostasien vor 1904 zugesprochen, ohne ausdrückliche Erwähnung Koreas. Bei der Potsdamer Konferenz der Alliierten im Juli einigte man sich auf den alleinigen Einmarsch der Sowjetunion in Korea, da die USA ihre Kräfte auf den japanischen Inseln gebunden glaubten. Der Abwurf der Atombomben veränderte die Situation, und in der Nacht des 10. August wurde im amerikanischen Verteidigungsministerium der Vorschlag der Teilung Koreas in zwei Besatzungszonen ausgearbeitet; die binnen einer halben Stunde getroffene Wahl des 38. Breitengrades als Trennlinie beruhte auf einer Einschätzung des für die Sowjetunion gerade noch Akzeptablen, die sich als realistisch erwies: Die einrückenden Sowjet-Armeen machten am 28. August an dieser Linie Halt, obgleich die amerikanische Marine erst am 8. September in Pusan landen konnte. So wurde Korea entlang einer willkürlichen Linie zerschnitten, die keinerlei geographische oder kulturelle Gegebenheiten berücksichtigte, die administrative Einheiten, Wasserwege, Straßen und Eisenbahnlinien durchtrennte und binnen kürzester Zeit eine gerade erst auferstandene Nation in zwei einander bitter bekämpfende Lager spaltete.

Die Entstehung von zwei Teilstaaten

Der Umgang beider Besatzungsmächte mit den vorgefundenen Strukturen der Selbstverwaltung war so unterschiedlich wie ihre Interessen. Die Sowjetunion erkannte die Volkskomitees an, durchsetzte sie aber mit Leuten ihres Vertrauens. So wurde der hochpopuläre, aber bürgerlich gesinnte Leiter des P'yŏngyanger Volkskomitees, Cho Mansik (1882–1950), wegen seines Widerstandes gegen den Plan einer Treuhänderschaft über Korea im Januar 1946 unter Hausarrest gestellt und von Kim Il Sung (Kim Ilsŏng, eigtl. Kim Sŏngju, 1912–1994) abgelöst. Kim war in den 1930er Jahren ein namhafter Guerilla-Kämpfer in der Mandschurei gewesen und hatte sich während des Zweiten Weltkriegs in sowjetischen Trainingslagern aufgehalten; nach seiner Rückkehr im September 1945 war er, trotz anfangs nur zögerlicher Unterstützung durch die Sowjets, zur zentralen Figur der Kommunistischen Partei Koreas aufgestiegen. Rasch wurden unter sowjetischer Führung Kernpunkte des «Aktionsplans» umgesetzt, insbesondere die «Säuberung» von Kollaborateuren und eine Landreform. Gleichzeitig begann die Verfolgung Andersdenkender.

Die USA dagegen misstrauten der ideologischen Ausrichtung der Volkskomitees und richteten an ihrer Stelle eine Militärregierung ein (Military Government in Korea, USAMGIK). Aus Sorge, andernfalls linken Kräften Vorschub zu leisten, ließ diese einen Großteil des Personals aus der Kolonialzeit in Verwaltung und vor allem Polizei im Amt und stützte sich einseitig auf die Oberschicht von Landbesitzern und Unternehmern, die in der Regel nicht frei vom Odium der Kollaboration mit Japan waren. Im Interesse der Letzteren wurde zudem eine Landreform hinausgezögert (eine umfassende Reform, die aus den meisten Pächtern wieder Landbesitzer machte, kam erst in den späten 1950er Jahren).

So verschärfte die Politik der Besatzungsmächte die Polarisierung in politische Rechte und Linke, die durch die Erfahrungen der Kolonialzeit ohnehin angelegt war. Die damit zusammenhängenden Turbulenzen (Streiks und Demonstrationen) verstärkten die wirtschaftlichen Probleme, die auch durch die Ströme von Heimkehrern aus China, Japan und der Mandschurei und Flüchtlinge aus dem Norden (enteignete Landbesitzer, ehemalige Kollaborateure, Christen) entstanden. Im Herbst und Winter 1946 brach sich der Unmut unter anderem in der sogenannten «Hunger-Rebellion» von Taegu Bahn, die blutig niedergeschlagen wurde.

Auf diese Weise wurde nach und nach eine faktische Teilung geschaffen, die ursprünglich von den Besatzungsmächten nicht intendiert gewesen war. Beim Moskauer Treffen der Alliierten im Dezember 1945 war eine Treuhänderschaft von vier Mächten (zusätzlich Großbritannien und China) über Korea für eine Dauer von fünf Jahren vereinbart worden, wobei eine sowjetisch-amerikanische Kommission für die Einrichtung einer Übergangsregierung sorgen sollte. Angesichts der nach Kriegsende wieder an die Oberfläche tretenden Konkurrenz zwischen beiden Mächten, die jeweils starkes Interesse an einer freundlich gesinnten koreanischen Regierung hatten, und der polarisierten politischen Szene, die Kompromisse unmöglich machte, war die Arbeit der Kommission jedoch zum Scheitern verurteilt. Inmitten sich verschärfender Spannungen – die Truman-Doktrin der Eindämmung des Kommunismus wurde im März 1947 offiziell verkündet – setzten die USA im September 1947 einen Beschluss der Vereinten Nationen zur Abhaltung von Wahlen unter Aufsicht einer UN-Kommission um. Aufgrund der klaren Parteilichkeit der UN versperrte sich der Norden dieser Lösung, so dass es 1948 zu getrennten Wahlen in beiden Besatzungszonen und damit zur Errichtung zweier konkurrierender Republiken kam. Im März wurde Rhee Syngman, dem es gelungen war, sich den USA unentbehrlich zu machen, zum ersten Präsidenten der Republik Groß-Han (*Taehan minguk*) gewählt, die am 15. August, dem dritten Jahrestag der Befreiung, feierlich inauguriert wurde. Als Reaktion darauf fanden im August in Nordkorea ebenfalls Wahlen statt, die ebenso vorhersehbarerweise Kim Il Sung an die Spitze der Volksrepublik Chosŏn stellten (*Chosŏn inmin konghwaguk*). Beide Besatzungsmächte zogen nun ihre Truppen ab.

Damit war die Teilung besiegelt, doch noch keineswegs akzeptiert. Beide Staaten fühlten sich als einzig legitimierte Macht auf der koreanischen Halbinsel und betrachteten es als ihre Aufgabe, die Teilung zu jeweils eigenen Gunsten aufzuheben. Dazu kam im Süden eine erhebliche interne Opposition gegen die Republikgründung: Sowohl Rechts-Nationalisten wie der ehemalige antijapanische Terrorist Kim Ku (1879–1949), der für Kompromisse mit dem Norden zugunsten eines Einheitsstaates eingetreten war und 1949 von Rhee als gefährlich populärer Rivale aus dem Weg geräumt wurde, als auch die eher linksgerichteten Kräfte sahen sich in ihren Erwartungen an die Befreiung betrogen.

Insbesondere Letztere, die auf Unterstützung aus dem Nordteil des Landes hoffen durften, fanden sich mit dem Ergebnis nicht ab. Die Auflösung der letzten noch existierenden Volkskomitees auf der Insel Cheju durch die neu etablierte Staatsmacht im März 1948 entzündete einen Aufstand, dessen blutige Niederschlagung sich viele Monate hinzog und bis zu 30 000 Todesopfer forderte; drei Viertel der Dörfer auf der Insel wurden im Verlauf der Kämpfe zerstört. Im Oktober desselben Jahres kam es zu einem Folgeaufstand unter den in den Küstenstädten Yŏsu und Sunch'ŏn stationierten Soldaten, die sich an der «Befriedung» Chejus beteiligen sollten. Die beiden Städte wurden zwar rasch von Regierungstruppen zurückerobert, doch flohen zahlreiche der rebellierenden Soldaten in die Berge und schlossen sich kommunistischen Guerillatruppen an. Inmitten der militärischen Auseinandersetzungen und Propaganda-Kämpfe, die durch die Republik tobten, wurde (im November 1948) eine erste Version des Nationalen Sicherheitsgesetzes erlassen, das politische Opposition mit Landesverrat gleichsetzte und bis zum Ende des Jahrhunderts Grundlage von Menschenrechtsverletzungen des südkoreanischen Staates blieb.

Der Korea-Krieg

In der Tat bedeutete ihre Unfähigkeit, sozialen Frieden herzustellen, eine enorme Gefährdung für die Republik. Denn die angespannte Situation signalisierte dem Norden – dessen eigene Opposition das Land größtenteils verlassen hatte –, dass im Süden nur eine ohnehin verhasste Regierung gestürzt werden müsste, um das Land unter eigener Regie wiederzuvereinigen. Eine weitere Ermutigung stellten der Sieg der chinesischen Kommunisten und die Ausrufung der VR China im Oktober 1949 dar. Koreanische

Mitkämpfer, die sich meist in der ausgehenden Kolonialzeit den maoistischen Truppen angeschlossen hatten, kehrten nun heim und verstärkten die nordkoreanische Armee um Zigtausende erfahrener Soldaten. So fühlte sich die Volksrepublik zum einen stark genug für eine militärische Lösung. Zum anderen gab die angeheizte antikommunistische Propaganda in Südkorea und den USA, in Kombination mit Drohgebärden des auf Okinawa stationierten amerikanischen Generals Donald McArthur, berechtigten Anlass zu Befürchtungen, dass auch die andere Seite einen Krieg plane. Die Spannungen zwischen beiden Teilstaaten führten immer wieder zu Scharmützeln entlang der Grenze, viele davon von Seoul provoziert. Der Umstand, dass die Guerillakrieger in Südkorea in immer größere Bedrängnis kamen, dürfte zu der Entscheidung Nordkoreas beigetragen haben, den Angriff zu führen, solange dieses Unterstützungspotential noch nicht aufgerieben war.

Am 25. Juni 1950 begannen nordkoreanische Truppen die Invasion des Südteils, nahmen blitzkriegartig Seoul innerhalb von drei Tagen ein und stießen binnen weniger Wochen bis kurz vor Pusan vor. Die USA konnten freilich dem Fall ihres Bollwerks gegen den Kommunismus nicht tatenlos zusehen. Unter einem rasch erwirkten UNO-Mandat traf General McArthur Anfang September als Befehlshaber von vereinten UN- und südkoreanischen Truppen in Inch'ŏn an der Westküste ein. Bis zum 28. September war der Süden einschließlich Seouls zurückerobert. Doch nun setzten die UN-Truppen zum Gegenangriff an; bis zum 24. Oktober trieben sie die Koreanische Volksarmee bis zum Yalu zurück und hatten fast den gesamten Nordteil der Halbinsel unter ihrer Kontrolle. An diesem Punkt indes musste China seine Sicherheitsinteressen bedroht sehen und eingreifen. Die Ende November begonnene chinesische Gegenoffensive schlug bis Anfang Januar 1951 die UN-Truppen bis südlich des Han-Flusses zurück, so dass Seoul einmal mehr die Seiten wechselte. Erst im März wurde es von den Verbündeten Südkoreas zurückerobert; ab dieser Zeit zog sich ein mühsamer Stellungskrieg in etwa entlang der Demarkationslinie noch mehr als zwei Jahre bis zum Waffenstillstandsabkommen vom 27. Juli 1953 hin. Abgesehen von einer leichten Verschiebung der Grenze in südwestlich-nordöstlicher Richtung war damit der status quo vor Kriegsbeginn wieder hergestellt. Ein offizieller Friedensschluss steht bis heute aus. Chinesische Truppen blieben bis 1958 in Nordkorea, amerikanische Truppen in der Stärke von ca. 30 000 Mann sind nach wie vor in Südkorea stationiert.

Wenn die Kolonialzeit ein Unglück war, so war dieser Krieg eine unbeschreibliche Katastrophe. Sein doppelter Charakter als Bürgerkrieg und als Stellvertreterkrieg der Machtblöcke führte zu einer Vervielfältigung von Zerstörung und Grausamkeit jeder Art. Er kostete an die drei Millionen Nordkoreaner, eine Million Chinesen, eine halbe Million Südkoreaner und etwa 70 000 UN-Soldaten (zumeist US-Amerikaner) das Leben. In Südkorea, das zur Zeit der nordkoreanischen Okkupation heftigen amerikanischen Bombardements ausgesetzt war, lag bei Kriegsende nahezu die Hälfte der Industrieanlagen und Kraftwerke und ein Drittel der Wohngebäude in Schutt. Um vieles entsetzlicher noch waren die Zerstörungen im Norden, der drei Kriegsjahre hindurch Ziel eines beispiellosen Luftkriegs war, bei dem um ein Haar Atomwaffen eingesetzt worden wären: Die bereits auf Guam und Okinawa stationierten Bombenteile wurden nur deswegen nicht zum Einsatz gebracht, weil sie sich in Dummy-Abwürfen als impraktikabel erwiesen. Stattdessen wurden nahezu flächendeckend Napalm- und andere hochzerstörerische Bomben abgeworfen; sie zwangen auch das zivile nordkoreanische Leben weitgehend in Höhlen, Tunnel und unterirdische Befestigungsanlagen. Bereits Mitte 1951 stellte ein ungarischer Beobachter fest, es gebe «keine Städte mehr in Nordkorea», und zu Ende des Krieges konstatierte ein amerikanischer Bomber-General: «There is nothing standing worthy of the name... There are no more targets in Korea.»

Zu diesen Verwüstungen, die das Kräftemessen von West- und Ostblock (die Sowjetunion war nicht formal am Krieg beteiligt, lieferte aber das wenige, was Nordkorea an Luftwaffe aufbieten konnte) auf koreanischem Boden hinterließ, kamen die politischen «Säuberungen» in den Phasen der Okkupation des jeweils anderen Teils. Beide Seiten zielten darauf ab, Gegner auszuschalten und deren Unterstützer durch Terror einzuschüchtern, und schreckten dabei auch vor Massakern an politischen Gefangenen nicht zurück. Die sich aufschaukelnden Grausamkeiten führten wiederum zu reinen Vergeltungsaktionen jenseits politischen Kalküls. Besonders schlimm war Seoul betroffen, das viermal in andere Hände wechselte: Wer nicht rechtzeitig nach Süden hatte fliehen können, aber die nordkoreanische Okkupation unbeschadet überstand, war der Verfolgung durch die zurückkehrenden Süd-Autoritäten gewiss, und vice versa. Dazu kamen Kriegsverbrechen der UN-Truppen wie das erst Jahrzehnte später bekannt gewordene Massaker an südkoreanischen Flüchtlingen in Nogunri, unter denen die GIs nordkoreanische Soldaten vermuteten – verübt aus einer Mischung von Rassismus und tiefer Verunsicherung in fremder Umgebung heraus.

Tod von Angehörigen, Verlust von Haus und Hof, Hab und Gut, Flucht, Vertreibung und Entführung (vor allem Intellektuelle aus Südkorea wurden in großen Zahlen in den Norden verschleppt), dazu die politischen Risse, die oft durch Familien, immer aber durch Nachbarschaften gingen, das Erleben von Verfolgung oder Verrat durch einst Nahestehende – kaum jemand, der die Kriegsjahre durchlebte, war nicht infolge eines oder mehrerer dieser Schrecknisse tief traumatisiert. In beiden Landesteilen prägten die Kriegserfahrungen auf Jahrzehnte hinaus Politik und Kultur. Angst vor Unterwanderung durch die Gegenseite und das Primat militärischer Bereitschaft gaben die Legitimationsgrundlage für die Diktaturen auf beiden Seiten der Demarkationslinie. Ossifizierte Erinnerung in Nordkoreas visuellen Medien erweckt beim heutigen Besucher oft den Eindruck, der Krieg sei für diese Gesellschaft immer noch jüngste Vergangenheit. Die südkoreanische Erzählliteratur arbeitete sich noch bis in die 1990er Jahre immer wieder an den seelischen und auch politischen Kriegsfolgen ab.

Die durch den Krieg endgültig besiegelte Teilung Koreas erzeugte nicht nur unendlich viel persönliches Leid – umso bitterer empfunden, als es berechtigterweise als großes historisches Unrecht gesehen wird –, sie stellte auch eine enorme Belastung für die Entwicklungsaussichten beider Landesteile dar. Wirtschaftlich hatten Nord und Süd mit der ungleichen Verteilung von Agrarland (hauptsächlich im Süden) und Bodenschätzen (hauptsächlich im Norden) zu kämpfen; dies erschwerte Nordkoreas erklärtes Ziel der Nahrungsmittelautarkie, während Südkorea von heimischer Schwerindustrie abgeschnitten war. Die Teilung zwang beide Länder in Abhängigkeit von äußeren Mächten (auch wenn Nordkorea China und die Sowjetunion in Maßen gegeneinander ausspielen konnte), schweißte das nordkoreanische Guerilla-Regime zusammen und erschwerte Südkoreas Weg in die Demokratie. Ohne die wahrgenommene Bedrohung durch ein feindliches Brudervolk wäre schließlich die militaristische Paranoia, die den Norden bis heute bestimmt und aus der die südkoreanische Gesellschaft sich erst in jüngerer Vergangenheit einigermaßen befreien konnte, kaum verständlich.

12.
Das geteilte Land

Südkorea: «Bollwerk» und Entwicklungsdiktatur

Vom eigenen Selbstverständnis wie auch von der Funktion her, die die US-amerikanische Schutzmacht ihr zuwies, war das Staatsziel der südkoreanischen Republik in ihrer Anfangsphase vor allem die militärische und ideologische Eindämmung des Kommunismus; der ökonomische Wettstreit der Systeme stand erst an zweiter Stelle. So konnte Rhee Syngman, dessen Demokratieverständnis sich seit seiner Beteiligung am Independence Club nicht weiterentwickelt hatte, ein autokratisches, um den Erhalt der eigenen Macht zentriertes Regime aufbauen und die massiven Entwicklungshilfen aus den USA zu dessen Erhaltung nutzen, ohne die (manchmal zähneknirschende) Unterstützung der USA zu verlieren.

Als Machtinstrumente baute Rhee Bürokratie und Polizeiapparat aus, wobei ihm ideologische Verlässlichkeit der eingesetzten Kräfte wichtiger war als etwaige Kollaborationsvergangenheit. In der Frühphase stützte er sich auf rechtsgerichtete Massenorganisationen wie das Jugendkorps. 1951 gründete er seine eigene Partei, die «Liberalen» (*Chayudang*); durch Einschüchterung, Betrug und Bestechung erreichte diese die notwendigen Mehrheiten in den Wahlen und konnte das Parlament dominieren. Sein wichtigstes Machtmittel aber war das Nationale Sicherheitsgesetz, von dem er schon 1949 Gebrauch machte, um das Parlament unter Kontrolle zu bringen, und mit dessen Hilfe (und unter zusätzlich erklärtem Kriegsrecht) er seine Wiederwahl 1952 durchsetzte. 1958 ließ er das Gesetz von einem eingeschüchterten Abgeordnetenhaus noch ausweiten, mit der Folge, dass er 1959 den ernsthaftesten Rivalen für die im März 1960 angesetzten Präsidentschaftswahlen, den Sozialisten Cho Pongam, hinrichten lassen konnte. In seiner Gier nach persönlichem Machterhalt griff er bei diesen

Wahlen zudem zu recht unverhohlenem Betrug, um seinem Schwiegersohn und designierten Nachfolger Yi Kibung die Vizepräsidentschaft zu sichern.

Zwar gab es zu dieser Zeit keine wirkungsvoll organisierte Opposition. Propaganda, Verfolgung und die Erfahrungen des Krieges hatten der linken Opposition im Lande wirkungsvoll den Garaus gemacht. Die 1955 aus mehreren kleineren Gruppen entstandene Demokratische Partei hatte kein alternatives Programm zu bieten; sie bezog ihre Mitglieder aus der gleichen Schicht von Landbesitzern, Industriellen und höheren Berufsständen wie die Liberalen und forderte demokratischere Verfahrensweisen nur in dem Maße, wie sie die eigene Partizipation stärken konnten. Doch hatte in der Zwischenzeit der Bildungseifer der auf Aufschwung hoffenden Nation eine wachsende Schicht von Universitätsstudenten hervorgebracht, die die Widersprüche zwischen den Idealen der nominellen Staatsform, Demokratie, und der Wirklichkeit nicht mehr hinzunehmen bereit war. Demonstrationen flammten auf, und als am 11. April am Meeresstrand bei Masan die Leiche eines Siebzehnjährigen entdeckt wurde, der offensichtlich von einem Tränengaskanister getroffen und dann von der Polizei heimlich beseitigt worden war, kam es am 19. April zu einer Großdemonstration von Studenten in Seoul. Als sie sich dem Präsidentenpalast näherten, eröffnete die Polizei das Feuer. 130 Studenten starben an diesem Tag, weitere tausend wurden verwundet, während durch das ganze Land eine auch mit dem rasch erklärten Kriegsrecht nicht mehr anzuhaltende Demonstrationswelle ging. Da der für die Umsetzung des Kriegsrechts zuständige General sich weigerte, auf Demonstranten schießen zu lassen, und die USA ihre Unterstützung aufkündigten, blieb Rhee nichts anderes übrig, als am 26. April zurückzutreten und die Regierung in die Hände seines Außenministers Hŏ Chŏng zu übergeben. Rhee starb 1965 im Exil in Hawaii.

Mit dem Wegfall der Repressionen brachen freilich alte Konflikte wieder auf. Unter Hŏ Chŏng wurde zwar eine neue Verfassung mit einer Reihe demokratischer Reformen eingeführt (z. B.

unterstellte sie das Kabinett dem Parlament), im Juli 1960 fanden Neuwahlen statt, die der Demokratischen Partei den Sieg brachten und Yun Posŏn zum Präsidenten machten, und Lokalwahlen im Dezember versprachen regionale Mitbestimmung. Doch soziale Reformen wurden nicht angegangen, und das Korruptions-Netzwerk der Eliten blieb unversehrt erhalten, so dass die «Zweite Republik» von anhaltenden Protesten und Demonstrationen erschüttert wurde, deren die im Rahmen der Demokratisierungsmaßnahmen dezimierte Polizei nicht Herr werden konnte und die überdies zunehmend linke Tendenzen an den Tag legten. Dies brachte die USA dazu, ihre Finanzhilfen zurückzunehmen, weswegen zur politischen auch noch eine wirtschaftliche Verunsicherung kam. Das alles führte dazu, dass Demokratie nicht handhabbar erschien, und als am 16. Mai 1961 das Militär in einem Staatsstreich die Macht an sich riss, nahm Koreas Bürgerschicht dies hin.

Im Zentrum des Putsches standen Park Chung Hee (Pak Chŏnghŭi, 1917–1979), Absolvent einer japanischen Militärakademie, der im Weltkrieg in der Kantō-Armee gekämpft hatte und im Korea-Krieg zum General aufgestiegen war, und sein angeheirateter Verwandter und Vertrauter Kim Jong Pil (Kim Chongp'il, geb. 1926), Absolvent der nach der Befreiung eingerichteten koreanischen Militärakademie. Gemeinsam hatten sie gute Verbindungen zu weiten Teilen der Streitkräfte, die von 5000 Mann im Jahr 1945 auf 600 000 Mann angewachsen waren. Ihr Coup brachte das Militär für nahezu drei Jahrzehnte an die Macht.

Das Programm der Putschisten kann für die ganze Ära Parks gelten. Es forderte strengen Antikommunismus, Anheizung der Wirtschaft, moralische «Gesundung» der Gesellschaft und militärische Stärkung mit dem Ziel der Wiedervereinigung. Zunächst regierte Park mit Hilfe eines am 19. Mai gegründeten «Höchsten Rates für Nationale Wiedererstarkung», der Legislative, Exekutive und Judikative auf sich vereinigte, sorgte aber mittels einer breit angelegten Entlassungs- und Diffamierungskampagne für frei werdende Beamtenposten, die er mit seinen Leuten füllen konnte. Kim Jong Pil wurde zum Kopf des im Juni 1961 ins Leben gerufenen Spitzeldienstes KCIA, der sich zum wesentlichen Instrument der Aufrechterhaltung der Militärmacht entwickelte. Die Presse wurde engmaschig kontrolliert. Damit waren die Voraussetzungen geschaffen, das im August 1961 gegebene Versprechen, 1963 zu einer Zivilregierung zurückzukehren – woran die USA ihre Wirtschaftshilfe knüpften –, einzuhalten, ohne dass die Macht abgegeben werden musste. Park trat aus dem Militärdienst aus, konnte daher selbst für das Präsidentenamt kandidieren und sorgte durch Verhinderung politischer Aktivitäten von Konkurrenten bis kurz vor der Abstimmung für seinen Wahlsieg.

Fast ein Jahrzehnt vermochte Park sich durch Manipulation der demokratischen Institutionen an der Macht zu halten. Als jedoch bei den Präsidentschaftswahlen 1971 der Oppositionspolitiker Kim Dae-jung (Kim Taejung, 1925–2009) vor allem in den großen Städten deutliche Mehrheiten gewann, griff er zu weniger umständlichen Mitteln. Im Dezember 1971 rief er den Notstand aus – begründet unter anderem mit dem partiellen Truppenabzug, mit dem die USA die Nixon-Doktrin umsetzten –, im Oktober 1972 verhängte er das Kriegsrecht, löste das Parlament und alle Parteien auf und ließ in einer Atmosphäre größter Einschüchterung ein Referendum über eine neue Verfassung abhalten, die ihm nahezu uneingeschränkte Macht einräumte und geeignet war, ihm die Präsidentschaft auf Lebenszeit zu sichern. Diese «Yushin» («Erneuerung») genannte Verfassung beseitigte die letzten demokratischen Attrappen eines Regimes, das schon in der vorangegangenen Phase am besten als Entwicklungsdiktatur zu fassen ist.

Im Gegensatz nämlich zum korrupten und ineffizienten Regime Rhee Syngmans vermochte es Park Chung Hee, die bis 1965 (als ein Normalisierungsvertrag mit Japan geschlossen wurde) als Entwicklungshilfe und danach als Darlehen und Direktinvestitionen fließenden ausländischen Geldmittel zur Ankurbelung eines kräftigen Wirtschaftswachstums zu nutzen, wobei zunächst die Leichtindustrie exportorientiert ausgebaut wurde, während im zweiten Jahrzehnt seiner Herrschaft die Entwicklung von Schwer-

und chemischer Industrie gezielt gefördert wurde. Dazu ging er eine strategische Allianz mit Großunternehmen ein, von denen sich viele im Verlauf der 1960er Jahre zu den heute noch für die koreanische Wirtschaft typischen, unspezialisierten Großkonzernen (*chaebŏl*) auswuchsen. Wesentliches Steuerungselement der Wirtschaftspolitik war der wiederum eng mit dem Regime verquickte und von ihm kontrollierte Finanzsektor. Vor allem in den 1970er Jahren entwickelte sich die staatliche Kontrolle von Finanzwesen und Industrie zur echten Interdependenz, indem die größten *chaebŏl* die politisch vorgegebene, zum Teil militärisch motivierte Expansion in die Schwerindustrie bereitwillig vollzogen und dabei überdurchschnittlich von den jährlichen BSP-Wachstumsraten von ca. zehn Prozent profitierten.

Der Beitrag der Politik war dabei hauptsächlich die Einrichtung und ideologische Legitimierung eines Repressionssystems, das mittels systematischer und effizienter Unterdrückung von Arbeitskonflikten die Löhne gering zu halten half. Heere vom Land in die Städte strömender Arbeitskräfte, vor allem junger Frauen, oft in kasernenartigen Unternehmenswohnheimen zusammengepfercht, arbeiteten sechzig Stunden und mehr in der Woche, um mit ihrem kargen Verdienst ihre bäuerlichen Familien über Wasser zu halten. Die zentrale Zielsetzung der Landwirtschaftspolitik wiederum war die Sicherstellung einer billigen Grundnahrungsmittelversorgung der Arbeiter, die trotz Subventionen der Reispreise die Verdienstmargen der Bauern gering hielt. Zur Milderung der Landflucht wurde 1971 unter der Bezeichnung «Neu-Dorf-Bewegung» (*saemaŭl undong*) eine Art ländlicher Selbststärkungskampagne ins Leben gerufen, die zwar einerseits einen Innovationsschub brachte, andererseits aber durch Zwangsmaßnahmen der optischen Modernisierung und vor allem mit der Einführung neuer Reissorten, die erheblich mehr Dünger und Pestizide verschlangen, Teile der Bauernschaft in die Schuldenfalle trieb.

Während in den 1960er Jahren Versprechungen einer besseren Zukunft und die Vision eines nationalen Aufschwungs die Verzichtbereitschaft aufrechterhielten, wuchs in den 1970er Jahren die Unzufriedenheit vor allem unter Arbeiterschaft und Intellektuellen, die die vielfältigen Menschenrechtsverletzungen des Regimes – am bekanntesten die Entführung Kim Dae-jungs aus einem japanischen Hotel 1973, bei der dieser beinahe getötet worden wäre – nicht mehr hinnehmen wollten. Als im Oktober 1979 der populäre Oppositionsführer Kim Young Sam (Kim Yŏngsam, geb. 1927) durch einen erneuten Willkürakt aus dem Parlament entfernt wurde, brandeten Demonstrationen in Kims Heimatregion Pusan und Masan auf, die Park Chung Hee notfalls militärisch unter Kontrolle bringen wollte. In einem Streit über die Vorgehensweise wurde er am 28. Oktober 1979 von seinem Geheimdienstchef Kim Chaegyu erschossen.

Der aus den Beamtenrängen zum Premierminister aufgestiegene Ch'oe Kyuha wurde sein Nachfolger, konnte sich aber in den folgenden bitteren Auseinandersetzungen um die Führung nicht gegen das Militär behaupten. Ein Trio aus Generalmajoren, Chun Doo Hwan (Chŏn Tuhwan, geb. 1932), Roh Tae Woo (No T'ae-u, geb. 1932) und Chŏng Hoyong, putschte sich in der Nacht des 12. Dezember an die Spitze des Militärs. Im April 1980 ließ sich Chun zusätzlich die Befehlsgewalt über den KCIA übertragen. Die Welle von Studentendemonstrationen, die dieses klare Anzeichen einer Machtübernahme auslöste, wurde mit einem Massaker an Hochschülern in der südlichen Provinzhauptstadt Kwangju zum Stillstand gebracht – ein Ereignis, das einen zehn Tage währenden, blutig niedergeschlagenen Aufstand der Stadt mit sich brachte (18.–27. Mai 1980) und zu einem Wendepunkt der koreanischen Demokratiebewegung werden sollte. Zunächst war es jedoch der entscheidende Trittstein auf Chuns Weg an die Macht: Am 31. Mai setzte er ein «Spezial-Komitee für Maßnahmen zur Sicherung der Nation» ein, das ihn im August – nach seinem offiziellen Rücktritt aus der Armee – zum Präsidenten machte. Eine neue Verfassung wurde im Oktober in einem unter Kriegsrecht abgehaltenen Plebiszit akzeptiert, und Anfang 1981 ließ sich das neue Militärregime durch weitere Wahlen einen demokratischen Mantel umhängen.

Das Regime Chun Doo Hwans bezog das Maß an Legitimation, das es je gewinnen konnte, aus der Aufrechterhaltung von Strukturen, die Südkoreas dynamische wirtschaftliche Entwicklung begünstigten. Weiterhin profitierten vor allem die *chaebŏl*, deren mächtigste immer größere Marktanteile auf sich zogen. Während die Einkommensungleichheiten wuchsen, begannen sich die Früchte des nun schon mehr als zwei Jahrzehnte währenden rasanten Wirtschaftswachstums an der Ausdehnung der städtischen Mittelschicht und der spürbaren Dominanz ihrer Konsumkultur zu zeigen: Korea hatte nun, für alle sichtbar, den Weg vom Entwicklungs- zum Schwellenland bewältigt. Dass dies, gemeinsam mit dem Versprechen, die Macht nach sieben Jahren abzugeben, nicht genügte, um Chuns Regime ausreichende Unterstützung zu verschaffen, lag zum einen an der persönlichen Korruption Chuns und seiner Familie, deren unappetitliche Methoden der Selbstbereicherung mehrere große Skandale auslösten, an einer fehlenden überzeugenden Leitideologie (im Gegensatz zu Park Chung Hee, der mit gewissem Charisma einen paternalistisch geführten, aber gemeinschaftlichen Weg für die Nation entworfen hatte) und an dem durch die Gewalteskalation in Kwangju symbolisierten Legitimationsmangel seiner Herrschaft. Zum anderen war es für den anschwellenden Mittelstand nur natürlich, politische Partizipation, und für die Arbeiterschaft, Beteiligung am wachsenden Wohlstand einzufordern. Nicht zuletzt hatte die bedrückende Repression unter der Yushin-Verfassung der 1970er Jahre eine Oppositionskultur entstehen lassen, die sich nun unter teilweise gelockerten Bedingungen entfalten, differenzieren und zugleich besser organisieren konnte. Zudem traf sie mit ihrer Kritik an den negativen Begleiterscheinungen von (als fremd empfundener) Modernisierung und Industrialisierung den Nerv der Zeit.

Diese als «Volksmassen-Bewegung» (*minjung undong*) bekannte Strömung hatte sich in den 1970er Jahren zunächst in intellektuellen Kreisen formiert. Dichter wie der zeitweise von einem

Todesurteil bedrohte Kim Chiha (geb. 1941) und der ebenfalls jahrelang inhaftierte Ko Ŭn (geb. 1933), Sänger wie Kim Mingi und Maler wie Hong Sŏngdam gaben der Realität der Unterdrückung und der Hoffnung auf Änderung Ausdruck. Indem sie sich als typisch koreanisch empfundener Darstellungsformen bedienten – z. B. machte Kim Chiha sich rhetorische Mittel des *p'ansori* zunutze und belebte den bäuerlichen Maskentanz als nun studentisches Medium neu –, begegneten sie dem kulturellen Entfremdungsgefühl der Verwestlichung und konnten breitere Schichten ansprechen. Diese Bewegung war eng verbunden mit einer stark von Christen getragenen Bewusstseinsarbeit unter Arbeitern und Bauern, mit deren Hilfe sich die Arbeiterbewegung organisierte und auch teilweise ideologisierte. Eine Streikwelle hatte 1979 zur Destabilisierung des Park-Regimes beigetragen.

Erst in den 1980er Jahren begannen sich jedoch die einzelnen Stränge der Oppositionsarbeit eng untereinander zu vernetzen. Die ubiquitären politischen Studentenzirkel organisierten nicht nur jene meist von Tränengas erstickten Demonstrationen, die das Bild der Großstädte in diesen Jahren prägten, sie trugen mit Sommerschulen auf dem Lande auch zur Politisierung der Bauern bei und verflochten sich organisatorisch mit der Arbeiterbewegung. Dies ging einher mit einem Linksruck in der Bewegung: Das Stillschweigen der USA bei Chuns Machtergreifung legte es nahe, die Übel der koreanischen Gesellschaft und das Ausbleiben einer Wiedervereinigung auf die sich im US-Imperialismus ausdrückenden Interessen des Kapitals zurückzuführen. So wuchsen in radikalen Gruppen Anti-Amerikanismus und neugieriges Wohlwollen gegenüber Nordkorea, in dem man ein positives Alternativmodell sehen wollte. Umso schärfer wurde die Verfolgung durch den Sicherheitsapparat, und viele nicht nur ihrer prominenten Mitglieder erlitten Ausschluss aus den Universitäten, Haft, Folter und manchmal gar den Tod.

Ihre neue Sichtweise der koreanischen Situation setzte sich nicht in breiten Schichten durch, doch half sie, eine Atmosphäre zu erzeugen, in der der größte Trumpf aller südkoreanischen Diktatoren, die Frage der «nationalen Sicherheit», also der Bedrohung durch Nordkorea, an Gewicht verlor – sicher auch bedingt dadurch, dass der wirtschaftliche Vorsprung des Südens gegenüber dem Norden inzwischen unübersehbar war. Die Früchte der Leistungen der vergangenen Jahrzehnte wollte man sich nun in allen Teilen der Gesellschaft nicht mehr mittels Drohungen und Repressionen vorenthalten lassen.

Um die Widerstände geringer zu halten, hatte Chun in seiner 1981 eingeführten Verfassung eine einmalige Amtszeit von sieben Jahren für den Präsidenten vorgesehen. Im Zusammenhang mit der Parlamentswahl begannen 1986 parlamentarische und außerparlamentarische Opposition gemeinsam, lautstark eine Verfassungsänderung einzufordern, die 1987 eine Direktwahl des Präsidenten möglich machen sollte. Beeindruckt vom Sturz der Marcos auf den Philippinen ließ Chun im April 1986 formal Diskussionen über dieses Thema zu, nur um sie ein Jahr später für beendet zu erklären und seinen Mithelfer bei der Machtergreifung, Roh Tae Woo, als Nachfolger vorzuschlagen. Als am 10. Juni Roh offiziell zum Kandidaten der Regierungspartei gewählt wurde, gingen in allen bedeutenden Städten des Landes wütende Menschenmassen auf die Straßen, die sich auch durch das Versprechen, die Diskussion wieder aufzunehmen, nicht mehr zerstreuen ließen. Nachdem mehr als zwei Wochen vergangen waren, ohne dass ein Ende der Demonstrationen in Sicht schien, verkündete Roh Tae Woo am 29. Juni ein Reformprogramm, das neben einer Direktwahl des Präsidenten auch die Garantie wesentlicher bürgerlicher Rechte wie Pressefreiheit oder die Unterlassung politischer Verfolgung (etwa die Entlassung Kim Dae-jungs aus dem Hausarrest) in Aussicht stellte. Am 1. Juli akzeptierte Chun Doo Hwan das Programm, womit der Weg für den Übergang in ein demokratisches System gebahnt war.

Das Einlenken der Militärclique überraschte damals Beobachter weltweit. Drei entscheidende Gründe dafür werden von den Analysten angeführt. Zum einen stand die Seouler Olympiade 1988 bevor, deren Bedeutung für das internationale Image Koreas (zu Recht, wie sich zeigen sollte) sehr hoch eingeschätzt wurde. Angesichts der ohnehin von Exilkoreanern im Ausland aufgeworfenen Frage, ob Südkorea ein geeignetes Gastland sei, konnte das Regime eine Gefährdung der Spiele durch extreme Repressionsmaßnahmen nicht riskieren. Zum anderen sendeten die USA, die aus den Folgen des Kwangju-Aufstandes gelernt hatten, deutliche Signale, dass sie eine friedliche Beilegung des Konfliktes wünschten. Vor allem aber war es die landesweite Beteiligung der bürgerlichen Mittelschicht an den Protesten, die zu denken gegeben haben dürfte. Denn das Argument, eine «Infiltration durch kommunistische Spione» abwehren zu müssen, wie es im Falle Kwangjus vorgebracht worden war, hätte unter diesen Umständen vermutlich nicht einmal die Einsatztruppen überzeugt. Letzten Endes also war es der «brennende Durst» nach Demokratie, von dem die Widerstandsbewegung nach einem Gedicht von Kim Chiha seit den 1970er Jahren gesungen hatte, der die Militärdiktatur schließlich zu einem Ende brachte.

Ironischerweise blieb die Macht freilich auch nach der Verfassungsänderung (Oktober 1987) und direkten Präsidentenwahlen im Dezember 1987 in den Händen des Ex-Militärs Roh Tae Woo. Grund dafür war die Unfähigkeit der beiden prominenten Oppositionskandidaten Kim Young Sam und Kim Dae-jung, sich zu einigen; sie traten gegeneinander an und vereinigten jeweils die Voten ihrer volkreichen Heimatprovinzen, Kyŏngsang und Chŏlla, auf sich, so dass Roh mit 37% der Stimmen die nicht ganz von Einschüchterungen und Stimmenkauf freie, aber wohl kaum grundlegend gefälschte Wahl für sich entscheiden und Präsident werden konnte.

Das vorangegangene Regime fand eine gewisse Kontinuität in der Auswahl der Kabinettsmitglieder, im Fortbestand der alten Sicherheitsgesetze und ihrer nach wie vor harschen (wenn auch weniger willkürlichen) Anwendung sowie darin, dass Chun Doo Hwan trotz anderslautender Versprechen für seine Verbrechen im Amt nicht ernsthaft zur Verantwortung gezogen wurde (er zog sich vielmehr für zwei Jahre zur Buße in den Paektam-Tempel im

Sŏrak-Gebirge zurück). Dennoch wurden in der Amtszeit Rohs – die Präsidentschaft wurde in der neuen Verfassung auf einmal fünf Jahre festgelegt – grundsätzlich die gegebenen Demokratisierungsversprechen erfüllt. Die Regierung akzeptierte die Beschränkungen ihrer Macht, die die Oppositionsmehrheit im zu Beginn 1988 neu gewählten und durch die Verfassung mit größerer Macht ausgestatteten Parlament mit sich brachte, und in vielen Gesellschaftsbereichen konnten Personen, die aufgrund ihrer Widerstandsaktivitäten ausgeschlossen worden waren, in ihre Tätigkeitsbereiche zurückkehren: Studenten an die Universitäten, Angehörige der verbotenen Lehrergewerkschaft an die Schulen und entlassene Journalisten mit einer neugegründeten kritischen Tageszeitung, *Hankyoreh* (*Hangyŏrye*), in ihren Beruf. Nicht zuletzt ermöglichte das gewonnene Maß an Demokratisierung derart weitgehende Arbeitskämpfe, dass bis zu 20-prozentige Lohnsteigerungen durchgesetzt werden konnten. Die Abkehr von ideologischen Verhärtungen, die sich in diesen Bereichen zeigte, wurde sicher begünstigt durch eine internationale Situation, die von Perestroika und der Auflösung des Ostblocks gekennzeichnet war. Die Roh-Regierung nutzte sie durch die Aufnahme diplomatischer Beziehungen zur Sowjetunion (1990) und der VR China (1992); dabei konnte man auf den vorausgegangenen wirtschaftlichen Annäherungen aufbauen, die bereits weitgehende Reisefreiheiten mit sich gebracht hatten. Vor allem das Ende der Abschottung von China wurde in Südkorea mit großer Begeisterung aufgenommen, und es hat seither als Reiseziel, vor allem aber als Handelspartner an Bedeutung stets zugenommen. Das Ergebnis dieser südkoreanischen Nordpolitik war, dass auch Nordkorea nichts anderes übrigblieb, als sich für Gespräche mit dem Süden zu öffnen, auch wenn diese vorübergehende Annäherung in der ersten Krise um Nordkoreas Atompolitik 1992/93 erstickte.

Die Nordpolitik, pragmatisch wie sie war, ging an die Grenzen dessen, was die konservativen Teile der südkoreanischen Gesellschaft, insbesondere das Militär, zu akzeptieren bereit waren. Die Umsetzung demokratischer Reformen musste daher vorsichtig und schrittweise vor sich gehen, so die weitverbreitete Auffassung, um den in Gang gebrachten Prozess nicht zu gefährden. Dies spiegelte sich auch in der Parteipolitik – in Südkorea bis in die jüngste Vergangenheit eher personenzentriert denn von klaren politischen Programmen bestimmt. Im Januar 1990 ging Roh, um die Konsequenzen seiner parlamentarischen Minderheit zu brechen, eine Koalition mit den Parteien von Kim Jong Pil und Kim Young Sam ein. Zum Präsidentschaftskandidaten für die nächsten Wahlen bestimmt, wurde so Kim Young Sam Ende 1992 zu Rohs Nachfolger gewählt, ohne dass die Übergabe der Macht an diesen ehemaligen Gegner der Militärdiktaturen einen tatsächlichen Machtwechsel bedeutet hätte. 1997 kam zwar ein solcher Machtwechsel mit der Wahl Kim Dae-jungs zum neuen Präsidenten zustande; wie eingeschränkt dies zu verstehen ist, wird aber daran deutlich, dass er sich wiederum den Wahlsieg durch eine Verschmelzung seiner Partei mit der Anhängerschaft Kim Jong Pils gesichert hatte. So bedeutete es einen erneuten Schritt in Richtung gefestigter und entpersonalisierter demokratischer Verfahren, als 2002 der ehemalige Menschenrechtsanwalt Roh Moo-hyun (No Muhyŏn), der sich aus kleinen Verhältnissen hochgearbeitet hatte, mit seiner deutlich linksliberalen «Unsere Offene Partei» (*Yŏllin uri tang*) das Präsidentenamt für sich gewinnen konnte. Die südkoreanische Demokratie hat seither einige Bewährungsproben bestanden, und an ihrer Stabilität kann heute kaum ein Zweifel mehr sein.

Nordkoreas Weg in den Juche-Staat

Eine verlässliche Geschichte Nordkoreas wird erst dann zu schreiben sein, wenn die Archive dieses Staates, der dem alten Korea-Klischee der «Einsiedler-Nation» heute in mancher Hinsicht Ehre macht, der Öffentlichkeit zugänglich gemacht werden. Gut dokumentiert sind lediglich die Jahre 1945–1950 aufgrund der bei der UN-Besetzung P'yŏngyangs erbeuteten Quellen. Mit dem Fall der Sowjetunion wurde weiteres Material, vor allem zu den sowjetisch-nordkoreanischen Beziehungen, einsehbar; so konnte die lange Zeit umstrittene Frage des Angreifers im Korea-Krieg endlich zuungunsten Nordkoreas geklärt werden. Ansonsten basiert das im Westen verfügbare Wissen über die Geschichte Nordkoreas großenteils auf von Südkoreanern aus den Selbstverlautbarungen des Bruderstaates zusammengetragenen Beobachtungen; die aus Propaganda und Gegenpropaganda entstandenen Verzerrungen sind nicht immer leicht herauszufiltern. Daher wird sich die folgende Darstellung auf einige historische Landmarken und wesentliche Charakteristika des nordkoreanischen Staates beschränken.

Wichtig für ein Verständnis der von wenigen für möglich gehaltenen Überlebensfähigkeit des Landes auch nach dem Zusammenbruch der Sowjetunion ist ein Einblick in seine Entstehungsgeschichte. Anders als nämlich das lange geltende westliche Vorurteil lautete, ist die kommunistische Gesellschaft Nordkoreas kein reines Implantat der sowjetischen Besatzungsmacht, die ursprünglich nicht mehr als ein neutrales Korea erhofft hatte, sondern erwuchs aus den Bedürfnissen und Wünschen breiter Gesellschaftsschichten. Der Norden der Halbinsel, vor allem die nord-östliche Provinz Hamgyŏng, besaß eine protestbereite Bauernschaft, die sich in den 1930er Jahren weithin in sogenannten «Roten Bauernvereinigungen» organisiert hatte und dank ihrer Entfernung von der politischen Zentrale in den Kriegsjahren ihre Widerstandsbereitschaft und ihre Verbindungen zu den in der Mandschurei operierenden Linken hatte aufrechterhalten können. In den oft hochindustrialisierten Städten des Nordens fand der Leninismus eine breite Basis in der Arbeiterschaft. Am wenigsten revolutionär gesinnt war noch die Bevölkerung P'yŏngyangs selbst, wo die Kommunisten sich den Einfluss mit einer besonders starken christlichen Mission und der einheimischen neuen Religion Ch'ŏndogyo teilen mussten; auch zum Programm der Letzteren gehörte aber die Idee einer gerechten Verteilung von (Land-) Besitz. Die Sowjets, deren Soldaten in den ersten Monaten der Besatzungszeit plündernd und vergewaltigend durch das «Feindesland» gezogen waren, sahen bald, dass sie diese indigene Bewegung nur zu unterstützen und sanft zu lenken brauchten, um einen unvermuteten Bündnispartner zu gewinnen.

Kim Il Sung war keineswegs der von den Sowjets handverlesene Wunschmachthaber. Diese schenkten ihr Vertrauen vielmehr den in der Sowjetunion aufgewachsenen koreanischen KPDSU-Mitgliedern. Kim Il Sung und seine Guerillas waren nicht sehr bewandert im orthodoxen Marxismus-Leninismus, dafür nationalistisch bis in die Knochen, und sie hatten gelernt, die bäuerliche Bevölkerung, auf deren Unterstützung sie angewiesen waren, für sich einzunehmen. Sein Ruhm als einer der von den Japanern am meisten gefürchteten Guerilla-Kämpfer, persönliches Charisma und ein ausgesprochenes taktisches Geschick, das er zum Teil während seiner Mitgliedschaft in der KP Chinas erworben hatte, waren die wichtigsten Voraussetzungen für Kim Il Sungs Weg zur Macht.

Als Leiter der provisorischen Regierung und stellvertretender Vorsitzender der aus einem Zusammenschluss mehrerer Gruppen neu gegründeten Kommunistischen Partei Koreas konnte Kim Mitte 1946 viele seiner engsten Vertrauten in zentrale Positionen bringen. Die Elimination der anderen Fraktionen innerhalb der Partei (ab 1949 «Arbeiter-Partei», *Rodongdang*), außer den Sowjetkoreanern noch die «Yen'an-Fraktion», die während des Zweiten Weltkriegs Maos Kampf in China unterstützt hatte, und die der einheimischen Kommunisten, war nur eine Frage der Zeit und wurde weitgehend im ersten Jahrzehnt seiner Herrschaft vollzogen. Das Resultat war die Vorherrschaft der Fraktion ehemaliger Partisanenkämpfer, die Nordkorea das Epithet des «Guerilla-Staates» eingebracht hat und sich in einer spezifisch koreanischen Ausprägung des Kommunismus zeigt.

Dazu zählt der bereits erwähnte Einbezug der Massen. Im Gegensatz zu anderen kommunistischen Parteien und in Widerspruch zu ihrem Namen definierte sich die «Arbeiterpartei» eben nicht durch die Avantgarde-Rolle der Arbeiterschaft, sondern nahm zahllose Kleinbauern in ihre Reihen auf, so dass sie auf 12–14% der Bevölkerung anschwoll. Diese «Massenlinie» demonstrierte Kim Il Sung durch zahllose Vor-Ort-Besuche in Industriebetrieben und Landwirtschaftskollektiven, die freilich im Verlaufe seiner Herrschaft immer mehr zur Pose wurden. Sie ging einher mit einem ebenfalls von den Erfahrungen des Partisanenkriegs geprägten paternalistischen Führungsstil einer eng verschworenen Herrschaftsriege, die Vertrauen nur aufgrund persönlicher Beziehungen schenkte und in ungewöhnlich hohem Maß zu Säuberungen griff. Das entscheidende Charakteristikum dieses Guerilla-Kommunismus ist jedoch die zentrale Bedeutung des Nationalismus. Kim Il Sung und seine Genossen kämpften in den mandschurischen Wäldern gegen den japanischen Imperialismus; der Kommunismus erschien ihnen dabei als der beste Weg, Korea zugleich von Fremdherrschaft als auch von Rückständigkeit zu befreien. Internationalismus war für sie weder ein wichtiger ideologischer Bestandteil noch gelebte Realität (im Gegenteil: die Zusammenarbeit mit der KP Chinas Anfang der 1930er Jahre hatte tiefe Wunden hinterlassen, als koreanische Kommunisten unter dem Verdacht, japanische Spitzel zu sein, grundlos verfolgt und ermordet wurden). Nicht zu einem sowjetischen oder chinesischen Marionettenstaat zu werden, war daher ein ernstes Anliegen Kim Il Sungs.

Die seit den 1940er Jahren immer wieder geäußerte Parole vom autonomen Staat wurde 1955 im Zusammenhang mit den Differenzen zwischen SU und China einerseits und einer weiteren Säuberung der Partei von den Sowjet- und Yen'an-Fraktionen andererseits zum ersten Mal in die Form einer Doktrin gegossen – die *Juche*-(*chuch'e*-)Ideologie war geboren, die sich im Laufe der Jahrzehnte gewissermaßen zur Staatsreligion mauserte (seit etwa 1974 ersetzt sie offiziell den Marxismus-Leninismus). Wie der Begriff (wörtl. «Subjekt», ausgelegt im Sinne von «Souveränität») sich einer Übersetzung entzieht, so suchen auch die redundanten Verlautbarungen dazu einer inhaltlichen Analyse zu entgehen, auch wenn Nordkorea während der 1970er Jahre ein gewisser Export von «Juche-Studiengruppen» in alle Welt gelang. Am besten zu verstehen ist die Ideologie wohl als Befreiungsschlag der Herrschaftsclique von Versuchen, ihre Machtausübung durch Bezugnahme auf die kommunistische Lehre einzuschränken. So verbindet sich in ihr die Vorstellung der ideellen (nicht wirtschaftlichen, wie oft fälschlich angenommen) Unabhängigkeit vom Ausland mit einem ausgeprägten und über die Jahre immer groteskere Züge annehmenden Führerkult um Kim Il Sung.

Bereits 1949 wurde die erste Statue Kim Il Sungs in P'yŏngyang enthüllt. Dass dies am 25. Dezember geschah, ist angesichts seiner Herkunft aus einer protestantischen Familie vermutlich kein Zufall. Sich als Vater und Mutter der Nation zugleich gerierend, verlangte er dafür grenzenlose Loyalität. Mit der Mitte der 1960er Jahre einsetzenden ideologischen Verengung wuchs Kim Il Sungs Bedeutung als ausschließlicher Bezugspunkt der Nation immer mehr an. Die Literatur beschränkte sich mehr und mehr auf Hagiographien des Führers (*suryŏng*), zum Beispiel die ab ca. 1972 erschienene Romanserie «Unvergessliche Geschichte» (*Pulmyŏl-ŭi yŏksa*) eines Autorenkollektivs, die Stationen im Leben Kims zum Gegenstand hat. Die Historiographie des letzten Jahrhunderts verengte sich zur Geschichte der Familie Kim, die nun die Protagonisten vieler zentraler Ereignisse lieferte, von der Zerstörung der *General Sherman* über den Tonghak-Aufstand bis zur Ersten-März-Bewegung. Die Denkmäler und Prunkbauten P'yŏngyangs wurden von den 1970ern an eng an die Person Kim Il Sungs gebunden, so etwa die 1972 zu Ehren seines 60. Geburtstages errichtete «Terrasse des Ewigen Lebens» mit Revolutionsmuseum und 20 Meter hoher Bronzestatue von Kim, oder der 1982 zum 70. Geburtstag eröffnete Juche-Turm, dessen 25 550 Fassaden-Steinplättchen seine bis dahin verbrachten Lebenstage symbolisieren. Als Kim Il Sung im Juli 1994 starb, erweckte die ungehemmte Trauer auf den Straßen der Stadt den Eindruck des Übergangs von Personenkult in quasi-religiöse Verehrung, wie sie auch in dem feierlichen Besuchsritual in seinem Mausoleum («Gedenk-Palast Kŭmsu-san») zum Ausdruck kommt.

Bei einem derart personalisierten Selbstverständnis kam das nordkoreanische Staatswesen um die Etablierung einer Dynastie nicht herum. Der 1941 geborene Kim Jong Il (Kim Chŏngil) wurde von seinem Vater seit den 1970er Jahren allmählich in immer höhere Ämter gebracht und 1980 beim Sechsten Kongress der Arbeiterpartei ins Präsidum des Politbüros, ins Sekretariat des

Zentralkomitees der Arbeiterpartei und in die Nationale Verteidigungskommission eingeführt und somit seine Thronnachfolge offiziell verkündet. 1992 setzte Kim Il Sung seinen Sohn gewissermaßen als Prinzregenten ein, indem er ihm die Machtbefugnis über alle inneren Angelegenheiten übertrug. Zwar blieb das Präsidentenamt, das Kim Il Sung seit 1972 innegehabt hatte, nach dessen Tod aus Pietätsgründen leer, doch war Kim Jong Il fraglos der de-facto-Machthaber. Nach der gebotenen Trauerzeit von drei Jahren wurde er 1997 Generalsekretär der Arbeiterpartei, und 1998 wurde durch eine Verfassungsänderung das Amt des Vorsitzenden der Nationalen Verteidigungskommission, das Kim seit 1991 innehatte, zum höchsten Staatsamt erklärt. So führte der nordkoreanische Weg von einer weitgehend vom Volkswillen getragenen Revolution in die vielleicht bizarrste Diktatur der heutigen Welt, die 2011 mit der Machtübernahme von Kim Jong Ils Sohn Kim Jong Un endgültig die Züge einer Erbdynastie angenommen hat. Nichts könnte die Entfernung von den ursprünglichen Idealen deutlicher machen als die gegen Mitte der 1960er Jahre vorgenommene Einteilung der Gesellschaft nach angenommener politischer Zuverlässigkeit in drei Schichten mit etwa 50 Untergruppierungen. Die Gruppenherkunft eines Individuums entschied wesentlich über seine Lebenschancen; nahezu einziges Mittel der sozialen Mobilität war, wie auch schon in der Chosŏn-Zeit, der Militärdienst.

Parallel zu dieser gesellschaftlichen Wende in die Vergangenheit verlief Nordkoreas wirtschaftlicher Weg von durchaus hoffnungsvollen Anfängen in den völligen Ruin. Nach den entsetzlichen Zerstörungen des Korea-Kriegs begann ein rapider Aufbau, wobei man sich das Know-how aus der Kolonialzeit zunutze machte; auch japanische Techniker waren teilweise noch im Land (zu Beginn der Volksrepublik stellten sie ein Zehntel der obersten Expertenschicht). Unterstützung und technisches Wissen kam natürlich auch aus der Sowjetunion, allerdings in abnehmendem Maße: 1954 bestand ein Drittel des Staatshaushaltes aus internationalen Hilfen, 1960 betrug ihr Anteil weniger als 3%. Beim Aufbau half zudem die hohe Motivation der Arbeiterschaft, die unter anderem auf einem klaren 4-Stufen-Lohnsystem beruhte, das gleichen Lohn für gleiche Arbeit auch für Frauen vorsah; sie machten rasch einen Gutteil des Arbeitsheeres aus. Die 1958 ausgerufene Ch'ŏllima-Kampagne (nach einem sagenhaften «Tausend-Meilen-Pferd» benannt) für eine Steigerung der Produktion und eine Verringerung des Ressourcenverbrauchs brachte die mentale Mobilmachung auf einen neuen Höhepunkt. Bis in die 1960er Jahre hinein wuchs Nordkoreas Wirtschaft deutlich rascher als die südkoreanische.

Ähnliches galt für die Landwirtschaft, die bis 1959 – gegen vergleichsweise geringen Widerstand, da der kriegsbedingte Arbeitskräftemangel gemeinschaftliches Handeln erforderlich machte – gänzlich kollektiviert worden war. Die nachlassende Produktivität der ländlichen Kooperativen im Vergleich zu den (ca. 10% des verfügbaren Bodens bearbeitenden) Staatsfarmen führte 1962 zur Einführung eines Managementsystems, das jeder Kooperative ein technisches Expertenteam an die Spitze stellte, welches wiederum zugleich Teil der Staatsbürokratie war. Bald darauf, 1964, wurde die Technisierung der Landwirtschaft zur Doktrin erklärt. Dazu gehörten großflächige Bewässerung (mehr als die Hälfte der landwirtschaftlichen Fläche war 1988 bewässert) sowie vermehrter Einsatz von Maschinen und vor allem von Düngemitteln. Teil der Doktrin war auch die Angleichung des ländlichen Lebensstandards an den städtischen, die Anfang der 1980er Jahre nahezu erreicht war. Gleichzeitig sank der Anteil der in der Landwirtschaft Arbeitenden von 58% im Jahr 1960 auf 34% 1989. Bei nur 18% kultivierbarer Fläche und ungünstigem Klima, das keine zweiten Ernten zulässt, konnte das Ziel der Nahrungsmittelautarkie trotzdem weitgehend erreicht werden. In den 1980er Jahren gab Nordkorea landwirtschaftliche Entwicklungshilfe in Höhe von rund 26 Millionen Dollar an afrikanische Staaten.

Im Industriebereich zeigten sich jedoch spätestens Mitte der 1960er Jahre die ersten Ermüdungserscheinungen: Die Potentiale eines Wachstums durch Mobilisierung waren ausgeschöpft, der Sieben-Jahres-Plan 1961–1967 musste bis 1970 ausgedehnt werden. Um technologisch Schritt halten zu können, wurden danach in hohem Umfang Produktionsgüter aus dem Westen angekauft. Die Unfähigkeit, die resultierenden Schulden abzutragen, ließ auch diesen Weg in der Sackgasse enden. Das Pro-Kopf-Einkommen Nordkoreas, das bis ca. 1976 mit dem Süden in etwa hatte Schritt halten können, fiel nun deutlich zurück. Dazu kamen die steigenden Militärausgaben, provoziert durch die kämpferisch antikommunistische Haltung des Park-Regimes im Süden.

Als mit dem Zusammenbruch des Ostblocks Nordkoreas wichtigste Handelspartner sowie die technische und materielle Unterstützung durch die UdSSR wegfielen, konnte dies durch keine inneren Ressourcen ausgeglichen werden. Die Engpässe in der Industrie und in der Energieversorgung schlugen gerade wegen ihres hohen Mechanisierungsgrades rasch auf die Landwirtschaft durch. Die langjährige Überdüngung tat ein übriges. Bereits Anfang der 1990er Jahre gab es Anzeichen einer Nahrungsmittelknappheit. Drei Jahre der Überflutungen und Dürren (1994 bis 1996), erstere auch eine Folge starker Erosion durch extensiven Maisanbau, führten zu einer Hungerkatastrophe, die bis in die Mitte der 2000er Jahre immer wieder aufflammte, in Nordkorea selbst allerdings als zeitlich eingegrenzter «Leidensmarsch» (*konan-ŭi haenggun*, 1994–97) ikonisiert wurde.

13. Das neue Millennium: Krisen und Dynamik

Währungskrise und neues Wirtschaftswunder in Südkorea

Die Wahl Kim Dae-jungs zum neuen Präsidenten Ende 1997 war zwar ein wichtiger Abschnitt im schrittweisen Sieg der demokratischen Opposition, fiel aber in eine Zeit des wirtschaftlichen Chaos. Die als «IWF-Krise» bekannten Erdbeben auf den asiatischen Finanzmärkten, denen sich Südkorea erst 1995 mit dem Beitritt in die OECD ganz geöffnet hatte, offenbarten die Schwächen seiner Wirtschaftsweise, insbesondere der politisch motivierten und daher wirtschaftlich oft nicht rationalen Subsidierung der sich rapide internationalisierenden Großkonzerne. Zusammen mit einem weitverbreiteten spekulativen Wirtschaftsverhalten hatte diese Finanzpolitik zu einer Vervierfachung der Auslandsschulden seit 1993 auf nun ca. 155 Milliarden Dollar geführt. Die durch die Finanznot in Thailand angestoßene Kapitalflucht brachte im Sommer 1997 die Währungskrise herbei, die Südkorea, wie andere Länder auch, im Gegenzug zu einer Anleihe von 53 Milliarden Dollar des IWF (Internationaler Währungsfond) und zu radikalen wirtschaftlichen Reformen zwang. Energische Strukturreformen im Finanzsektor und gesetzlich erzwungene größere Transparenz der Privatwirtschaft sorgten für eine Entflechtung von Staat, Wirtschaft und Banken. Die öffentlichen Dienste wurden teils privatisiert, teils umstrukturiert und zusammengeschmolzen.

Für die südkoreanische Bevölkerung bedeutete die aufgezwungene Deregulierung in erster Linie einen Verzicht auf viele im Verlauf der Demokratisierungsphase erkämpfte Errungenschaften. Eine deutliche Senkung des Lohnniveaus hatte zum Beispiel zu den Forderungen des IWF gehört. Die Arbeitslosenzahl stieg um 1,2 Millionen auf ca. 8%; besonders Frauen wurden wieder zurück an den Herd gedrängt. «Flexibilisierung der Arbeit» bedeutete eingeschränkte Arbeitsrechte und vor allem den Austausch von fest angestellten Arbeitskräften durch Gelegenheitsarbeiter, viele davon (oft illegale) Migranten aus Südostasien oder aus der koreanischen Minderheitenregion in China (Yen-pien). Trotz bitterer Kritik an den Vorgaben des IWF war aber die dominierende Reaktion nicht Protest, sondern eine weite Teile der Bevölkerung erfassende gemeinsame Anstrengung, in deren Rahmen Hausfrauen ihren Schmuck spendeten, um die staatlichen Goldreserven aufzufüllen, und der Import ausländischer Luxusgüter ebenso wie die Zahl der Auslandsreisen vorübergehend drastisch zurückgingen. Wenn auch letzteres als eher symbolischer Beitrag der besitzenden Schichten zu werten ist, hatte er sozialpsychologisch doch den Effekt, dass die vorzeitige Rückzahlung des IWF-Kredits bis August 2001 als gemeinsame Leistung der gesamten Nation aufgefasst werden konnte. Ende 2004 waren die Devisenreserven des Landes auf ein Rekordhoch von 199 Milliarden Dollar gestiegen. Wieder einmal hatte Korea sich als Musterschüler, diesmal des IWF, bewährt.

Die Finanzkrise und die Auflagen des IWF hatten eine generelle ökonomische Verunsicherung der Mittelschicht und das Ende so manchen Großkonzerns zur Folge, setzten aber auch eine erhöhte wirtschaftliche Dynamik in Gang. In den auf sie folgenden Jahren wurde Südkorea zu einer wirtschaftlichen «Mittelmacht»: Die Position im Länderranking nach Bruttosozialprodukt changiert seit Anfang der 2000er Jahre um den elften Platz herum; als Exportnation nimmt es etwa Platz sieben ein. Nicht zuletzt aufgrund einer seit der Asienkrise implementierten Politik der geringen Staatsschulden und hohen fiskalischen Reserven gelang es dem Land auch, die 2008 einsetzende globale Finanzkrise ohne nennenswerte Rezession zu meistern. Besonders ausgezahlt hat sich dabei wohl die Innovationsfreudigkeit der Politik, die sich seit der Ära Kim Dae-jungs ungebrochen fortsetzt. So wurden die Finanzhilfen des IWF unter anderem zum raschen Ausbau der digitalen Infrastruktur verwendet, was Korea in einer entscheidenden Phase zum

Land mit dem schnellsten Internet und den höchsten Raten der Internet-Anbindung und -Nutzung machte. Der sich daraus ergebende lebhafte Binnenmarkt schuf die Voraussetzung dafür, dass große Konzerne wie LG und vor allem Samsung mit ihren Elektronik-Sparten zu beherrschenden Positionen auf dem Weltmarkt aufsteigen konnten. Ein weiterer positiver Faktor war die gezielte Ausrichtung der Wirtschaft des Landes auf Hochtechnologie, die mit solcher Konsequenz verfolgt wurde, dass auch zu Zeiten der Erschütterung durch die globale Finanzkrise staatliche Investitionen in Forschung und Entwicklung erhöht, nicht etwa herabgesetzt wurden.

Bewährungsproben der Demokratie

Sicher spielte bei dieser rasanten Entwicklung die spezielle Position als Vorposten der westlichen Welt, deren Wirtschaftshilfen, technische Transfers und für koreanische Waren weitgehend offenen Märkte eine entscheidende Rolle. Sie wäre aber auch nicht möglich gewesen ohne den eisernen Willen zum Aufstieg, der die Nation kennzeichnete. Als exemplarisch dafür kann das Maß stehen, in dem die Nachkriegsgesellschaft Südkoreas Bildung als Motor der sozialen Mobilität begriff und sich zu eigen machte. Waren 1945 noch mehr als 70% der Erwachsenen Analphabeten, ist seit den 1980er Jahren die Rate der Absolventen von Institutionen höherer Bildung eine der höchsten der Welt. Südkorea produziert heute mehr Bücher pro Kopf als Japan.

Der hohe Bildungsgrad, ebenso wie der hohe Grad der Vernetzung, sorgte im neuen Millennium für eine ausgesprochen lebendige, streitbare Demokratie. Zunächst schlug, noch in den 1990ern, die Stunde der Zivilgesellschaft: Als mit den Wahlerfolgen von Kim Young-sam und Kim Dae-jung die Festigkeit der Demokratie einigermaßen erwiesen war, trat ein Wandel in der für die Überwindung der Militärdiktatur so essentiellen Szene der Nichtregierungsorganisationen ein. Aus der potentiell militanten, systemkritischen *minjung*-Bewegung der 1980er wurde (bei nur partiellem Austausch der Akteure) eine systemimmanent argumentierende, kritische Öffentlichkeit, die sich in einer Vielzahl von thematisch spezifischen Vereinigungen organisierte. Fragen der ökonomischen Gerechtigkeit blieben von Bedeutung, wurden nun aber nicht mehr allein in Bezug auf die koreanischen «Volksmassen» (*minjung*), sondern zum Beispiel auch auf die lange Zeit weitgehend rechtlosen Fremdarbeiter gestellt. Daneben traten aber auch Themen wie Verbraucherschutz, Umweltschutz und Frauenrechte stärker in den Vordergrund. Unter den individuellen Vereinigungen stach besonders die 1994 gegründete People's Solidarity for Participatory Democracy (PSPD, *Ch'amyŏ yŏndae*) hervor, die für die Einbeziehung alter *minjung*-Kräfte und -Anliegen in die neue Zivilgesellschaft eintrat und sich aufgrund ihrer hohen Mitgliederzahlen als stabile oppositionelle Kraft bewährte. Von dieser und anderen Organisationen getragene Kampagnen sorgten in den frühen 1990ern für die Aufarbeitung der Verbrechen der Militärdiktatur (Chun Doo-hwan und Roh Tae-woo wurden unter Kim Young-sam verurteilt, vom bald darauf die Präsidentschaft antretenden Kim Dae-jung jedoch begnadigt). Im Zusammenhang mit der Bewältigung der IWF-Krise war die PSPD ein wichtiger Faktor bei der Umstrukturierung der Wirtschaft zu mehr Transparenz, Entflechtung und persönlicher Verantwortung von Führungskräften. Jenseits unmittelbarer Erfolge wurden durch zivilgesellschaftliche Akteure auch Prozesse gesellschaftlichen Umdenkens angestoßen, die erst langfristig Wirkung zeigten. So dauerte es trotz anhaltenden Druckes von Frauenverbänden nach der Demokratisierung noch zwei Jahrzehnte, bis das patriarchale System der Familienregister (*hojuje*), das zwingend männliche Haushaltsvorstände mit besonderer Entscheidungs- und Verfügungsmacht vorsah, zum Januar 2008 abgeschafft wurde.

Zivilgesellschaftliches Engagement wirkte auch direkt auf den politischen Prozess ein. Das neue Jahrhundert sah die wachsende Bedeutung von sich über das Internet organisierenden «netizens» (kurz für «internet citizens»). Erstes Beispiel war der enorme Einfluss, den eine von einem Dachverband progressiver Bürgerorganisationen ins Netz gestellte schwarze Liste korrupter Kandidaten auf die Parlamentswahlen 2000 hatte. Roh Moo-hyun verdankte seine Wahl zum Präsidenten 2002 nicht zuletzt einer höchst lebendigen Internetkampagne, und als er im März 2004 vom Parlament unter fadenscheinigen Begründungen seines Amtes enthoben wurde, entwickelte sich das Internet zum Sammelbecken wütenden Volksprotestes, der seiner Partei («Unsere Offene Partei») den Sieg in den anschließenden Parlamentswahlen sicherte (Roh kam im Mai des Jahres zurück in Amt und Würden). Das Internet schuf in Korea nicht nur Arenen für politische Partizipation jenseits von Parteien und Parlamenten, die von den Bürgern intensiv genutzt wurden, es durchbrach vor allem das Informationsmonopol der zumeist konservativen Zeitungen und Fernsehsender und stellte damit die politische Kultur des Landes auf eine neue Basis.

Natürlich blieben Kampagnen, Information (und Desinformation) und Vernetzung über das Internet nicht lange das Prärogativ progressiver Gruppen, vielmehr bildete das neue Medium rasch die politische Spaltung der Nation ab. Tiefsitzende Ängste vor Nordkorea und vor «kommunistischen Umtrieben», das Bedürfnis nach Schutz durch enge wirtschaftliche und verteidigungspolitische Anlehnung an die USA und Vertrauen in autoritäre Führung als Garant wirtschaftlicher Erfolge auf der einen Seite, der Wunsch nach Wiedervereinigung, nach Unabhängigkeit von fremden Großmächten, nach größerer Durchlässigkeit der Gesellschaft und nach Aufarbeitung der (kolonialen und diktatorischen) Vergangenheit auf der anderen Seite bilden die Grundlage von zwei politischen Lagern, die – nur teilweise einem westlichen Links-Rechts-Schema folgend – sich bis heute spannungsreich gegenüberstehen.

Nach zehn Jahren liberaldemokratischer Präsidentschaften stellte ab 2008 mit Lee Myung-bak (Yi Myŏngbak) wieder die rechtskonservative Seite den Präsidenten. Lee, der als ehemaliger Manager im Bausektor des Hyundai-Konzerns über beste Beziehungen in die (Bau-)Wirtschaft verfügte, galt vielen schnell als korrupt, zumal er als Prestigeprojekt seiner Präsidentschaft ein Kanalbauprojekt verfolgte, das auf wenig öffentliche Gegenliebe stieß, aber Baufirmen und Grundspekulanten hohe Gewinne beschert hätte (es wurde umgewandelt in das ebenfalls umstrittene, aber durchgeführte Vier-Ströme-Projekt, das Hochwasserkontrolle und regionale Entwicklung zum erklärten Ziel hatte, aber teils desaströse ökologische Folgen zeitigte). Schon im ersten Jahr seiner Regierungszeit kam es zu einer heftigen Protestwelle, als er bei seinem Antrittsbesuch in den USA ankündigte, das Einfuhrverbot für amerikanisches Rindfleisch, das wegen der BSE-Gefahr bestanden hatte, abzuschaffen. Nicht nur in linken Kreisen wurde dies als Demutsgeste gegenüber der Schutzmacht und Ausverkauf koreanischer Gesundheitsinteressen gesehen. Ausgelöst durch das ikonisch gewordene Foto eines demonstrierenden Schulmädchens mit Kerze in der Hand entwickelte sich im Rahmen dieser «Rindfleischunruhen» die Protestform der «Kerzendemonstrationen», deren friedlicher Charakter und gelegentliche Festivalatmosphäre die Hemmschwelle für die Teilnahme erheblich senkte und stilbildend wurde auch für spätere Massendemonstrationen. Lee Myung-bak selbst zeigte sich von den monatelangen Unmutsbezeugungen beeindruckt und beruhigte die Öffentlichkeit schließlich mit einem Kompromiss. Dies hielt ihn freilich nicht ab von einer weiterhin konsequent neoliberal-konservativen Politik, in deren Zuge ein hoch umstrittenes Freihandelsabkommen mit den USA durchgesetzt (2011), Privatisierungshemmnisse gelockert und das Bildungssystem durch höhere Studiengebühren und die Zulassung privater Gymnasialstufen-Schulen (*kodŭng hakkyo*, Klassen 9–12) weiter sozial stratifiziert wurde. Der politische Lagerkampf wurde unter Lee mit harten Bandagen geführt, unter anderem wird ihm vorgeworfen, seine Kritiker durch Schmutzkampagnen eingeschüchtert zu haben. Am bekanntesten ist das Schicksal Roh Moo-hyuns, der sich angesichts von offenbar überzogenen Anschuldigungen der Bestechlichkeit im Mai 2009 zu Tode stürzte.

Mit einem Programm, das der wachsenden wirtschaftlichen Ungleichheit den Kampf ansagte, gewann die ebenfalls der konservativen Partei (zu der Zeit: Saenuri-dang) angehörende Park

Geun-hye (Pak Kŭnhye), Tochter von Park Chung-hee, 2012 die Präsidentschaftswahl. Die Tatsache, dass zum ersten Mal eine Frau in diese Machtposition kam, ist allerdings weniger auf einen Fortschritt in den Geschlechtergerechtigkeit zurückzuführen als auf eine gewisse Nostalgie für die Zeiten ihres Vaters, in denen ja die Grundlage für eine erhebliche Verbesserung des Lebensstandards auch der breiten Bevölkerung gelegt worden war. Die in sie gesetzten Hoffnungen konnte Park, eine durch die Morde an ihren Eltern und eine selbst erlittene Messerattacke wohl mehrfach traumatisierte Frau, allerdings nicht erfüllen.

Ihre politische Unfähigkeit galt ihren Gegnern und bald auch einer breiteren Öffentlichkeit als erwiesen, als im April 2014 das Fährschiff *Sewŏl* vor der Südküste Koreas unterging und über 300 Menschen, die meisten davon Jugendliche auf Klassenfahrt, in den Tod riss. Park vermochte es weder, die Ungereimtheiten im Zusammenhang mit den mangelhaften Rettungsbemühungen aufzuklären, noch ihre eigene Abwesenheit an diesem Tag plausibel zu machen. Es handelte sich um ein in waghalsiger Manier umgebautes Schiff, das mehr als das Dreifache der zulässigen Ladung transportierte, wofür an Ballastwasser gespart wurde, so dass die Stabilität nicht gewährleistet war. Der diensthabende Kapitän, ein schlecht bezahlter Leiharbeiter im Rentenalter, versäumte die notwendigen Evakuierungsmaßnahmen, rettete sich selbst aber bei erster Gelegenheit. Die Küstenwache reagierte verspätet und fehlerhaft. So wurde der Untergang der *Sewŏl* zum Symbol für Profitgier, Inkompetenz und Verantwortungslosigkeit der Besitzenden ebenso wie der politischen Klasse – umso mehr, als die Großzahl der Opfer aus einfachen Verhältnissen stammte.

Park Geun-hye war damit früh in ihrer Amtszeit beschädigt. Ihr unsouveräner Umgang mit Kritikern tat ein Übriges. So wurde beispielsweise eine (bereits unter Lee Myung-bak begonnene) schwarze Liste von Kulturschaffenden geführt, die keine staatliche Förderung erhalten durften. Auch in den Geschichtsunterricht griff die Regierung mittels Vorgaben an die Schulbuchverlage ein, nicht zuletzt um die öffentliche Wahrnehmung Park Chung-hees zu kontrollieren. Geplant war außerdem, die 2003 eingeführte Freiheit der Schulbuchwahl wieder abzuschaffen. Die Ablehnung dieser autoritären Politik steigerte sich zum Volkszorn, als im Herbst 2016 bekannt wurde, dass Park Geun-hye eine Freundin, Choi Soon-shil (Ch'oe Sunsil) zur engsten Beraterin gemacht und ihr weitreichende, unrechtmäßige Einflussmöglichkeiten eingeräumt hatte. Dass dies nur die Fortsetzung ihrer engen Beziehung zu Chois verstorbenem Vater war, dem Sektenführer Choi Taemin, der in ihren Jugendtagen als Parks Mentor fungiert hatte, ließ Park umso mehr als Marionette in den Händen ihrer Vertrauten erscheinen, die überdies ihre Position skrupellos zur persönlichen Bereicherung genutzt hatte. Unter dem Druck von wöchentlichen, zu ungekannter Größe anschwellenden Kerzendemonstrationen am Kwanghwamun-Platz in Seoul, die bald auch auf andere Städte übergriffen, wurde Park im Dezember des Jahres vom Parlament ihres Amtes enthoben.

Mit Moon Jae-in (Mun Chaein), Menschenrechtsanwalt wie einst Roh Moo-hyun, gewann wieder ein Kandidat des progressiven Lagers die Wahlen. Er versprach der Bevölkerung vor allem eine selbstbewusste, aber friedenssichernde Außenpolitik, die Stärkung des Sozialsystems und Schwächung der *chaeböl* (Großkonzerne), eine «grüne» Energiepolitik und größere Transparenz und Volksnähe in der Amtsführung. Demgemäß suchte er in der Außenpolitik eine Balance zwischen den USA und China, engere wirtschaftliche Beziehungen zu Russland und Entspannung im Verhältnis zu Nordkorea. Innenpolitisch konnte er zwar wieder ein liberales Klima schaffen, scheiterte aber weitgehend an einer Einhegung der *chaeböl*. Viel Lob, auch international, brachten seiner Administration jedoch die zielführenden Maßnahmen zur Eindämmung der Corona-Pandemie in den Jahren 2020 und 2021 ein: Nicht nur hatte Südkorea eine der geringsten Letalitätsraten weltweit aufzuweisen – wozu das disziplinierte und kooperative Verhalten der Bevölkerung freilich keinen geringen Anteil hatte –, es erlitt auch unter allen OECD-Ländern den geringsten wirtschaftlichen Schaden.

Dass im März 2022 dennoch nicht der Kandidat von Moons Demokratischer Partei, sondern der konservative Herausforderer Yoon Seok Yeol (Yun Sŏngnyŏl) die Präsidentschaftswahl (äußerst knapp) gewann, lag daher wohl weniger an wirtschaftspolitischen Fragen, sondern in erster Linie an Yoons Versprechen, die gesellschaftliche Modernisierung Südkoreas abzubremsen.

Sozialer und kultureller Wandel

Im doch weitgehend freiheitlichen Rahmen der immer wieder erfolgreich verteidigten Demokratie konnten wirtschaftlicher Aufschwung und Globalisierung ihre sozialen, kulturellen und technologischen Wandlungskräfte voll entfalten: die südkoreanische Gesellschaft hat seit den 1990er Jahren in vieler Hinsicht einschneidende Veränderungen durchgemacht. Ein zentraler Aspekt, an dem sich viele dieser Wandlungsfaktoren ablesen lassen, ist dabei vor allem die rasante Alterung der Gesellschaft. Die Fruchtbarkeitsrate, die 1960 noch bei sechs Kindern pro Frau gelegen hatte, sank bis 2022 auf 0,78 und ist damit heute die niedrigste weltweit. Infolgedessen ist die südkoreanische Gesamtbevölkerung seit 2020 leicht rückgängig. Während die rasche Senkung der Geburtenrate in den 1970er Jahren mindestens teilweise auf die staatliche Propagierung der Ein-Kind-Familie zurückging, können die etwa seit der Jahrhundertwende angestrengten gegenläufigen Kampagnen angesichts enormer Bildungskosten und abnehmender Heiratswilligkeit vor allem der Frauen keine entsprechende Wirkung entfalten. Ein weiterer Faktor war die ausgeprägte traditionelle Präferenz für Söhne als Garanten der Versorgung im Alter (und, durch Ahnenopfer, nach dem Tode), die besonders in den 1980er Jahren zu Abtreibungen weiblicher Föten führte.

Nicht erst aufgrund des Geschlechter-Ungleichgewichts, sondern vor allem wegen des ungebrochenen Trends zur Urbanisierung fehlte es vor allem ortsgebundenen Männern auf dem Land an willigen Heiratspartnerinnen; Männern der städtischen Unterschicht ging es allerdings ähnlich. Das Problem wurde besonders im ersten Jahrzehnt des neuen Millenniums vorzugsweise durch

«Import» von Bräuten aus dem südostasiatischen Ausland gelöst: Der Anteil binationaler Heiraten stieg zwischenzeitlich auf etwa 14 %. Die Arbeitsmigration aus ärmeren (vielfach süd- und zentralasiatischen) Ländern sowie ein sich immer stärker globalisierendes Bildungssystem sorgten ebenfalls für deutlich multikulturelle Anteile der einst weitgehend homogenen südkoreanischen Gesellschaft. Der rasante Aufstieg Chinas tat ein Übriges, um die einseitige Ausrichtung am westlich-amerikanischen Lebensstil aufzubrechen. Im Bereich der Gender-Politik allerdings gewann letzterer in den vergangenen Jahren noch deutlich an Einfluss: Die MeToo-Bewegung, die 2018 in Südkorea ankam, brachte weitere Dynamik in den ohnehin spürbaren feministischen Aufbruch, und auch die LGBTQ-Community begann unter Moon Jae-in, lautstärker Antidiskriminierungsgesetze einzufordern, mit steigender Zustimmung in der Bevölkerung.

Der politische und soziale Wandel fand seinen Niederschlag natürlich auch in drastischen Veränderungen der kulturellen Produktion. Literatur und darstellende Künste waren in der Hochzeit der Protestbewegung, den 1970er und 1980er Jahren, vor allem von politischer Bewusstseinsarbeit und kultureller Wurzelsuche geprägt; beides ging oft Hand in Hand, wie am Beispiel vielbändiger historischer Romanreihen zu sehen ist, die nach dem Vorbild von Pak Kyŏngnis (1926–2008) «Land» (*T'oji*, 1969–1994, 16 Bände) in den 1980er Jahren Mode wurden. Im Zuge der erfolgreichen Demokratisierung fand eine Wendung nach innen statt, mit psychologischer Tiefe wurden die Folgen der Verstädterung und des Wertevakuums in der Konsumgesellschaft ausgeleuchtet. Gleichzeitig wandte man den Blick aber auch nach außen: Mit neuer Rezeptionsfreudigkeit wurde z.B. der «phantastische Realismus» Lateinamerikas aufgenommen. Die Aufarbeitung der eigenen Geschichte machte einer thematischen Diversifizierung Platz, die auch außer-koreanische Themen und Schauplätze einschloss. Das politische Improvisationstheater (*madanggŭk*), das sich im Rahmen der *minjung*-Bewegung herausgebildet hatte, wurde nun auf seine Stellung im internationalen Experimentaltheater hin überprüft, weiterentwickelt und exportiert. Der *push*-Faktor einer Kulturpolitik, die mit Förderprogrammen koreanische Kultur auf der Weltbühne zu etablieren versuchte, wurde so zunehmend ergänzt durch den *pull*-Faktor einer genuinen literarischen Anschlussfähigkeit, der Autoren wie Kim Youngha (geb. 1968) und Han Kang (geb. 1970), Gewinnerin des Man Booker Prize 2016, ihre internationalen Erfolge verdanken. Auch die bildende Kunst Südkoreas schloss – besonders seit der Etablierung der Kwangju Biennale im Jahr 1995 – zur internationalen Szene auf. Bemerkenswert ist dabei, dass auch ein bereits historischer Zweig der koreanischen Malerei, die Bewegung der «monochromen Bilder» (*tansaekhwa*) der 1970er um die Zentralfigur Lee Ufan (geb. 1936), in jüngerer Zeit Aufmerksamkeit erregen konnte. Stärker als alle vorgenannten Gattungen hat jedoch der koreanische Film den internationalen Markt erobert. So war bereits in den 2000er Jahren der eigenwillige, vielfach preisgekrönte Regisseur Kim Ki-duk (geb. 1960) steter Gast auf den großen Filmfestivals. 2020 wurde der Film «Parasite» von Bong Joon-Ho (geb. 1969) als erster fremdsprachiger Film in der Geschichte der Oscarverleihungen überhaupt als «bester Film» ausgezeichnet.

Seine wachsende kulturelle Ausstrahlung verdankt Korea allerdings in erster Linie der Populärkultur. Südkoreanische Fernsehserien und Popmusikgruppen hatten schon Ende der 1990er Jahre in China Hochkonjunktur, die bald nach Südostasien ausstrahlte. Mit der Fernsehserie «Winter-Sonate» (*Kyŏul yŏn'ga*) erfasste der Korea-Boom 2004 auch Japan, was in Korea mit besonderer Befriedigung registriert wurde. Mit der Zeit breitete sich die «Korea-Welle» (*hallyu*) auch in die westlichen Industrieländer aus, wo sie 2012 durch den unerwarteten Erfolg eines kleinen Musikvideos erstmals aus dem Nischendasein gerissen wurde: «Gangnam Style» des Sängers Psy (Park Jae-sang, geb. 1977). Ironischerweise handelte es sich dabei eigentlich um eine Persiflage genau jenes *hallyu*-Mainstreams, dessen weltweite Vermarktung sich eine südkoreanische Förderindustrie zum Ziel gesetzt hatte. In den Folgejahren konnte jedoch auch diese Popmusik selbst ein immer größeres Publikum begeistern. Hervorzuheben ist insbesondere die zwischen 2013 und 2022 aktive Band BTS (Pangt'an sonyŏn tan), deren sieben Mitglieder zu globalen Superstars wurden. Ähnlich erfolgreich war die koreanische Filmindustrie 2021 mit der Netflix-Serie «Squid Game», einem weltweiten Publikumserfolg. Südkorea ist so innerhalb kürzester Zeit zu einer (pop-)kulturellen Supermacht aufgestiegen.

Nordkorea auf dem Weg zur Atommacht

Wenngleich Nordkorea mit seiner stabilen Erbdiktatur und seiner geringen Teilhabe an der globalen Vernetzung nicht die gleiche Dynamik entfaltet wie der südliche Landesteil, haben sich auch dort die Verhältnisse – von der westlichen Öffentlichkeit oft kaum bemerkt – seit der Jahrhundertwende nicht unerheblich gewandelt. Die Hungersnot von 1993–1997 und die auch danach immer wieder aufflammende Nahrungsmittelknappheit hatte zur Folge, dass das staatliche Verteilungssystem zusammenbrach und die Arbeit in den staatlichen Produktionsstätten sich kaum noch lohnte. Viel lukrativer war nun der Handel auf den blühenden Schwarzmärkten, insbesondere mit Waren aus China, die über die Grenzflüsse Yalu und Tumen geschmuggelt wurden. Eine andere Option, besonders für Menschen aus den nördlichen Provinzen, war die Arbeitsmigration bzw. Flucht nach China; wahrscheinlich hunderttausende Nordkoreaner fanden seit den späten 1990er Jahren dort Unterschlupf, aufgrund ihres illegalen Status in der Regel unter erbärmlichen Bedingungen. Etwa 30 000 Flüchtlinge haben in dieser Zeit Südkorea erreicht.

Schon aufgrund des Legitimitätsverlustes, der mit diesen Entwicklungen einherging, war die nordkoreanische Führung gezwungen zu handeln. Durch eine neue Verfassung von 1998 wurden Wirtschaftsreformen vorbereitet und 2002 schließlich implementiert, vermutlich nach langen Diskussionen. Es handelte sich dabei in erster Linie um die begrenzte Zulassung von Marktmechanismen mit dem Zweck, Produktionsanreize zu schaffen: offizielle Duldung zumindest mancher Märkte, Vergrößerung der

Privatparzellen für eigenverantwortlichen Landbau sowie eine Preis- und Gehälterreform, die den Ressourcenverbrauch unter wirtschaftliches Diktat stellte und durch höhere Gewinnmöglichkeiten die Produktion von Reis anheben und Spekulationen mit dem Getreide unterbinden sollte.

Ein weiteres Element der Wirtschaftsreformen war die Aufstockung der Sonderwirtschaftszonen von einer (Rajin-Sŏnbong im Dreiländereck zwischen China und Russland, eingerichtet 1984) auf zunächst vier im Jahr 2002. Die Sonderwirtschaftszone um das an der Westgrenze zu China gelegene Sinŭiju scheiterte rasch an politischen Querelen. Erfolgreicher war die touristische Sonderzone im landschaftlich höchst reizvollen Kŭmgang-Gebirge, das in Kooperation mit dem südkoreanischen Großkonzern Hyundai bereits seit 1998 für Besucher aus dem Süden erschlossen worden war; 2008 wurde das Programm allerdings eingestellt, nachdem eine unvorsichtige Touristin von einem Soldaten erschossen worden war. Noch bedeutsamer als Ausdruck interkoreanischer Kooperation war der Industriekomplex bei der Koryŏ-Hauptstadt Kaesŏng, nahe der entmilitarisierten Zone, wo von 2004 bis 2016 südkoreanisches Kapital und Know-how mit billiger, aber qualifizierter nordkoreanischer Arbeitskraft verbunden wurden (produziert wurden v.a. Küchenutensilien und Textilien). Kim Jong Un erklärte bald nach seinem Machtantritt die Wiederbelebung bzw. Neueinrichtung von Sonderwirtschaftszonen zur Priorität; besonders in den Jahren 2013 bis 2015 wurde eine Reihe neuer, meist kleiner und modellhafter Projekte angekündigt.

Die Hochphase der innerkoreanischen Kooperation war zu der Zeit allerdings schon ausgelaufen, denn sie war ein Resultat der aktiven Nordpolitik (der sogenannten «Sonnenscheinpolitik»), die von den progressiven südkoreanischen Präsidenten Kim Dae-jung und Roh Moo-hyun vorangetrieben worden war. Das – wie sich später herausstellte, durch hohe Zahlungen des Südens an den Norden erkaufte – Gipfeltreffen der beiden Staatsoberhäupter im Jahr 2000 war der Auftakt einer Phase der vergleichsweise intensiven Vernetzung beider Staaten durch eine Vielzahl von Abkommen, die neben den Rahmenbedingungen wirtschaftlicher Kooperation und der Abhaltung von Treffen für getrennte Familien auch grenzüberschreitende Verkehrsverbindungen zum Inhalt hatten. 2007 war denn auch eine Bahnverbindung zwischen beiden Ländern wiederhergestellt, die bislang allerdings nur für den Gütertransport zum und vom Industriekomplex Kaesŏng genutzt werden konnte. Zum zweiten Gipfeltreffen im Oktober 2007 ging Roh Moo-hyun zu Fuß über die Grenze, ein starkes Symbol der innerkoreanischen Entspannung.

Schon bald gerieten diese Entwicklungen jedoch ins Stocken. In Südkorea kamen ab 2008 unter Lee Myung-bak die Vorbehalte des konservativen Lagers zum Tragen. Die Beziehungen verschlechterten sich rapide und gelangten 2010 auf einen Tiefpunkt, als im März ein südkoreanisches Kriegsschiff, die *Cheonan* (Ch'ŏn'an), versank, was eine internationale Untersuchungskommission auf einen nordkoreanischen Torpedo zurückführte – der Norden bestritt dies. Unzweifelhaft waren es aber nordkoreanische Artilleriegeschütze, die im November des gleichen Jahres als Antwort auf eine südkoreanische Militärübung bei der dicht an der Grenze gelegenen Insel Yŏnp'yŏng das Feuer eröffneten; der Süden schoss zurück, und es ergab sich ein etwa eine Stunde anhaltendes Scharmützel. Auch wenn die Motive Nordkoreas in erster Linie innenpolitischer Natur gewesen sein mögen, dürfte die Aktion doch auch als Drohgebärde des Nordens in Richtung Südkorea und der USA intendiert gewesen sein.

Denn durch Demonstration von Wehrhaftigkeit den eigenen Fortbestand sichern zu wollen, war offenbar eine wesentliche Leitlinie nordkoreanischer Außenpolitik der letzten Jahrzehnte und das beherrschende Motiv bei der Entwicklung eigener Atomwaffen. Nordkorea war zwar 1985 dem Atomwaffensperrvertrag beigetreten, doch führte der Verdacht, dass heimlich eine Wiederaufbereitungsanlage betrieben wurde, zur ersten sogenannten «Nuklearkrise» von 1993/94, in deren Rahmen die USA einen Präventivschlag auf Nordkoreas Nuklearanlagen in Yŏngbyŏn erwogen. Sie wurde friedlich beigelegt durch ein Abkommen, das im Austausch für die Stilllegung des nordkoreanischen Nuklearprogramms neben anderen Konzessionen Öllieferungen und den Bau zweier (der Produktion von waffenfähigem Material unverdächtiger) Leichtwasserreaktoren durch die USA vorsah. Die Einordnung Nordkoreas in die «Achse des Bösen» durch George W. Bush und die daraus folgende Nichteinhaltung der Zusagen führte 2003 zu Nordkoreas Austritt aus dem Atomwaffensperrvertrag und zur zweiten Nuklearkrise. Auf Wunsch der USA wurden die bilateralen Verhandlungen durch die sogenannten Sechs-Parteien-Gespräche abgelöst (mit Einbezug Chinas, Russlands, Japans und Südkoreas). Auch diese erweiterten Verhandlungen verliefen jedoch nach dem gleichen Muster: 2007 stimmte Nordkorea der Einstellung seiner nuklearen Ambitionen unter der Bedingung von Energielieferungen und der Normalisierung der Beziehungen mit den USA und Japan zu. Als nichts davon eintrat, da die nordkoreanischen Vorleistungen nicht anerkannt wurden, vielmehr im Jahr 2009 wegen eines (missglückten) Satellitenabschusses die seit 2006 bestehenden Sanktionen gegen Nordkorea noch verschärft werden sollten, beendete Nordkorea die Sechs-Parteien-Gespräche und schlug den Weg offensiver Verfolgung seiner nuklearen Pläne ein. 2012 erklärte es sich offen zur Atommacht, 2022 goss es dieses Selbstverständnis in Gesetzesform. Mit sechs Atomwaffentests seit 2006, drei davon in den Jahren 2016 und 2017, und einer zuletzt rapide gestiegenen Anzahl von Raketentests – ca. fünfzig allein im Jahr 2022 – wird das Land zunehmend als globale Gefahr wahrgenommen, zumal es zwischen den USA unter Donald Trump und Nordkorea zu einem eskalierenden verbalen Schlagabtausch kam.

Ebenso gezielt wie die Atompolitik trieb Kim Jong Un die Erhöhung des Lebensstandards zumindest für die bevorzugten Bevölkerungsteile in einigen urbanen Zentren voran, entsprechend der zu Beginn seiner Herrschaft ausgegebenen Devise *pyŏngjin*, «paralleles Voranschreiten». 2014 wurden die Wirtschaftsreformen von 2002 deutlich ausgeweitet: Innerhalb der Landwirtschaftskommunen wurden nun kleine, selbstständig wirtschaftende Einheiten zugelassen, was sich unmittelbar produktionssteigernd auswirkte. Den Staatsfabriken wurde die Höhe der ausgezahlten Gehälter freigestellt (nach Abgaben an den Staat und Reinvestitionen), so dass die Löhne bei profitablen Unternehmen erstmals seit langem wieder die tatsächlichen Lebenshaltungskosten decken konnten, und die Produktionsziele wurden zur Verhandlungssache zwischen staatlichen Planern und Fabrikleitungen, wobei letztere erhebliche Entscheidungsfreiheiten in Bezug auf die Quantität und Qualität der hergestellten Waren bekamen. Diese neuen unternehmerischen Elemente stärkten zum einen die Innovationsfreudigkeit und ermöglichten zum anderen Einzelnen, größeren Reichtum anzuhäufen.

Möglicherweise unter Beteiligung dieser *tonju* («Geld-Herren») genannten neuen Magnaten erlebte P'yŏngyang in den 2010er Jahren einen Bauboom sondergleichen; nicht nur wurden die Eliten mit zahlreichen modernen Apartmentkomplexen bedacht, auch ein Theater, ein Spaßbad und ein Wissenschaftszentrum wurden gebaut. Eine westlich-chinesisch inspirierte Konsumkultur wurde nun nicht nur toleriert, sondern etwa durch die Errichtung eines Einkaufszentrums mit einem vielfältigen Warenangebot einschließlich Unterhaltungselektronik gewissermaßen staatlich subventioniert. Die einst öden breiten Straßen P'yŏngyangs füllten sich mit motorisiertem Verkehr, Fahrräder wurden zunehmend durch die elektrisierte Variante ersetzt. Die Ermöglichung dieser Entwicklungen war sicher nicht zuletzt eine staatliche Reaktion darauf, dass sich durch die erhöhte Mobilität zwischen Nordkorea und China und den Schmuggel-Import südkoreanischer Filme, TV-Serien und Popmusik auf kleinen Datenträgern das Wissen um die ökonomischen Vorsprünge der Nachbarländer und vor allem des Bruderstaates in der nordkoreanischen Bevölkerung weit verbreitet hatte; es gab sogar Anzeichen eines kleinen *hallyu*-Booms, wie etwa die Verbreitung von Frisuren angesagter südkoreanischer Schauspieler*innen unter nordkoreanischen Jugendlichen. Allerdings erkannte das Regime die Gefahr dieser Entwicklung für den eigenen Machterhalt und setzte viel daran, ihr einen Riegel vorzuschieben. 2020 bot die Corona-Pandemie einen in diesem Sinne durchaus willkommenen Anlass, sich zeitweilig nahezu völlig sogar von China abzuschotten; illegale Grenzübertritte werden seither wieder systematisch verfolgt und geahndet. Zugleich schränkte das Regime auch wirtschaftliche Privatinitiativen wieder deutlich ein. So wurde eine Dynamik zumindest zeitweilig wieder ausgebremst, die nach Jahrzehnten des Auseinanderdriftens zu einer Konvergenz der Lebensverhältnisse in beiden Teilen der koreanischen Halbinsel hätte führen und eine Wiedervereinigung wieder in den Bereich des Möglichen hätte rücken können. Allerdings steht nicht nur der Machtanspruch einer kleinen Elite einer Wiedervereinigung entgegen, sondern auch die Interessen der Großmächte, deren Einflusssphären in dieser Region aufeinanderstoßen. Der Tag, an dem das koreanische Volk selbst über seine gemeinsame Zukunft wird entscheiden können, dürfte noch in weiter Ferne liegen.

Weiterführende Literatur

Buzo, Adrian, ed. *Routledge Handbook of Contemporary North Korea.* Oxon: Routledge, 2020.

Cho, Dong-il und Daniel Bouchez. *Histoire de la littérature coréenne. Des Origines à 1919.* Paris: Fayard, 2002.

Choi, Hochin. *The Economic History of Korea.* Seoul: Samsung Publishing, 1971.

Cumings, Bruce. *North Korea. Another Country.* New York/London: New Press, 2004.

Cumings, Bruce. *The origins of the Korean war: liberation and the emergence of separate regimes, 1945–1947.* Princeton: Princeton University Press, 1981.

Cumings, Bruce. *The origins of the Korean war: the roaring of the cararact, 1947–1950.* Princeton: Princeton University Press, 1990.

Deuchler, Martina. *Confucian Gentlemen and Barbarian Envoys: The Opening of Korea, 1875–1885.* Seattle: University of Washington Press, 1977.

Deuchler, Martina. *The Confucian Transformation of Korea: A Study of Society and Ideology.* Cambridge, Mass.: Council on East Asian Studies, Harvard University, 1992.

Deuchler, Martina. *Under the Ancestors' Eyes. Kinship, Status, and Locality in Premodern Korea.* Cambridge, Mass.: Harvard University Press, 2015.

Duncan, John B. *The Koryŏ Origins of the Chosŏn Dynasty: Kings, Aristocrats, and Confucianism.* Seattle: University of Washington Press, 2000.

Duus, Peter. *The Abacus and the Sword: The Japanese Penetration of Korea, 1859–1910.* Berkeley: University of California Press, 1995.

Eckert, Carter J. *Offspring of Empire. The Koch'ang Kims and the colonial origins of Korean capitalism 1876–1945.* Seattle: University of Washington Press, 1991.

Eckert, Carter J., et al. *Korea old and new. A History.* Korea Institute, Harvard University. Seoul: Ilchokak, 1990.

Eggert, Marion, Müller-Saini, Gotelind, Zöllner, Reinhard. *Ostasien in Geschichte und Gegenwart. Eine Einführung für den Unterricht.* Schwalbach/Ts.: Wochenschau, 2014.

Eggert, Marion, Eun-Jeung Lee, Vladimir Tikhonov. *Intellectuals in Be-*

tween. Koreans in a Changing World, 1850–1945. Frankfurt a.M. u.a.: Peter Lang, 2022.

Em, Henry H. *The Great Enterprise: Sovereignty and Historiography in Modern Korea*. Duke University Press, 2013.

Frank, Rüdiger, ed. *Exploring North Korean Arts*. Nürnberg: Verlag für moderne Kunst, 2011.

Frank, Rüdiger. *Nordkorea: Innenansichten eines totalen Staates*. München: Deutsche Verlags-Anstalt, 2014.

Gernet, Jacques. *Die chinesische Welt*. Frankfurt a.M.: Insel, 1979.

Goepper, Roger u.a., Hg. *Korea – die alten Königreiche*. Zürich: Hirmer, 2000.

Göthel, Ingeborg. *Der Untergang des alten Korea*. Wiesbaden: Harrassowitz, 1996.

Gragert, Edgar H. *Landownership under Colonial Rule. Korea's Japanese Experience, 1900–1935*. Hawaii: University of Honolulu Press, 1994.

Grayson, James H. *Korea – A Religious History*. London: RoutledgeCurzon, 2002.

Hall, John Whitney. *Das Japanische Kaiserreich*. Fischer Weltgeschichte Bd. 20. Frankfurt a.M.: Fischer, 1968.

Hwang, Kyung Moon. *A History of Korea. An Episodic Narrative*, London: Palgrave Macmillan, 2010.

Joe, Wanne J. *Traditional Korea. A Cultural History*. A History of Korean Civilization, vol. 1. Seoul: Chung'ang University Press, 1972.

Kang, Hildi. *Under the Black Umbrella. Voices from Colonial Korea, 1910–1945*. Ithaca/London: Cornell University Press, 2001.

Kern, Thomas, Köllner, Patrick, Hg. *Südkorea und Nordkorea. Einführung in die Geschichte, Politik, Wirtschaft und Gesellschaft*. Frankfurt a.M./New York: Campus Verlag, 2005.

Kim Haboush, JaHyun, Martina Deuchler, eds. *Culture and the State in Late Chosŏn Korea*. Cambridge, Mass.: Harvard University Press, 1999.

Kim, Eun Mee. *Big Business, Strong State. Collusion and Conflict in South Korean Development, 1960–1990*. Albany: State University of New York Press, 1997.

Kim, Hunggyu. *Understanding Korean Literature*. Trl. by Robert J. Fouser. Armonk, NY: M. E. Sharpe, 1997.

Kim, Samuel S., ed. *Inter-Korean Relations: Problems and Prospects*. New York/Houndmills: Palgrave Macmillan, 2004.

Kim, Sun Joo. *The Northern Region of Korea. History, Identity, and Culture*. Seattle: University of Washington Press, 2010.

Lankov, Andrei. *From Stalin to Kim Il Sung. The Formation of North Korea, 1945–1960*. London: Hurst, 2002.

Ledyard, Gari. *The Korean Language Reform of 1446*. Seoul: Singu munhwasa, 1998.
Lee, Eun-jeung, Mosler, Hannes B., Hg. *Länderbericht Korea*. Bonn: Bundeszentrale für politische Bildung, 2015.
Lee, Ki-baik. *A New History of Korea*. Trl. by Edward Wagner with Edward J. Shultz. Seoul: Ilchokak, 1984.
Lee, Namhee. *The Making of Minjung: Democracy and the Politics of Representation in South Korea*. Ithaca, NY: Cornell University Press, 2007.
Lee, Peter H., ed. *Sourcebook of Korean Civilization*. 2 vols. New York: Columbia University Press. Vol. 1: 1993; vol. 2: 1996.
Nelson, Sarah. *The Archeology of Korea*. Cambridge: Cambridge University Press, 1993.
Oh, Se Eung. *Dr. Philip Jaisohn's Reform Movement 1896–1898. A Critical Appraisal of the Independence Club*. Lanham u.a.: University Press of America, 1995.
Oppert, Ernst J. *Ein verschlossenes Land. Reisen nach Corea*. Leipzig 1880.
Pai, Hyung Il. *Constructing «Korean» Origins: A Critical Review of Archaeology, Historiography, and Racial Myth in Korean State-Formation Theories*. Cambridge, Mass.: Harvard University Press, 2000.
Pai, Hyung Il, and Timothy Tangherlini, eds.: *Nationalism and the Construction of Korean Identity*. Korea Research Monograph 25. Berkeley: Institute of East Asian Studies, University of California, 1999.
Palais, James B. *Politics and Policy in Traditional Korea*. Cambridge, Mass.: Harvard University Press, 1991.
Palais, James B. *Confucian Statecraft and Korean Institutions: Yu Hyŏngwŏn and the Late Chosŏn Dynasty*. Seattle: University of Washington Press, 1996.
Park, Eugene. *Korea. A History*. Stanford: Stanford University Press, 2022.
Park, Soon-Won. *Colonial industrialization and labor in Korea: the Onoda cement factory*. Cambridge, Mass.: Harvard University Asia Center, 1999.
Plassen, Jörg. «Buddhismus in Korea». In: Hutter, Manfred, Hg.: *Der Buddhismus III* (Religionen der Menschheit; 24,3). Stuttgart: Kohlhammer, 2018, 199–227.
Pratt, Keith, Rutt, Richard. *Korea. A Historical and Cultural Dictionary*. Surrey: Curzon Press, 1999.
Robinson, Michael E. *Korea's twentieth-century odyssey*. Honolulu: University of Hawaii Press, 2007.
Schmid, Andre. *Korea between empires, 1895–1919*. New York: Colum-

bia University Press, 2002.

Seth, Michael J. *A Concise History of Korea: From Antiquity to the Present. Lanham*, MD: Rowman & Littlefield, [3]2019.

Shin, Gi-Wook, Kyung Moon Hwang, eds.: *Contentious Kwangju. The May 18 uprising in Korea's past and present*. Lanham: Rowman and Littlefield, 2003.

Shin, Gi-Wook, Michael Robinson, eds. *Colonial Modernity in Korea*. Cambridge, Mass.: Harvard University Press, 1999.

Shultz, Edward J. *Generals and Scholars. Military Rule in Medieval Korea*. Honolulu: University of Hawaii Press, 2000.

Vos, Frits. *Die Religionen Koreas*. Stuttgart: Kohlhammer, 1977.

Wagner, Edward W. *The Literati Purges. Political conflict in Early Yi Korea*. Cambridge, Mass.: Harvard University Press, 1974.

Zeittafel

6. Jt. v. Chr.	Zeugnisse neolithischer Kulturen, keine Kontinuität mit der altsteinzeitlichen Besiedlung
ab 1. Jt. v. Chr.	Dolmen, Keramik- und Bronzefunde lassen auf neue Zuwanderungen schließen
ab 4. Jh. v. Chr.	Erwähnung eines «Reichs» Chosŏn in chin. Quellen; Eisengebrauch
198 v. Chr.	Wiman erobert Chosŏn
108 v. Chr.	China vernichtet Chosŏn und richtet Kommandanturen auf der koreanischen Halbinsel ein
1. bis 3. Jh. n.Chr.	Entstehung des Reiches Koguryŏ im Norden der Halbinsel und der konföderierten Han-Reiche im Süden
3. Jh.	Untergang der chinesischen Han-Dynastie, Destabilisierung der Kommandanturen; im SW der Halbinsel entsteht das Reich Paekche
313	Vernichtung der Han-Kommandantur Nangnang durch Koguryŏ
4. Jh.	Entstehung des Reiches Silla im Südosten
4.–6. Jh.	Einführung des Buddhismus in Korea
413	Tod des Koguryŏ-Königs Kwanggaet'o und Errichtung einer Gedenkstele am Nordufer des Yalu
661	Sieg der T'ang und Silla-Armeen über Paekche
668	Vernichtung von Koguryŏ; nachfolgend Vertreibung der T'ang; Silla vereint den Südteil Koreas, im Norden entsteht das Reich Parhae
ca. 820–846	See-Reich des Chang Pogo
918	Gründung der Koryŏ-Dynastie, Hauptstadt Kaesŏng
926	das Reich Parhae wird durch die Khitan vernichtet und geht teilweise in Koryŏ auf
1135	Rebellion von P'yŏngyang, die 1136 niedergeschlagen wird
1170	Beginn der Militärdiktaturen unter nomineller Oberherrschaft der Koryŏ-Könige
1231	Beginn zahlreicher Invasionen der Mongolen; Königshof zieht sich auf die Insel Kanghwa zurück
1254	verheerendster Mongoleneinfall
1258	Ende der militärischen Vorherrschaft des Ch'oe-Clans. Der Nordosten Koryŏs fällt an die Mongolen.
1270	König ergibt sich den Mongolen; Korea wird dem mongolischen Weltreich angegliedert; Hof kehrt nach Kaesŏng zurück.
1273	Die Elitetruppe Sambyŏlch'o, die den Kampf gegen die Mongolen weitergeführt hatte, wird auf der Insel Cheju endgültig geschlagen.

1356	Rückeroberung der ehem. Provinz Hamgyŏng
1351–1374	Regierungszeit von König Kongmin: Ablösung von der untergehenden Mongolenmacht, Versuche sozialer Reformen enden mit Ermordung des Königs
1388	Abbruch eines Feldzugs gegen Ming-China durch General Yi Sŏnggye
1392	Inthronisierung Yi Sŏnggyes als erstem König der Chosŏn-Dynastie
1394	auf dem Neokonfuzianismus basierende «Verfassung» Chosŏns durch Chŏng Tojŏn fertiggestellt
1418–1450	Regierungszeit Sejongs: kulturelle Glanzzeit der Chosŏn-Dynastie
1443–1446	Schaffung und Veröffentlichung des koreanischen Alphabets
1445	Thronusurpation durch Sejo
1469	neo-konfuzianische «Restauration» unter Sŏngjong
1498	erste einer Reihe blutiger «Säuberungen» unter den Hofgelehrten
1575	Spaltung der Hofgelehrten in Ost- und West-Fraktion
1592	Ost-Fraktion spaltet sich in Süd- und Nord-Fraktion
1592–1598	Krieg mit Japan («Hideyoshi-Invasionen»)
1623	Putsch der Westfraktion (Absetzung von Kwanghae-gun, Inthronisierung Injos) läutet deren jahrhundertelange Dominanz ein
1627	Erste Mandschureninvasion
1636	Zweite Mandschureninvasion, König Injo muss seine Tributgefolgschaft erklären
1683	Spaltung der West-Fraktion in Alte und Neue Lehre, die Alte Lehre erweist sich als dominant
1724–1800	Herrschaft Yŏngjos und Chŏngjos: neue kulturelle Blüte
1762	gewaltsamer Tod des Kronprinzen Sado
1783	Yi Sŭnghun lässt sich als erster Koreaner in Peking taufen
1801	große Katholikenverfolgung
1811	Rebellion des Hong Kyŏngnae in der Provinz P'yŏngan
1862	großer Bauernaufstand in den Südprovinzen
1864	Hinrichtung des Tonghak-Begründers Ch'oe Ch'eu; Thronbesteigung des 12-jährigen Kojong und Regentschaft seines Vaters («Taewŏn'gun»)
1866	erste kämpferische Zwischenfälle mit westlichen Kanonenbooten
1873	Kojong übernimmt die Regierungsgeschäfte
1875	Unyô-Vorfall: japanische Provokation führt zum Abschluss des ersten «ungleichen Vertrages» mit Japan im Folgejahr
1882	Abkommen mit den USA als erster westlicher Macht; es folgen Verträge mit Großbritannien und Deutschland 1883, Italien u. Russland 1884, Frankreich 1886, Österreich-Ungarn 1889
1882	konservativ inspirierte Revolte des Militärs

1884 «Kapsin-Coup»: missglückter Putschversuch der Reformpartei

1885 Yuan Shikai als chinesischer Generalstatthalter in Korea

1894–1895 Sino-japanischer Krieg, Japan verdrängt China aus Korea

1894 «Kabo»-Reformen unter japanischer Ägide

1896 Flucht Kojongs in die russische Botschaft

1897 Rückkehr Kojongs, Ausrufung des «Großkoreanischen Kaiserreiches»

1896–1898 «Independence Club»

1904–1905 Russojapanischer Krieg; September 1905: Korea wird japanisches Protektorat

1907 erzwungene Abdankung Kojongs zugunsten von Sunjong

1910 Korea wird japanische Kolonie

1919 Unabhängigkeitsbewegung des 1. März («Samil-undong»)

1937 Beginn des 2. Weltkriegs in Ostasien

1945 Kapitulation Japans, Teilung Koreas in zwei Besatzungszonen

1948 Ausrufung der Republik Korea (Süd) unter Syngman Rhee und der Demokratischen Volksrepublik Korea (Nord) unter Kim Il Sung

1950–1953 Koreakrieg

1960 erzwungener Rücktritt Syngman Rhees

1961 Militärputsch unter Park Chung-hee

1972 Ausrufung der diktatorischen Yushin-Verfassung

1979 Ermordung Park Chung-hees

1980 Kwangju-Massaker; Machtergreifung des Generals Chun Doo-hwan

1987 friedliche «Juni-Revolution», Direktwahl Roh Tae-Woos zum Präsidenten

1992 Kim Young-sam wird Präsident

1994 Tod Kim Il Sungs; Kim Jong Il tritt die Nachfolge an

1997 IWF-Krise; Kim Dae-jung wird aus der Opposition heraus Präsident

2000 Gipfeltreffen zwischen Kim Dae-jung und Kim Jong-il

2002 der ehemalige Menschenrechtsaktivist Roh Moo-hyun wird ins Präsidentenamt gewählt

2004 scheiterndes Verfahren zur Amtsenthebung von Roh Moo-hyun

2006 erster Atomtest Nordkoreas

2007 der konservative Baumagnat Lee Myung-bak wird Präsident, 2013 abgelöst von Park Gyeun-hye, Tochter Park Chung-hees

2010 Provokationen Nordkoreas: Versenkung eines südkoreanischen U-Boots, Bombardement der Insel Yŏngp'yŏng

2011 Kim Jong Il stirbt, sein jüngster Sohn Kim Jong Un tritt die Nachfolge an

2014 Untergang der Fähre Sewŏl

2016–2017 Park Gyeun-hye wird des Amtes enthoben, bei Neuwahlen siegt der Sozialliberale Moon Jae-in

März 2022	Der Konservative Yoon Suk Yeol gewinnt die Präsidentschaftswahl in Südkorea
Sept. 2022	Nordkorea erklärt sich per Gesetz zur Nuklearmacht

Dynastien und Herrscher

Da die Herrscher-Daten aus der Zeit der Drei Königreiche mindestens bis zum 4. Jh. nicht verlässlich überliefert sind, setzt diese Auflistung erst mit dem Vereinigten Silla ein.

Vereinigtes Silla 668–935

Munmu	661–681
Sinmun	681–692
Hyoso	692–702
Sŏngdŏk	702–737
Hyosŏng	737–742
Kyŏngdŏk	742–765
Hyegong	765–780
Sŏndŏk	780–798
Wŏnsŏng	785–798
Sosŏng	798–800
Aejang	800–809
Hŏndŏk	809–826
Hŭngdŏk	826–836
Hŭigang	836–838
Minae	838–839
Sinmu	839
Munsŏng	839–857
Hŏnan	857–861
Kyŏngmun	861–875
Hŏn'gang	875–886
Chŏnggang	886–887
Chinsŏng (w.)	887–897
Hyogong	897–912
Sindŏk	912–917
Kyŏngmyong	917–924
Kyŏngae	924–927
Kyŏngsun	927–935

Parhae 699–926

Ko-wang	699–719
Mu-wang	719–737
Mun-wang	737–793
P'ye-wang	793–794
Sŏngwang	794–795
Kang-wang	795–809
Chŏng-wang	809–813
Hŭi-wang	813–817
Kan-wang	817–818
Sŏn-wang	818–830
Wang Ijin	830–858
Wang Kŏnhwang	858–870
Kyŏngwang	870–892
Wang Wigye	892–906
Wang Insŏn	906–926

Koryŏ 918–1392

T'aejo	918–943
Hyejong	943–945
Chŏngjong	945–949
Kwangjong	949–975
Kyŏngjong	975–981
Sŏngjong	981–997
Mochong	997–1009
Hyŏngjong	1009–1031
Tŏkchong	1031–1034
Chŏngjong	1034–1046
Munjong	1046–1083
Sunjong	1083
Sŏnjong	1084–1094
Hŏnjong	1094–1095
Sukchong	1095–1105
Yejong	1105–1122
Injong	1122–1146
Ŭijong	1146–1170
Myŏngjong	1170–1197
Sinjong	1197–1204
Hŭijong	1204–1211
Kangjong	1211–1213
Kojong	1213–1259
Wŏnjong	1259–1274
Ch'ungnyŏl	1274–1308
Ch'ungsŏn	1308–1313
Ch'ungsuk	1313–1330, 1332–1339

Ch'unghye	1330–1332, 1339–1344
Ch'ungmok	1344–1348
Ch'ungjŏng	1348–1351
Kongmin	1351–1374
U-wang	1374–1388
Ch'ang-wang	1388–1389
Kongyang	1389–1392

Chosŏn 1392–1897/1910

T'aejo	1392–1398
Chŏngjong	1398–1400
T'aejong	1400–1418
Sejong	1418–1450
Munjong	1450–1452
Tanjong	1452–1455
Sejo	1455–1468
Yejong	1468–1469
Sŏngjong	1469–1494
Yŏnsan-gun	1494–1506
Chungjong	1506–1544
Injong	1544–1545
Myŏngjong	1545–1567
Sŏnjo	1567–1608
Kwanghae-gun	1608–1623
Injo	1623–1649
Hyojong	1649–1659
Hyŏnjong	1659–1674
Sukchong	1674–1720
Kyŏngjong	1720–1724
Yŏngjo	1724–1776
Chŏngjo	1776–1800
Sunjo	1800–1834
Hŏnjong	1834–1849
Ch'ŏlchong	1849–1864
Kojong	1864–1907
(Taewŏn-gun	1864–1873)
Sunjong	1907–1910

Karten

Silla und Parhae (7.–9. Jh.)

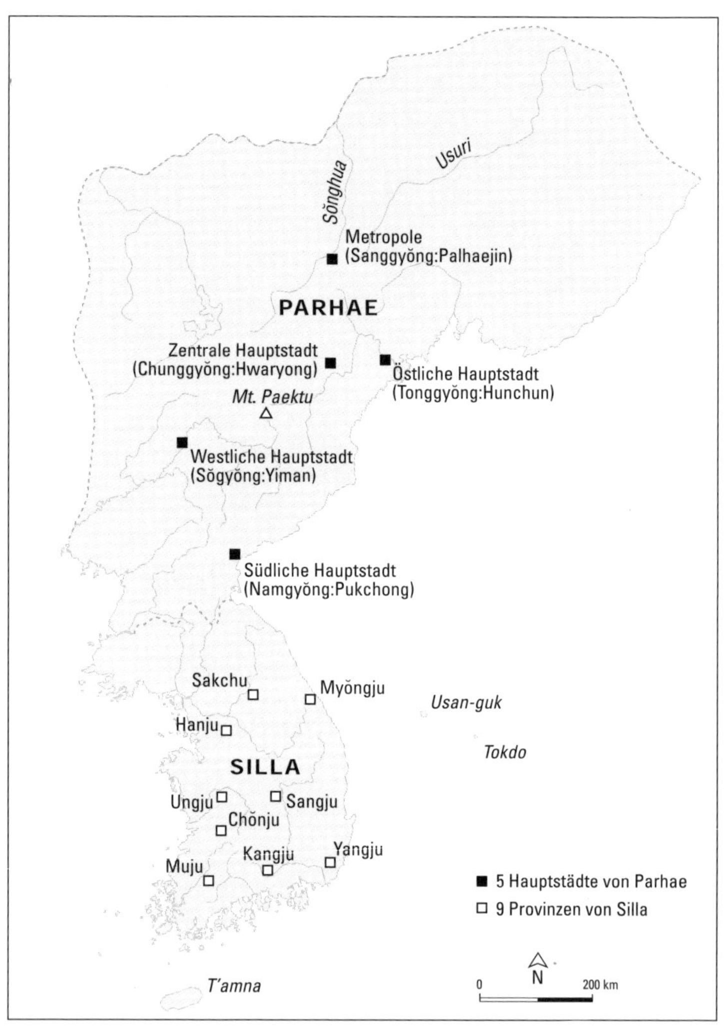

Koryŏ (10.–14. Jh.)

Chosŏn (1392–1910)

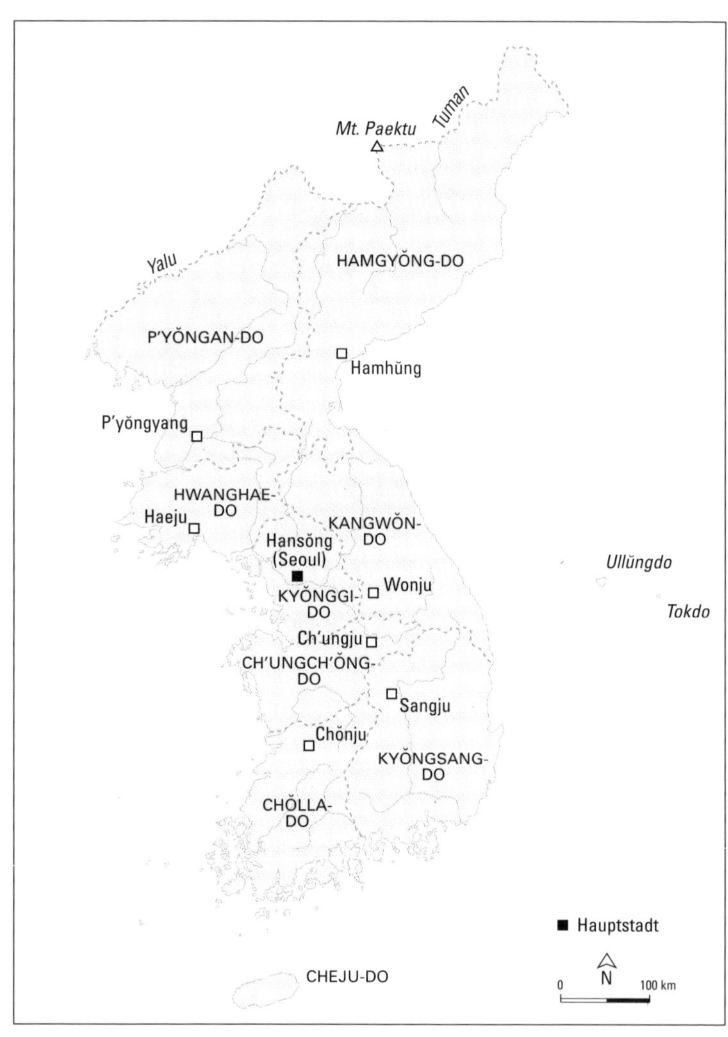